Elogios a Emma Mildon e
O DESPERTAR DA DEUSA

"Meu Deus, o novo livro de Emma sobre a espiritualidade moderna, nos faz sentir vivas! Ela oferece um manual divertido e cativante para qualquer mulher interessada em percorrer o caminho espiritual, mas que talvez se sinta um pouco perdida com a amplitude e profundidade das opções. Com humor e originalidade, Emma é como uma deusa mensageira e amiga que poderá conduzi-la ao seu guru interior."

Katie Silcox, autora de *Healthy, Happy, Sexy: Ayurveda Wisdom for Modern Women*, *best-seller* do *New York Times*

"Se você está procurando respostas para as grandes perguntas de uma buscadora espiritual moderna, Emma Mildon é a mestra ideal. Em *O Despertar da Deusa*, ela lhe ensina tudo o que você precisa saber sobre espiritualidade e estilo de vida holístico, de uma maneira inovadora e prática."

Michelle Buchanan, autora de *The Numerology Guidebook*, *Hay House Basics – Numerology* e *Numerology Guidance Cards*

"Em sua jornada espiritual, não deixe de levar *O Despertar da Deusa*. Ele a ajudará a encontrar o melhor caminho."

Jeff Krasno, fundador do Wanderlust Festival

"*O Despertar da Deusa* é uma leitura rápida e fácil. Emma Mildon tem uma maneira animada e franca de escrever. O livro vai direto ao ponto, sem enrolação ou moralismos. Emma explora todas as formas de busca espiritual, sem ser tendenciosa nem fazer julgamentos. Seu estilo direto e autêntico nos encoraja a ser livres para aprender e vivenciar todos os tipos e técnicas de cura. Recomendamos este livro para todas as pessoas que estão em busca de mais autonomia na sua vida espiritual."

Equipe Empowering, da organização My Empowered World

"Um guia prático, original e espirituoso para tudo o que diz respeito a corpo-mente-espírito. A abordagem de Emma sobre a vida holística é ao mesmo tempo divertida, instrutiva e inspiradora."

Phillip Mills, CEO da Les Mills International

"Indo da aromaterapia à aura, dos cristais aos chakras, do Reiki à reflexologia, à numerologia e ao yoga, Emma viaja pelo mundo da espiritualidade, das vidas passadas e do poder dos sonhos. Com citações de personalidades e uma sabedoria que está além dos anos de vida da autora, este livro é um guia delicado e sensível, que perscruta o mundo do misticismo, do bem-estar e da atenção plena. Escala de esquisitice: variável. Escala de satisfação: 10/10."

Dr. Sharad P. Paul, empreendedor social e autor de *Skin, a Biography* e *Dermocracy*

"*O Despertar da Deusa* é um guia acessível e irreverente para qualquer pessoa que queira dar alguns passos no mundo da espiritualidade e viver uma vida saudável, equilibrada e expressiva."

Rebecca Campbell, autora de
Light Is the New Black

"*O Despertar da Deusa* é uma jornada pessoal franca e, sem reservas, repleta de pequenos contratempos e aprendizados, que conduz a leitora pelo nível básico da espiritualidade moderna. A excepcional habilidade de Emma de nos fazer rir nos ajuda a adquirir mais confiança, com base nas suas experiências, e nos dá vontade de fazer uma sessão de limpeza dos chakras, de tarô dos anjos ou regressão a vidas passadas. Aplique uma camada de rímel no seu Terceiro Olho, compre um cristal de quartzo e prepare-se para fazer Feng Shui na sala com este guia maravilhoso para a iluminação."

Mo McReynolds, gerente da loja de artigos esportivos lululemon athletica, em Ponsonby, Auckland

"Um guia moderno e esclarecedor para melhorar nossa vida."

Tiffany Cruikshank, fundadora do Yoga Medicine

"*O Despertar da Deusa* é o aval que você estava esperando para tirar as cartas do tarô, se energizar com cristais e se atirar de cabeça numa aventura de autodescoberta. Emma compartilha seu conhecimento e experiências pessoais com integridade, compaixão e bom humor, fazendo deste livro tudo o que você precisa para satisfazer sua sede de conhecimento e explorar a vida de uma maneira divertida, segura e simples."

Rebecca van Leeuwen, fundadora do Soul Sister Circle

"Emma é uma fantástica contadora de histórias. Sua personalidade atrevida e sua sinceridade fazem com que você se sinta como se estivesse ouvindo uma das suas melhores amigas descrevendo sua incrível e fantástica aventura de autodescoberta. Este manual de fácil leitura é ao mesmo tempo divertido e instrutivo. Eu o recomendo a qualquer mulher que esteja em sua busca espiritual, procurando o caminho certo a seguir."

Michelle Merrifield, fundadora do Essence of Living Yoga

O DESPERTAR DA DEUSA

O DESPERTAR DA DEUSA

Espiritualidade Prática para a Mulher Moderna

EMMA MILDON

Tradução
Claudia Gerpe Duarte
Eduardo Gerpe Duarte

Editora
Pensamento
SÃO PAULO

Título original: *The Soul Searchers's Handbook*.

Copyright © 2015 Emma Mildon

Copyright da edição brasileira © 2018 Editora Pensamento-Cultrix Ltda.

Publicado mediante acordo com a editora original Atria Books/Beyond Words, uma divisão da Simon & Schuster, Inc

Texto de acordo com as novas regras ortográficas da língua portuguesa.

1ª edição 2018.

Todos os direitos reservados. Nenhuma parte deste livro pode ser reproduzida ou usada de qualquer forma ou por qualquer meio, eletrônico ou mecânico, inclusive fotocópias, gravações ou sistema de armazenamento em banco de dados, sem permissão por escrito, exceto nos casos de trechos curtos citados em resenhas críticas ou artigos de revista.

A Editora Pensamento não se responsabiliza por eventuais mudanças ocorridas nos endereços convencionais ou eletrônicos citados neste livro.

Imagens das páginas 48, 49 e 50 – Ivaskes/Shutterstock.com e Ladoga/Shutterstock.com.

Imagens das páginas 79, 98, 103 e 104 – Alego/Shutterstock.com.

Editor: Adilson Silva Ramachandra
Editora de texto: Denise de Carvalho Rocha
Coordenação editorial: Roseli de S. Ferraz
Produção editorial: Indiara Faria Kayo
Editoração eletrônica: Join Bureau
Revisão: Vivian Miwa Matsushita

Dados Internacionais de Catalogação na Publicação (CIP)
(Câmara Brasileira do Livro, SP, Brasil)

Mildon, Emma

   O despertar da deusa: espiritualidade prática para a mulher moderna/Emma Mildon; tradução Claudia Gerpe Duarte, Eduardo Gerpe Duarte. – São Paulo: Pensamento, 2018.

   Título original: The soul searchers's handbook
   Bibliografia.
   ISBN 978-85-315-2032-7

   1. Espiritualidade 2. Misticismo 3. Mulheres – Vida espiritual 4. Ocultismo 5. Sexualidade feminina I. Título.

18-18864   CDD-131

Índices para catálogo sistemático:
1. Mulheres: Espiritualidade: Esoterismo 131
Maria Paula C. Riyuzo – Bibliotecária – CRB-8/7639

Direitos de tradução para o Brasil adquiridos com exclusividade pela
EDITORA PENSAMENTO-CULTRIX LTDA., que se reserva a propriedade literária desta tradução.
Rua Dr. Mário Vicente, 368 – 04270-000 – São Paulo – SP
Fone: (11) 2066-9000 – Fax: (11) 2066-9008
http://www.editorapensamento.com.br
E-mail: atendimento@editorapensamento.com.br
Foi feito o depósito legal.

A vida não é uma experiência. É uma jornada.
Desejo agradecer a todos os que cruzaram meu caminho na jornada
em direção ao nascimento deste livro.

Dedico este livro ao meu círculo de irmãs de alma:
Leanne Mulhern, mãe amorosa, irmã amorosa.
Rebecca van Leeuwen, deusa e irmã de alma.
Charlotte Desborough, viajante e buscadora espiritual.
Sarah Fletcher-Mare, viciada em bem-estar.
Toni Thompson, brilhante buscadora da luz.
Amanda Farrant, trabalhadora da terra e naturopata.
Erin O'Hara, yogue de ouro e homeopata.
Aleisha Coote, guru do amor e anjo na terra.
Sarah Brosnahan, guerreira do bem-estar.

> Se há tantos buscadores, por que tão poucos encontram o que buscam?
> **>Eckhart Tolle**

SUMÁRIO

Prefácio — 13
Introdução: Sua Jornada — 21
Que Tipo de Buscadora Você É? — 31

PARTE I: O CORPO SAUDÁVEL

1. O Equilíbrio do Seu Corpo — 39
2. Seus Cristais e Suas Pedras — 63
3. A Aromaterapia e Você — 87
4. Sua Alma, Seus Chakras e Sua Aura — 101
5. O Feng Shui e Você — 119

PARTE II: A MENTE DESPERTA

6. Seus Sonhos — 137
7. A Numerologia e Você — 157
8. A Astrologia e Você — 171
9. Suas Leis Universais — 183

PARTE III: ESPÍRITO VIBRANTE

10. Seus Guias — 191
11. Seus Registros Akáshicos e Vidas Passadas — 205
12. Seu Conselho de Luz e Almas Gêmeas — 213
13. Seus Rituais de Proteção — 223
14. Sua Celebração — 231

Conclusão: Sua Busca Espiritual — 245
Agradecimentos — 247
Notas — 249
Glossário — 255
Conteúdo Extra — 271

PREFÁCIO

"Acredito que todos estamos num caminho espiritual – algumas pessoas sabem disso, outras não. As que sabem chamam a si mesmas de religiosas, espiritualistas ou buscadoras."

Então, você está lendo este livro. Está motivada. Celebrando por estar pronta para ligar todos os pontos da sua constelação espiritual!

Se você tem feito grandes perguntas como: *Qual o sentido da vida? Deus existe? E o que dizer da reencarnação?* Ou perguntas ligeiramente menos profundas como: *O yoga realmente traz benefícios ou é apenas uma moda passageira? Óleo de coco é realmente saudável? A cura pelos cristais realmente funciona?* Ou: *Santo Patchouli, Batman! Como as pessoas podem gostar desse aroma?*, bem-vinda ao meu mundo. Você, como eu, provavelmente gostaria que a vida tivesse vindo com um manual sobre esses assuntos. Um livro que o orientasse e esclarecesse sobre como aproveitar seu potencial espiritual, intelectual e físico; estimular seu propósito de vida; e mostrar como você pode despertar sua consciência e se conectar mais com o mundo à sua volta. Um guia prático que a ajudasse a percorrer o labirinto da vida moderna, que a lembrasse de como se centrar e restabelecer a ligação com o seu Eu Superior.

Infelizmente, a vida não veio com esse manual. E num determinado momento, há vários anos, eu me dei conta disso. Assim sendo, eu mesma escrevi um guia, que aborda predominantemente as perguntas menos profundas, para que você mesma possa responder às mais importantes.

Gostaria de sugerir que você pense em mim como sua assistente pessoal para assuntos espirituais. Todos os meus épicos insucessos, aprendizados e problemas no caminho da evolução espiritual foram utilizados neste livro de modo a beneficiá-la: a líder, a buscadora, a aprendiz, a discípula espiritual, a razão pela qual escolhi escrever este livro. Desse modo, querida leitora, eu me apresento como se estivesse me apresentando para o serviço, como sua cobaia, seu piloto de provas espiritual.

Você já teve uma crise de espirros depois de se encharcar de óleo de patchouli? Já distendeu um músculo da nádega tentando aperfeiçoar a Postura do Rei Pombo? Já pegou seu vizinho olhando confuso para você enquanto realizava um ritual de limpeza com cristais no seu quintal? Eu passei por tudo isso e muito mais quando ainda era uma novata na busca espiritual e mergulhei de cabeça no mundo da vida holística moderna – conseguindo, ao mesmo tempo, e com sucesso, cair de cara no chão enquanto fazia uma postura invertida numa sessão de yoga, engasgar com sementes de chia e me espetar com a ponta de alguns pêndulos de cristal de quartzo, ao longo da jornada.

Eu sou *aquela* mulher, aquela a quem tudo acontece – e num nível que já nem me surpreende. Eu queria que minha entrada na vida espiritual fosse graciosa, descontraída, natural e instantaneamente gratificante. O que eu tive foi a versão espiritual de um espetáculo de circo interminável, sem holofotes, repleto de épicos insucessos e constrangimentos na minha busca pela iluminação – uma busca cheia de quedas e tropeços, mas também plena de aprendizado. As verdades que aprendi ao longo do caminho foram complicadas, engraçadas, difíceis, embaraçosas, alegres e, acima de tudo, reais. Foi essa realidade – em toda sua glória desastrosa – que me estimulou a escrever este livro.

Na condição de sua assistente pessoal para assuntos espirituais, sinto que devo compartilhar com você meu currículo, para que possa constatar que sou qualificada. Pense num *reality show* espiritual, no estilo de *Survivor*. Bebi *ayahuasca* nas profundezas da Floresta Amazônica enquanto buscava uma visão e vivenciei o que pareceu um arco-íris saindo da minha boca – alguns diriam que não é nada divertido. Eu digo que, apesar de tudo, foi uma experiência espiritual.

Conheci especialistas em regressão a vidas passadas e descobri que não sou a alma reencarnada de Elvis Presley ou Cleópatra, e sim de um sérvio conservador e rabugento. Admito que fiquei um pouco desapontada com isso. Realmente queria ter sido Elvis. Por outro lado, em outra vida, fui um monge tailandês disciplinado, que meditava horas a fio debaixo do sol, feliz e contente, cercado pela luz solar e por um mar de mantos cor de laranja.

Minhas folhas de chá foram lidas na Irlanda, minhas mãos foram lidas na Espanha, minhas estrelas interpretadas na Nova Zelândia, meus números calculados em Miami, meu futuro previsto na Austrália, minha aura lida no Peru e meus chakras purificados no Caribe. Estudei atentamente, sublinhei, rabisquei, fiz anotações em *post-its* e dobrei o canto das páginas de praticamente todos os guias práticos existentes sobre vida espiritual e holística. Ao longo da jornada sempre houve uma constante: nunca deixei de me impressionar com a quantidade de caminhos que existem para a espiritualidade.

Quanto mais eu tentava descobrir em que categoria espiritual me encaixava, que rótulo poderia atribuir a mim mesma, mais claro ficava como é impossível definir a espiritualidade. Agora, sem brincadeira, tente pensar numa definição – sem recorrer a um dicionário. Quando fiz esse pequeno exercício, tentei pensar em algo universal, uma coisa comum a você, a mim e a todo mundo – uma coisa abrangente, agradável, integrada... E lá estava a resposta! Para mim, *espiritual* veio a significar simplesmente uma vida vivida holisticamente – uma vida saudável e edificante, equilibrada e expressiva. Uma vida bem vivida.

No meu esforço para começar a viver de modo saudável e edificante, eu tinha que considerar todas as facetas da vida – o corpo, a mente e o espírito – como uma coisa só. A energia, seja ela positiva ou negativa, influencia nossa saúde, sentimentos, adversidades, contentamentos – e se manifesta por meio dos nossos pensamentos, ações e escolhas do dia a dia.

O que a mente, o corpo e a alma anseiam, intencionalmente ou não, se propaga, por intermédio de cada pessoa e coisa que tocamos.

Quero dizer, sejamos realistas: com cada ato que você pratica, você está melhorando o mundo à sua volta com coisas boas ou poluindo-o com o que há de pior. É simples assim. Depois que cheguei a um acordo com o que a palavra *espiritualidade* significava para mim, compreendi que a próxima pergunta importante que eu deveria fazer a mim mesma era: *Sou alguém que purifica ou alguém que polui?* Precisei olhar para dentro, olhar para cada ação, palavra, respiração e sorriso como um todo e avaliar como isso afeta a mim, aos outros, a terra e a vida em geral. É isso que *holístico* significa: uma visão abrangente. Desse modo, ocorreu-me que, uma vez que eu adotasse uma atitude holística, eu me sentiria bem melhor a respeito da vida.

No meu caso, o primeiro passo foi incorporar elementos espirituais ao meu cotidiano. Ao entender isso, me senti mais ancorada, meu coração se sentiu mais inspirado e satisfeito, meu corpo ficou em paz, minha mente aprendeu a se segurar e fazer uma pausa, e meu espírito emitiu boas vibrações. Eu me senti como uma jovem *hippie* angelical e ao mesmo tempo um pouco Mãe Terra, sábia e espiritual.

"O que é isso na prática, Emma?", você poderá perguntar. "Entendo que você se declare um ser divino de puro amor e iluminação, mas o que exatamente significa viver isso?" Irmã de alma, entendo você perfeitamente, porque apenas dizer que você é saudável e espiritualizada não a transforma automaticamente, o que é decepcionante. Caindo na real, a espiritualidade não é um superpoder inato. Ela envolve ter o poder de viver a cada dia uma vida espiritualmente conectada e autêntica, aperfeiçoando-se aos poucos e num ritmo constante. E isso dá trabalho.

Estou pronta para admitir que eu mesma tive problemas com isso – e ainda tenho. Afinal, todos nós temos que ter um estilo de vida saudável e espiritualizado *todos os dias?* Às vezes, troco meu chá de ervas por cafeína e meus mudras se transformam num gesto obsceno. Sou humana e sou um ser espiritual – como a maioria das coisas na vida, é preciso que haja um equilíbrio entre o mundano e o divino.

Então, o que *holístico* e *espiritualidade* significam de um ponto de vista prático? O que isso significa no contexto da nossa vida moderna hiperdinâmica, superconectada e ultraevoluída? Só fazer essas perguntas já me parecia uma tarefa árdua que eu não tinha certeza de querer. Considerando que eu – provavelmente assim como você – valorizava o tempo como moeda corrente, eu já me julgava pobre de tempo. Estava exausta e com excesso de trabalho, era uma inconformada da classe trabalhadora em busca de um paliativo rápido e fácil que pudesse resolver todas as dores da minha alma. Fiz então o que qualquer moça moderna que se preza faria. Procurei "como ser espiritualizado" no Google.

Tive uma surpresa ruim! A busca não gerou exatamente os resultados que eu estava procurando. Fiquei decepcionada ao descobrir que, independentemente do que o Google possa querer que acreditemos, não podemos conectar nossa sede espiritual a um mecanismo de busca. Segundo o Google, existe aparentemente toda essa tendência de "busca interior" que vem acontecendo desde que os humanos começaram a ser humanos. A pesquisa, imediatamente, provocou um pouco de estresse. Afinal de contas, *eu procurei no Google*. Todas minhas perguntas deveriam ter sido respondidas. Até mesmo a onisciente e poderosa Wikipedia me deixou na mão. Que absurdo! ★Vá se danar!★

O que finalmente descobri, por meio de outras experiências, com base no mundo real, foi que incluir a espiritualidade ao cotidiano não significa necessariamente ter que fazer uma pausa no corpo, na mente e no espírito, e meditar dias a fio como Elizabeth Gilbert em *Comer, Rezar, Amar* (mas ela tem meu total apoio). Certo, certo. Eu não estava exatamente pronta para fazer isso naquele estágio do meu caminho espiritual.

Com o tempo, descobri que qualquer pessoa, inclusive eu, pode ter um estilo de vida espiritualmente saudável se souber como localizar e usar as ferramentas espirituais do Universo. Também descobri que, mesmo quando eu achava que não tinha nenhuma dessas ferramentas, na verdade eu tinha – e elas estão à disposição de todas as pessoas. E essa é outra razão pela qual eu queria escrever este livro. Achei que, talvez, fosse interessante ter uma pilha dessas ferramentas primorosamente organizadas numa pequena caixa de ferramentas espirituais à qual minhas companheiras de busca pudessem ter acesso a qualquer hora. Irmã, pode contar comigo para o que der e vier.

"Mas por que trilhar essa busca nos dias de hoje?", você poderá perguntar. "Quem tem tempo, energia e até mesmo vontade de fazer isso, mesmo que tenhamos acesso às ferramentas?"

Você tem tempo. Se tiver cinco minutos, você tem tempo. Você está lendo este livro! Se tem tempo de fazer isso para estimular seu crescimento espiritual, tem tempo para dedicar mais cinco minutos por dia (ou cinco minutos do seu tempo de leitura) à sua jornada espiritual. Lembre-se de que, em cinco minutos, você poderia aprender uma coisa que mudaria sua percepção a respeito de tudo.

PREFÁCIO

Veja bem, não estou aqui para dizer a você como viver sua verdade espiritual. Esta nossa busca tem pouco a ver com "faça isso" e "faça aquilo", e tudo a ver com "explore isso" e "experimente aquilo"; o ato de encontrar sua caixa de ferramentas e utilizá-la inclui tentativas e erros (ênfase em *erros* no meu caso, não sei como é no seu), e a jornada é realmente muito bonita. Quero que você se sinta à vontade para anotar, ticar, apagar, ler, rasgar, fazer pesquisas on-line, destacar e circular trechos nas próximas páginas que venham a sanar a curiosidade da sua alma – de acordo com a minha experiência, essa é a única maneira de encontrar o caminho.

Seja tão flexível quanto você sonha ser na aula de yoga, tão livre quanto a fumaça do incenso que você usa para defumar seu apartamento – tão despreocupada a ponto de descartar completamente o desodorante e embarcar na viagem de trem só de ida para uma ecovila no meio do nada. (Bem, talvez não *tão* despreocupada – não se esqueça de cheirar o sovaco, buscadora!)

Na verdade, não existe certo ou errado, pessoas que sabem tudo, fórmulas prontas ou especialistas – endosso a ideia de que todos sabemos o que estamos destinados a saber e, o que é mais importante, todos recebemos a informação que precisamos no momento certo, no lugar certo. Desse modo, embora eu tenha feito a pesquisa e escrito o livro, a sua alma será seu guia. A espiritualidade deve abranger o que é profundamente pessoal para você – seja um estilo *dark*, descolado, religioso, excêntrico, nômade, errante ou simplesmente buscador.

Eu? Eu saí do armário espiritual há alguns anos. Acredito na bondade e no karma – o que poderia fazer de mim uma budista. Acredito na cura mística e no poder dos cristais – o que poderia fazer de mim uma bruxa. Acredito, na verdade, na honra e no perdão – o que poderia fazer de mim uma cristã. Acredito até mesmo na existência de vidas passadas e que cada um de nós é protegido por guias espirituais – o que, para alguns, faria de mim uma completa excêntrica ao quadrado.

Até recentemente, sempre deixei que os outros definissem minha espiritualidade. Fui chamada de *hippie*, alternativa descolada, bruxa, esotérica e de simplesmente esquisita. Desde bem pequena, me senti atraída pelas cartas do tarô, velas, estatuetas de anjos e aromaterapia. Eu tinha sensibilidade artística, era emotiva e uma ovelha negra acolhida por uma família neozelandesa muito prática e sensata. Sou fruto de uma mãe ateia (que era espiritualmente aberta à minha *esquisitice*, embora sempre me considerasse um pouco excêntrica) e de um pai católico que vive num mundo muito simplista, rígido, sem imaginação ou jogo de cintura. Tenho também uma irmã quieta e submissa, que sempre se contentou em ler e observar, aceitando a vida como ela é.

Mas eu não. De jeito nenhum. Quando eu não estava contando histórias a respeito de sereias em terras distantes, eu estava imaginando vidas passadas, falando sobre meus sonhos que transbordavam de misticismo e revelações cósmicas, ou rabiscando diários e escrevendo sobre minhas experiências. Eu não tinha a menor ideia, mas naquela época já estava desenvolvendo o ser espiritual que sempre existiu dentro de mim. Não houve um momento específico, até onde consigo me lembrar, no qual simplesmente acordei e decidi explorar a espiritualidade; eu nasci com ela.

Peguei os conceitos de diferentes religiões, culturas e tradições que fazem sentido a meu ver e criei um estilo holístico de vida que funciona para mim e que apelidei de "vida espiritual". Durmo com a cabeça voltada para o leste (uma prática ayurvédica para atrair energia positiva), medito quando estou irritada, uso a aromaterapia para reduzir o estresse, concentro-me em manifestar belas coisas na minha vida e estou sempre aprendendo com tudo que acontece ao meu redor, com o intuito de melhorar a minha vida. A questão é que todas as pessoas são espiritualizadas, independentemente da definição delas de *espiritualidade* e da maneira como a praticam.

Preciso revelar a você que uma das coisas que me chocaram profundamente enquanto eu pesquisava e escrevia este livro foi como algumas pessoas "espiritualizadas" podem ser intolerantes. E isso me abriu os olhos para o fato de que alguns dos renomados pensadores da Nova Era, que imaginaríamos ter um ego grande e inchado, na verdade, não tinham, e que as pessoas que eu esperava que fossem espiritualizadas, práticas e esforçadas eram altamente críticas e rígidas, achavam que as coisas tinham que ser do jeito que elas queriam ou nada feito. Foi essa percepção que tive antes de avaliar todos os ângulos.

Imploro que você faça o seguinte ao iniciar sua jornada: por favor, procure permanecer com a mente aberta e um estado de espírito receptivo e repleto de compreensão, ainda que tenha em mente que nem todos os aspectos da espiritualidade atraem todas as pessoas. Pegue o que você precisa e deixe o restante, simples assim. Você também vai topar com pessoas que irão julgá-la pelas suas escolhas ao longo de sua jornada espiritual. Quando isso acontecer, tome conhecimento da crítica, avalie se sentir que é necessário, depois releve e siga em frente – não deixe que isso a faça recuar. Todo mundo encontra conspiradores espirituais na vida. Não conceda a eles mais tempo do que o necessário.

Descobri algumas coisas enquanto fazia pesquisas para este livro que parecem repercutir com muita intensidade, independentemente da crença e da prática. Viajei pelo mundo e conheci yogues, gurus e líderes religiosos de todos os tipos – agentes de cura, celebridades, xamãs e muitas outras pessoas com ideias afins –, todos com o objetivo de organizar uma fonte única de sabedoria prática e universal para a buscadora espiritual dos dias de hoje. Entrei em contato com mestres, especialistas, autoridades e líderes, para ouvi-los falar sobre seu conhecimento a respeito de uma gama de assuntos espirituais, e tive a permissão de transmitir a você esses ensinamentos, experiências e sabedoria.

PREFÁCIO

Um elemento conectava todas as crenças, religiões, escrituras, histórias e pessoas que encontrei ao longo da jornada: uma convicção, uma curiosidade, uma intuição de que existe algo mais na vida – uma centelha universal para procurar, conhecer e ser iluminado por ela. Geralmente atingimos estados iluminados por meio do aprendizado, combinado com uma das forças mais poderosas que existem. Alguns chamam essa força de *veda* (sânscrito), *conscientia* (latim), *Zhıshì* (chinês) ou simplesmente *sabedoria*.

A sabedoria tem qualidades universais e pessoais; algumas coisas que outras pessoas consideram profundas, posso considerar um pouco superficiais e, do mesmo modo, algumas coisas que realmente me impressionaram foram completamente inexpressivas para minha melhor amiga. Todos temos na cabeça uma lista do que consideramos importante. Eis uma amostra do que aprendi enquanto viajava pelo mundo:

▷ A bondade é, digamos, uma coisa boa. Pratique um pouco. Faça dela um hábito.
▷ Epifanias acontecem. Deixe rolar, isso poupa tempo.
▷ É bom rir e chorar. Compartilhar isso também é.
▷ Sabedoria e babaquice: todo mundo tem um pouco de cada, mas certifique-se de usar apenas uma diariamente. Experimente as duas.
▷ Não existe um caminho único; apenas a jornada extraordinária e inexplorada da alma.
▷ Todos somos esquisitos, e essa esquisitice é incrível.
▷ O assombro é o equivalente emocional de tomar o melhor sorvete do mundo.
▷ Nossa!
▷ Depois que sua alma é despertada, não há mais volta.
▷ Como a vida é uma jornada em que damos um passo de cada vez, os sapatos são, de fato, importantes.

Ao ouvir todas as pessoas que conheci ao longo da minha jornada, descobri que as sacadas transcendentais são o que há de melhor. Sempre.

Tendo isso em mente, considere o livro que você está segurando como um convite do Universo para que dê início às sacadas transcendentais. Esta é uma acolhida calorosa à tribo das buscadoras, onde outras como você lerão, aprenderão e crescerão juntas, uma tribo onde todas as peculiaridades, rituais esquisitos e definições de espiritualidade são unificados e aceitos – onde lições, dicas e histórias serão familiares à sua alma e a despertará.

Considere o que vem a seguir como um meigo beijo calorosamente depositado na sua testa, uma rajada da revigorante luz da manhã enviando raios coloridos por toda sua alma, um vento cósmico que a acorda com um sussurro enquanto, em algum lugar do outro lado do planeta, os monges entoam cânticos suavemente e, do lado de fora da sua janela, passarinhos gorjeiam alegremente o hino da natureza em homenagem ao seu despertar – todos dando as boas-vindas ao seu novo dia, na sua nova vida que está transbordando de harmonia espiritual.

Considere que hoje é o dia em que você está sendo coroada em toda completude. Por quê? Porque este livro nas suas mãos significa, minha amiga, que você está prestes a se tornar uma buscadora espiritual.

INTRODUÇÃO: SUA JORNADA

"Acreditar em coincidências, acreditar no destino – isso está ligado à esfera espiritual, à ideia de que existe uma coisa universal em algum lugar, uma coisa que o protege, que está zelando por você, guiando você."

Seja bem-vinda.

Você está prestes a adotar uma abordagem holística da vida, da cura e do bem-estar. Antes de qualquer coisa, peço um encontro de barrigas no estilo do Buda (esta é a versão da Nova Era da batida de peito que os atletas às vezes dão uns nos outros depois de uma boa partida). Em seguida, e antes de prosseguirmos, vamos dar uma espiada na palavra "holístico". "Holístico" tem muitas definições – alguns dizem que é algo "excêntrico", outros "espiritual", outros "iluminado".

Gosto de pensar numa vida holística como uma vida boa, leve e simples. O que pensamos, fazemos, dizemos, comemos, praticamos, acreditamos e aquilo que nos motiva a agir são reflexos de como escolhemos viver nossa vida. Uma abordagem holística do seu corpo, mente e espírito não apenas pode transformar sua saúde e bem-estar, como também beneficiar seus relacionamentos; torná-la mais paciente, compreensiva e amorosa; e, em princípio, ajudá-la a se tornar mais presente no dia a dia, o que resultará em mais amor, energia e abundância em todos os aspectos.

Onde quer que você esteja na sua jornada espiritual, é aí que você precisa estar – mesmo que ainda não pareça ser o ideal. E mais uma coisa antes que você prossiga: faça a si mesma um enorme favor e abandone seu ego e qualquer ceticismo. (Gosto de pensar que os julgamentos acontecem quando nossa alma está com prisão de ventre. Eca, eu sei. Mas é uma maneira de a nossa alma nos dizer que precisamos nos abrir, entregar os pontos e extravasar! Desse modo, considere isto uma lavagem intestinal para qualquer aspecto seu que seja negativo, cético, bitolado e crítico. Deixe que essa merda toda vá embora.) Aposto tudo o que tenho como a maioria de nós acha que passou um pouco da conta quando começa a explorar essas coisas. Quantas vezes não reviramos os olhos para as práticas espirituais, horóscopos e regressão a vidas passadas, achando que essas coisas são um pouco *bizarras* demais para perdermos tempo com elas? Não se estresse. Você certamente não está sozinha – mas essa gosma crítica em suas engrenagens possivelmente significa que está na hora de uma limpeza. A boa notícia é que este livro também é excelente para isso. Quanto mais você se abrir a todas as teorias e a todos os ângulos e abordagens da vida, mais sabedoria e *dharma* (existir em simbiose com as leis divinas do Universo) seu espírito vai assimilar. Silencie, portanto, a voz na sua mente, aquela que está lhe dizendo para permanecer na zona de conforto, e deixe que a luz do Universo, em todas as suas múltiplas formas, entre na sua mente, corpo, coração e alma.

Neste mundo, existem realizadores, crentes, sonhadores e pensadores. Você, minha amiga, é o que eu gosto de chamar de buscadora – um ser humano curioso, aberto, consciente e intuitivo. Você foi atraída para este livro e seguiu o impulso de pegá-lo, abri-lo e ler esta introdução porque sabe que sua vida é muito mais do que vem vivendo, que há mais para descobrir. Estas palavras que você está lendo são os primeiros passos na sua jornada espiritual, e como aconteceu a muitos antes de você, ela tem início com o desejo de buscar.

> "A espiritualidade diz respeito à unicidade – um amor, um buscador, uma alma e uma espiritualidade que sensibiliza a todos. Não importa a notoriedade, a fortuna ou a fé de cada pessoa, somos todos um."

Quando pensa numa pessoa espiritualizada, quem você visualiza? Uma velha *hippie* com perfume de sândalo e cabelos desgrenhados, que precisa desesperadamente de uma pedicure? Alguém que dirige um velho fusca enferrujado que funciona com óleo de fritura descartado e está coberto de adesivos dizendo coisas como "Eu paro para os elfos da floresta"? Ou um yogue barbudo e magro como um palito, sábio e caladão? Notícia de última hora, amiga: você tem tanta essência espiritual quanto todas essas pessoas. Todos nós temos. A espiritualidade, a sabedoria e o amor são nosso legado – pode ser difícil tê-los em mente e entrar em contato com cada um quando temos a sensação de que os dias avançam mais rápido do que a velocidade da luz, mas isso não torna minha afirmação menos verdadeira.

Com o movimento da Nova Era e o crescente desejo de viver uma existência espiritualizada, separada das religiões tradicionais, as últimas barreiras para que você possa colocar suas ansiosas mãozinhas na sabedoria espiritual foram rapidamente derrubadas. Hoje, as pessoas espiritualizadas não parecem diferentes de ninguém. A casa e o carro, os livros que leem, até mesmo as roupas que vestem não são diferentes daqueles dos seus vizinhos. E a não ser que elas, de repente, se abram e comecem a compartilhar com você a espiritualidade e as convicções delas, talvez você nunca venha a saber das crenças que têm. Na realidade, é bastante provável que a maioria das pessoas com quem você interage todos os dias – como sua mãe, seu chefe ou o cara da padaria que prepara o café que você toma pela manhã – acredite em alguma coisa espiritual, sejam anjos, magia, um poder superior como Deus ou Alá, astrologia, destino, milagres ou até mesmo fantasmas. Você pode ficar ainda mais surpresa diante da quantidade de pessoas que já está numa jornada espiritual assim como você ou que está prestes a iniciar uma. Aposto como você vai olhar de maneira diferente para Marjorie, a assistente da contabilidade, quando reparar no colar de cristal dela, ou para seu chefe, quando notar a sutil tatuagem *yin-yang* que você nunca tinha percebido.

Hoje, mais pessoas do que em qualquer outra época da história acreditam em algo maior: uma presença universal, uma conexão, um poder orientador, uma energia maior do que o mundo concreto que vemos e sentimos à nossa volta – e é isso que eu chamo de uma grande oportunidade, sem dúvida.

> "Embora possamos conhecê-Lo por mil nomes,
> Ele é exatamente o mesmo para todos nós..."
> ➤**Mahatma Gandhi**

Alguns beijam a terra; alguns se sentam em bancos de madeira protegidos por janelas de vitral colorido; outros colocam as pontas dos dedos no Terceiro Olho ou marcam a testa com *bindis* vermelhos; alguns têm conversas mentais tranquilas com anjos e guias; já outros se sentam de pernas cruzadas, sem prestar atenção a nada, sem pensar em nada, comungando com todo o universo. Há muito tempo a espiritualidade é definida pela religião, mas a chave para todas as religiões, e o que está na essência de todas as crenças, a coisa que torna a religião espiritual, é o *estilo de vida* proposto por cada uma delas – os rituais do dia a dia, o comportamento e as crenças que transformam um simples modo de vida num modo de ser.

O que vem pela frente nestas páginas visa abordar os conceitos básicos de tudo o que você já desejou saber a respeito de viver uma vida holística, espiritual e realizada sem ter que se tornar yogue em tempo integral ou fazer um doutorado em religião comparada.

Combinei nas páginas deste livro minhas experiências pessoais (ofereci minha virgindade espiritual para muitas práticas da Nova Era), com dicas (testei tudo isso para você), para ajudá-la explorar as questões gerais e as respostas com as quais você mais se identifica (isso mesmo, escolha sua própria aventura!). Vamos discutir a educação espiritual (sim, a educação física foi uma perda de tempo) e vamos falar sobre o que significa a espiritualidade. Se ela tem, de fato, a capacidade de curar e se comunicar conosco através dos nossos níveis de energia, doenças e outros estímulos físicos, mentais e emocionais. Vamos explorar a sabedoria universal e sua capacidade criativa e visionária, o que o espírito significa para cada um de nós e as suas habilidades intuitivas e inexploradas – sem mencionar a análise das nossas estrelas, números, nomes, aromas, ambientes, pensamentos, paixões, sonhos, mentores e destinos.

Como usar este livro

Como você deve abordar este livro? Do jeito que quiser, sem dúvida! Pense no que está por vir como uma aventura espiritual que você mesma escolhe, na qual seleciona a dedo as práticas com as quais se identifica de uma maneira mais profunda e imediata. Você acha incrível a cura com cristais, mas ainda não está muito animada com o yoga? Sem problema, minha amiga. Prefere entrar em contato com seus guias espirituais em vez de aplicar o Feng Shui no seu apartamento? Tudo bem. Este livro tem o objetivo de levar a você as informações adequadas para este momento. Além disso, você poderá voltar a estas páginas quantas vezes quiser, dependendo da sua jornada espiritual.

Para ajudá-la a trilhar o caminho às vezes acidentado em direção à iluminação na vida cotidiana, dividi este livro em três partes: Corpo, Mente e Espírito. A partir daí, cada parte é dividida em seções que abordam uma variedade de crenças, práticas e curiosidades úteis, que são cartas na manga.

Também desenvolvi o que gosto de chamar de Escala de Esquisitice. Ela é exatamente o que parece: uma escala para lhe dar um sinal de alerta com relação a quanto uma determinada prática poderá parecer amalucada, esquisita ou maravilhosa na primeira vez que a experimentar, porque, sejamos realistas – algumas destas coisas parecem bastante bizarras na primeira (ou segunda... ou quinta) vez que tentamos! Mas nada de bom jamais aconteceu ao ignorarmos as esquisitices da vida apenas porque estávamos nos sentindo assustados, envergonhados ou julgados, e não raro as descobertas mais maravilhosas que podemos vivenciar estão escondidas atrás de uma aparência um tanto peculiar.

Cada prática ou crença começará com uma pontuação na Escala de Esquisitice com base nas minhas experiências, e também terá uma pontuação bem pessoal na Escala Explore Isto: com 1 sendo "eu acho que você precisa experimentar isto ao menos uma vez na vida" e 10 sendo "MEU DEUS. EMBARQUE NESTA IMEDIATAMENTE". Você entende o que estou querendo dizer.

Quando terminar este livro, você terá vivenciado reviravoltas, revelações e descobertas, tanto pessoais quanto universais. Terá se tornado uma agente de cura, yogue, estudiosa, observadora de estrelas, fã de cristais, terapeuta, paranormal, taróloga e, o que é mais importante, buscadora espiritual. Para mim, o buscador espiritual é uma pessoa espiritualmente ativa. Exatamente. Você está prestes a se tornar uma curiosa e aventureira, e a descobrir como realmente despertar sua espiritualidade. Os buscadores espirituais são pessoas despertas – conscientes, alertas e ativas. Temos um GPS espiritual ativado que conduz nossa alma em direção a novas experiências, sabedoria, sonhos, pessoas e recursos, começamos a desenvolver um entendimento saudável do mundo – um modo de vida verdadeiramente holístico e universal. Os buscadores espirituais captam as orientações do Universo à medida que passam a viver uma vida espiritualmente ativa.

Crenças da Nova Era para uma Nova Era de fato

"A espiritualidade é uma moeda corrente universal. É parte de todas as religiões, todas as crenças e de todas as pessoas. todo mundo tem um sistema de crenças."

Então aqui estamos nós. Meditação, chakras e regressão a vidas passadas. Oh, céus! Misture tudo isso com uma dose saudável (ou não tão saudável) de ceticismo, privação de sono, estresse e o sem-número de situações cotidianas com as quais temos que lidar, e você terá a receita perfeita: não do sucesso espiritual, mas da desilusão. Sem dúvida, alguns praticam meia hora de yoga antes de ir para a cama e leem o horóscopo durante o café da manhã, mas, hoje em dia, quando se trata de procurar o que torna nossa alma verdadeiramente completa, a maioria de nós dá de ombros e resmunga: "Hein?".

Acreditar nos benefícios de um estilo de vida, mas não conseguir colocá-lo em prática é uma aflição comum nos dias de hoje. Muitas coisas mudaram na sociedade moderna. Nossa vida se tornou rica em bens, porém pobre em tempo, e a demanda por conhecimento, comunicação e resultados instantâneos é mais elevada do que nunca, inclusive quando se trata da espiritualidade. Buscamos respostas, experiências e resultados instantâneos, mas o que muitos de nós não compreendem é que a espiritualidade está mais acessível do que nunca – temos perambulado nesta busca, sem rumo, no escuro e com óculos de sol.

A espiritualidade moderna está aos poucos se diferenciando da religião organizada e se tornando cada vez mais acessível a cada um de nós. Apesar das muitas barreiras à iluminação espiritual que o mundo nos coloca todos os dias, nossa cultura obcecada por tecnologia, na realidade, acaba facilitando nosso crescimento espiritual bem mais do que percebemos. Algumas pessoas ainda buscam um Criador ou um Eu Superior numa capela, sinagoga, mesquita ou templo, muitas descobrem o que estão procurando olhando para dentro de si mesmas – por meio de uma reflexão silenciosa na meditação ou no yoga, outras aprendem sozinhas sobre práticas espirituais ao longo da história e de diferentes culturas. Alguns O encontram em comunidades virtuais ou por intermédio de livros, filmes ou até mesmo aplicativos de celular. Hoje existem muitas maneiras de observar, ler, pesquisar e compartilhar a sabedoria espiritual em múltiplas plataformas. A era da iluminação espiritual individualizada e personalizada realmente chegou.

Ainda assim, temos que enfrentar a pressão das escolhas: quanto mais opções nós temos (tipos de carros, parafernália tecnológica, o restaurante em que vamos jantar –

todos sabemos como é isso), mais difícil é avançar. No entanto, se conseguirmos aproveitar os numerosos caminhos espirituais que se estendem à nossa frente, sem que nos oprimam – considerando todos como uma "amostra espiritual", por assim dizer –, podemos surfar na onda da Consciência Superior, cada buscador espiritual a seu tempo.

Por meio dos avanços tecnológicos, que muitas vezes parecem nos manter mais afastados uns dos outros, nossa capacidade de nos conectarmos com a sabedoria, receber orientação e orientar, curar e adoecer, ensinar e aprender – em conjunto ou individualmente, através de cidades, países e oceanos – só será ampliada. O que costumava ser ensinado apenas de guru para pupilo, professor para aluno, está agora universalmente acessível. O mais importante talvez seja o fato de nos encontrarmos num momento único na História, no qual temos a oportunidade de pegar esse conhecimento abundante e integrá-lo ao nosso cotidiano de uma maneira prática.

Você aprenderá neste livro a se sintonizar com as mensagens espirituais diárias como se fossem uma estação de rádio; você vai buscar as maneiras de falar com seus guias espirituais, ou com o Universo, com a mesma rapidez e facilidade com que envia mensagens de texto para um amigo; e passará a conhecer seu corpo, sua mente e seu espírito como nunca antes.

Vai descobrir como ler seu destino nas estrelas e se comunicar com suas consciências passadas através das barreiras do tempo e do espaço. Será capaz de perceber como diagnosticar um desequilíbrio nos seus centros de energia mais rápido do que uma busca no Google. Na realidade, pense neste livro como o Google da espiritualidade.

É possível percorrer diferentes páginas, ler a respeito de tudo – cristais, chakras, meditação, aromaterapia, yoga – para identificar e praticar o que funciona melhor para você.

Você pode se concentrar no que inspira e impulsiona sua jornada espiritual e deixar de lado o que não a sensibiliza, e pode se conectar com outros buscadores espirituais, do mundo inteiro, com ideias afins, conferindo um significado inteiramente novo à expressão "conexão espiritual".

> "Você precisa crescer de dentro para fora. Ninguém pode ensiná-lo, ninguém pode torná-lo espiritualizado. O único mestre que existe é a sua própria alma."
> ➤ **Swami Vivekananda**

Desafie a si mesma

Quando eu era criança, meu questionamento quase sempre era: "Mas por quê?". A resposta do meu pai era sempre: "Porque nenhum dedo da mão é igual ao outro". Bem, continue assim, pai. Esse é um jeito confiável (e um tanto prático) de transmitir conhecimento!

Aprendemos desde crianças a questionar, justificar e encontrar significado e coerência em coisas que, pela sua própria natureza, não fariam sentido. À medida que nosso cérebro processa as experiências sensoriais, ele procura padrões e depois busca significado nesses padrões. Esse fenômeno, conhecido como *dissonância cognitiva*, mostra que, uma vez que acreditemos em alguma coisa, tentaremos minimizar a importância de qualquer coisa que seja incompatível com ela. Pessoalmente, gosto de chamar esse fenômeno de estreiteza mental; ele dificulta um pouco manter a mente aberta e conhecer outras possíveis crenças, estilos de vida, tradições e experiências – por padrão, pessoas com essa estreiteza mental aprenderam a ser assim devido à sua criação ou sistema de crenças herdado.

Poucas pessoas escolhem "zerar" e reinicializar suas crenças, mas minha experiência mostrou que as que conseguem estão destinadas a grandes feitos – elas são os inventores, pioneiros, aventureiros, professores e líderes da atualidade. Os seres humanos não podem deixar de fazer grandes perguntas. O melhor professor é a nossa alma, e a melhor maneira de deixar que ela nos ensine o que quer que saibamos é alimentá-la com coisas boas! Você colhe o que você planta. É isso que vamos fazer aqui: nutri-la com coisas positivas.

Se houvesse algum tipo de organização secreta de buscadores espirituais, um *Clube da Luta* espiritual, a primeira regra seria desafiar a si mesma. A segunda regra seria... desafiar a si mesma novamente. A terceira regra seria – especialmente se é a primeira vez que você está numa busca espiritual – fazer a importante pergunta: o que estou procurando?

Quando você descobre a resposta, precisa apertar os cintos e embarcar na aventura cósmica!

O que você quer? Significado? Compreensão? Amor? Realização? Paz? Qual o seu objetivo? Já estive exatamente onde você está agora, tentando entender tudo. A única diferença entre nós é que você foi suficientemente esperta e inteligente para pegar este livro. Eu coloquei minha saúde financeira em risco ao esvaziar minhas contas bancárias, uma por uma, comprando passagem só de ida rumo ao outro lado do mundo para me encontrar, o que acabou dando certo, mas não funciona para todos.

Pode apostar que ri e chorei ao descobrir que as respostas que eu procurava estavam dentro de mim o tempo todo. No entanto, uma coisa é certa: desafiei meu medo do desconhecido e dei aquele salto de fé tão necessário quando queremos ser recompensados com respostas claras.

Todos temos um caminho diferente a trilhar na jornada em direção à iluminação espiritual. Ao longo deste livro, você encontrará casos interessantes a respeito de mim mesma, dos meus amigos, da minha família e de pessoas que conheci ao longo da jornada, que experimentaram essas práticas e, por sua vez, têm perspectivas exclusivas para compartilhar a respeito do bem, do mau e do aprendizado sobre meditação, cura com cristais, signos zodiacais e muito mais. Você também encontrará momentos "Explore

Isto!", que oferecem sugestões sobre maneiras de dar algumas braçadas na piscina da Nova Era para, finalmente, flutuar e absorver toda a graça espiritual.

Toda jornada começa com uma história

Ao longo das eras, as verdades eternas da vida têm sido ocultadas, enterradas, queimadas, cobertas por pedras e terra, e até mesmo esquecidas no fundo de lagos. De acordo com a lenda, Padmasambhava, também chamado de "Nascido do Lótus" ou conhecido por muitos como o segundo Buda, acreditava que a humanidade não estava pronta para seus ensinamentos espirituais no século VIII. Quase seiscentos anos depois, suas escrituras ocultas foram encontradas por acaso, por um buscador espiritual – um aprendiz em espiritualidade exatamente como você.[1]

Hoje, essa escritura é um dos livros espirituais mais populares de todos os tempos: *O Livro Tibetano dos Mortos*.* A obra foi traduzida para muitos idiomas, e seus conceitos continuam a se revelar universais. Por que eles são universais? Porque todos queremos saber mais a respeito da alma, do nosso propósito na vida e do que acontece quando morremos.

Todas as boas buscas espirituais começam com uma história – a história que ouvimos a respeito de uma amiga cuja vida mudou drasticamente para melhor depois que começou a fazer yoga, o conto que seus pais leram para você quando era criança – a respeito de um aventureiro que explorava terras longínquas, até mesmo aquela história informal de um colega de trabalho que acabou de conhecer a regressão a vidas passadas, e que despertou sua curiosidade. Quando falamos de histórias, que narrativa de iluminação espiritual é mais inspiradora e surpreendente do que a do grande Buda? Essa foi uma das primeiras histórias que li quando tive curiosidade de investigar o lado espiritual da vida, e é uma narrativa que todos os buscadores espirituais devem conhecer:

Uma mulher grávida teve certa noite um sonho lúcido, pouco antes do nascimento do filho. No sonho, ela recebeu a visita de um elefante branco que lhe disse que seriam oferecidos ao seu filho dois caminhos na vida. No primeiro, ele poderia se tornar rei e governante. O outro caminho era de um agente de cura e mestre espiritual. Quando ela contou o sonho para seu marido, o rei, este jurou tornar o bebê seu sucessor e se empenhou em garantir que nada atrapalharia o futuro reinado do filho.

O príncipe cresceu confinado no palácio, mergulhado na cobiça, na riqueza e no poder – numa farsa utópica construída pelo rei, para assegurar que seu filho nunca tivesse contato com a velhice, a doença e a dor, e não sentisse a necessidade de fazer perguntas ou buscar o significado da vida.

---

* Publicado no Brasil pela Editora Pensamento. (N.T.)

Enganado e distraído pelas ilusões criadas por seu pai, o príncipe se casou e se tornou pai de um saudável menino. Ser pai pode ser uma experiência muito diferente da esperada; no entanto, para o jovem príncipe, ela foi a centelha que acendeu sua necessidade latente de pesquisar a alma, tornando-o curioso a respeito da vida e do significado e propósito dela.

Com a permissão do rei, o príncipe pôde se aventurar do lado de fora do reino e conhecer a cidade. No entanto, antes que seu filho se aventurasse pelo mundo desconhecido, além dos muros do palácio, o rei havia retirado das ruas qualquer coisa que pudesse incentivar os questionamentos do príncipe; todos os doentes, pobres e idosos foram colocados fora da vista do príncipe – todos menos um. Um velho frágil ficou sentando numa esquina, e ele imediatamente chamou a atenção. O príncipe ficou atônico com o velho – com suas histórias, suas experiências, sua idade e, acima de tudo, com seu sofrimento. O encontro causou um profundo impacto no príncipe, mostrando a ele um mundo cuja existência até então desconhecia completamente.

> "Você pode procurar no universo inteiro alguém que mereça mais o seu amor do que você mesmo, e não encontrará essa pessoa. Você mesmo, tanto quanto qualquer pessoa em todo o universo, merece seu amor e afeto."
> ➤Sharon Salzberg

Quanto mais o príncipe tomava conhecimento do sofrimento e do desespero, mais sua alma ansiava por mais da vida, até que um dia ele vagou pela floresta, arrancou todos seus ornamentos, raspou a cabeça e deixou para trás tudo a que era apegado. Durante essa parte da jornada, ele se cercou de homens sábios, líderes espirituais, mestres e gurus, mas sempre acabava querendo mais. Certo dia, parou de procurar e se acomodou, sentou-se debaixo de uma árvore, e começou a meditar. Horas e dias transcorreram enquanto o príncipe passava o tempo consigo mesmo. Após dias de meditação, o jovem príncipe alcançou a iluminação e, a partir desse momento, passou a ser conhecido como Buda. Seu mestre para a iluminação tinha sido sua alma.[2]

A maioria das histórias tem um começo, um meio e um fim; no entanto, a jornada espiritual tem, na verdade, apenas um início, porque o autoconhecimento e o aprendizado nunca terminam. Tudo começa com uma pergunta, a vontade de saber mais, entender mais, de explorar e percorrer o desconhecido. Talvez, para você, o primeiro passo na jornada espiritual seja ler este livro. Assim como o Buda, você busca conhecimento, informação e sabedoria.

Você não precisa ser uma princesa e nem se livrar de todos os seus bens mundanos para meditar eternamente na floresta – sem dúvida, você *poderia* fazer isso, mas ninguém está pedindo que você se torne o próximo Buda. O importante é o seguinte: a investigação e experimentação espirituais possibilitam que desenvolvamos um entendimento mais profundo da vida e de como ela funciona, o que por sua vez conduz à paz, à paciência e à benevolência.

Quando dizemos "iluminado", estamos nos referindo a uma alma inspirada, calma, conectada e interessada no sofrimento e no crescimento dos outros. De fato, esse tipo de crescimento pode, às vezes, ser doloroso. Na realidade, você pode ter sido atraída para este livro por causa da dor, da confusão ou de um sentimento de incompletude.

Na verdade, a busca espiritual geralmente começa quando alguém se sente perdido, sem rumo ou estagnado. Rumi, um antigo poeta e místico, disse o seguinte: "A ferida é o lugar por onde a luz entra em você", querendo dizer que todas as nossas experiências humanas – o sofrimento, a dor e o crescimento – contribuem para nossa iluminação.[3]

Você, querida amiga, está prestes a sair do confinamento dos seus muros – dos muros construídos pela sociedade, pelos ensinamentos dos seus pais e por tudo o que veio a pensar e acreditar a respeito do mundo. A sua busca espiritual lhe apresentará caminhos que você nem mesmo sabia que existiam. Alguns serão ilógicos; outros, profundos. Alguns farão você rir, e outros a farão chorar. Você decidirá que não está a fim de percorrer alguns deles, e outros você continuará a seguir até o fim da sua vida. A parte importante é dar o primeiro passo.

Estamos prestes a mergulhar na sua infância e ir além, às suas vidas passadas, nas quais sua alma viveu em outros países, falou outras línguas e aprendeu lições que ainda podem estar querendo vir à tona. Você vai aprender várias maneiras de entrar em contato com sua alma e escutá-la, de alimentar seu corpo e sua mente, e se conectar com as verdades ocultas do Universo. Vai resgatar memórias há muito esquecidas no seu subconsciente e que têm a chave para o propósito da sua vida, e, o que é mais importante, vai aprender dicas sobre como incorporar a espiritualidade à sua rotina, usando o pacote completo: o corpo, a mente e o espírito.

Assim sendo, pegue seus cristais, seu tapete de yoga e talvez um ou dois saquinhos de goji-chia, e venha comigo enquanto vira as páginas e viaja através da sua espiritualidade.

O que está esperando? Vamos em frente!

> "A espiritualidade não é uma religião ou uma tendência – é um estilo de vida. É um estilo de vida de conscientização, que combina o entendimento da fé, do corpo, da mente e do espírito, permitindo-nos viver uma vida iluminada por pequenas e grandes experiências."

QUE TIPO DE BUSCADORA VOCÊ É?

Este simples questionário ajudará a descobrir o tipo de buscadora espiritual que você é, guiará o propósito da sua alma em sua jornada e a ajudará a descobrir o significado por trás da sua busca. Você é uma Deusa, um Anjo, uma Yogue, uma

DEUSA? HIPPIE ESPIRITUALIZADA?
YOGUE? TRABALHADORA DA LUZ? GURU?
NÔMADE? ANJO?

Trabalhadora da Luz, uma Alternativa, uma Hippie Espiritualizada, uma Guru ou uma Nômade? Para os melhores resultados possíveis, responda o que vier primeiro à sua mente, de maneira instintiva, e preste atenção ao seu corpo, não apenas à sua mente. Quanto menos você pensar na resposta, mais precisos serão os resultados.

Meu primeiro contato com a espiritualidade foi por meio de:

Uma celebração (7)
Um livro, almanaque ou programa de televisão (3)
Um contato próximo ou visual com um mestre espiritual (2)
Uma compreensão espiritual íntima (1)
Um amigo ou membro da família compartilhou comigo uma sabedoria religiosa ou espiritual (4)
Leitura do horóscopo (6)
Uma aula de yoga ou de meditação (5)

No meu tempo ocioso, eu gosto de:

Ficar sozinha no meu refúgio (1)
Praticar yoga, fazer uma caminhada, surfar ou praticar outra atividade física (3)
Ler (2)
Meditar e relaxar (4)
Me socializar (7)
Decorar ou produzir alguma coisa (6)
Estar em meio à natureza (5)

Eu me tornei espiritualizada quando:

Passei por uma crise na vida (3)
Nasci espiritualizada ou fui criada com espiritualidade (1)
Viajei (6)
Aprendi que, de alguma maneira, a vida é muito mais do que pensamos (2)
Um relacionamento acabou ou perdi um ente querido (4)
Comecei a praticar yoga ou meditação (5)
Abracei um estilo de vida mais alternativo (7)

Quando se trata de trabalho:

É apenas uma maneira de pagar as contas (7)
Trabalho por conta própria (1)
Sou mãe em tempo integral (6)
Tento seguir meu propósito na vida por meio da minha profissão (4)
Estou seguindo meu propósito por meio da minha profissão (2)
Adoro meu trabalho porque me ajuda a me sustentar financeiramente (3)
Penso em pedir demissão todas as semanas (5)

Eu me sinto conectado com o meu lado espiritual quando:

Me alimento bem e me exercito (2)
Medito, rezo, participo de alguma celebração e/ou falo com meus guias espirituais (1)
Viajo (5)
Estou cercada por pessoas com ideias afins (7)
Posso mergulhar os pés na água ou sentir a grama entre meus dedos dos pés (3)
Estou espalhando amor e sabedoria aonde quer que eu vá (4)
Estou cercada por qualquer forma de beleza (6)

Sou capaz de reconhecer outra pessoa espiritualizada da seguinte maneira:

Pela liberdade com que fala a respeito de todas as religiões e espiritualidade (1)
Pelo que veste (7)
Pelo estilo de vida (4)
Pelo quanto se sente feliz (2)
Pela música que aprecia (6)
Pelo trabalho dela (5)
Pelas coisas que diz (2)

O líder espiritual que eu mais gostaria de conhecer seria:

Paulo Coelho (7)
O Papa (5)
Gandhi (1)
O Dalai Lama (4)
Um yogue ou guru (2)
Buda ou Jesus (3)
Meu anjo ou guia pessoal (6)

Quando eu era criança, o que eu mais queria conhecer era:

Uma sereia (4)
Um unicórnio (7)
Uma baleia (1)
Uma fada (5)
Um urso (2)
Uma princesa (6)
Uma tartaruga (3)

QUE TIPO DE BUSCADORA VOCÊ É?

Guru: 7-11 Você é uma alma antiga. Uma observadora, uma ouvinte e uma líder; sua jornada envolve aprender a paciência, o perdão, e transmitir sabedoria para aqueles que você consegue identificar como seus discípulos. Você pode criar um efeito cascata: comece com uma pessoa e depois cure e transforme muitas. A jornada da Guru envolve permanecer centrada, estável e ancorada, independentemente das tempestades que tenha que enfrentar. A vida da Guru pode vir acompanhada pelo sacrifício, e você é frequentemente desafiada e testada, tentada pela sedução de dar as costas ao seu propósito porque, às vezes, o caminho fácil é o mais atraente. Lembre-se de que você está destinada ao caminho menos percorrido.

Yogue: 12-18 Você é uma alma espirituosa, pura e cheia de energia. Está aberta a novas ideias e acredita em sempre expandir sua mente, estendendo-se a novos limites, e pressionando-se a continuar a crescer, desenvolver e alcançar novas alturas espirituais. Sua jornada envolverá experiências que a desafiam a se transformar e evoluir. Assim como a arte de dominar as posturas mais difíceis do yoga, sua vida envolve bravura, crescimento, novas experiências e movimento. Você não tem medo do desconhecido – na realidade, você o convida para sua vida e entende que ele é a chave do seu aprendizado e crescimento espiritual.

Anjo: 19-25 Você é uma alma sensível e intuitiva. Já teve mais experiências de vida do que a maioria das pessoas que conhece e tem um dom natural para se entrosar, se comunicar e inspirar os outros. Sua jornada envolve se tornar uma mensageira, uma líder e uma mestra para os outros, o que poderia levá-la a ser escritora, palestrante, professora, instrutora, atriz, cantora ou artista de vários segmentos. À semelhança de outros Anjos, como Madre Teresa, Princesa Diana, Jane Goodall e Gabrielle Bernstein, suas lições de vida são amar, cuidar e deixar um rastro de bondade ao longo da sua jornada.

Trabalhadora da luz: 26-30 Você é uma agente de cura e foi dotada da capacidade de transformar vidas. Tem uma conexão com a Mãe Natureza e frequentemente se vê procurando maneiras de ajudar as pessoas. Os Trabalhadores da Luz são excelentes orientadores, agentes de cura, médicos ou conselheiros pessoais, trabalhando muitas vezes em comunidades onde podem ensinar e tocar a vida das pessoas. Assim como a mariposa é atraída pela chama, as pessoas são atraídas pelo seu brilho – você ilumina os lugares, faz a luz brilhar nos pontos escuros das pessoas e não raro tem um dom natural para deixar os outros se sentirem mais livres. Você vive brilhantemente, e o mundo precisa da sua luz.

Deusa: 31-38 Você é uma alma protetora, angelical e cheia de vida. Tem um brilho natural que é muito comentado. As pessoas vão ao seu encontro e, por causa disso, você é muito social e popular. Você tem um chamado interior para a irmandade, e se sente mais fortalecida quando está cercada por almas afins, especialmente mulheres. Suas lições estarão ligadas a amizades, relacionamentos e à família, e a dominar a arte do amor, a ensinar e a guiar outras irmãs de alma e outras deusas.

Alternativa: 39-44 Você é uma alma talentosa e bela. A beleza atrai a beleza, de modo que não é incomum que os espíritos alternativos sejam atraídos por joias de cristal, perfumes, aromaterapia e pela moda. Você deixa um rastro de pó de fada a cada passo que dá na sua jornada. Seu caminho envolve enxergar a beleza em todas as coisas, em todas as experiências e em todas as pessoas – você sempre vê o lado luminoso das coisas, deixa um rastro iluminado por onde passa e tem uma radiância natural que atrai os outros com sua beleza interior!

Nômade: 45-49 Você é uma alma independente e corajosa. Os outros admiram e comentam sua liberdade e capacidade de seguir seu coração e sonhos. Você adora rir e aproveitar a vida, e sua jornada envolve buscar diariamente a realização. Tem uma afinidade pelas viagens e frequentemente se sente mais à vontade na estrada, quando não há nada que a prenda. Sua alma cresce com cada salto corajoso que você dá. Sua jornada envolve criar novos caminhos, aventurar-se no desconhecido e apresentar a si mesma o desafio de deixar sua zona de conforto.

***Hippie* Espirituosa: 50+** Sua alma está aqui para sentir alegria e encanto, enquanto espalha felicidade e amor para os que estão na sua companhia. Às vezes, os outros a consideram opressiva porque é extremamente sincera, enfática e direta na sua abordagem da vida. Entende a realidade de um modo mais amplo e acredita ser possível desfrutar de cada momento – dos bons, dos maus e dos incomuns! Aqueles que não se afastam adoram estar na sua companhia porque você ajuda as pessoas a se soltarem e é capaz de ensinar a elas o abandono do ego. Sua jornada diz respeito a ajudar as pessoas a se divertirem com suas vidas, ajudar os que estão ao redor a expandir horizontes, a se soltar e a dançar no ritmo da vida.

PARTE I

O corpo saudável

Uma das coisas que aprendi na minha jornada espiritual é que o corpo é a principal ferramenta do espírito. A escola de pensamento que particularmente me agrada é a que diz que a alma usa o corpo para se comunicar conosco. O espírito se comunica por meio de sensações – nossos níveis de energia, doenças, incômodos e dores são maneiras pelas quais a nossa alma nos envia sinais de que alguma coisa não está bem.

Tanto para meus propósitos pessoais quanto para os objetivos deste livro, defino a *alma*, o *espírito*, como a nossa essência; a voz na nossa cabeça que diz coisas sobre as quais nunca pensamos; a força motriz por trás dos nossos desejos, impulsos e sonhos; aquele elemento quase mágico do nosso ser que transcende os limites mentais e físicos, e desempenha um papel vital no bem-estar. A alma é o chamado interior para que você procure, investigue e descubra tudo o que pode canalizar, criar e dominar nesta vida.

Se nossa alma pudesse assumir o controle do nosso corpo, a minha provavelmente aplicaria um golpe de *kung fu* naquele frasco de aspirina que eu peguei hoje de manhã, e a sua provavelmente sabotaria aquela farra de Netflix com *junk food* que você fez para aliviar a tensão causada por uma longa semana de trabalho. Se nossa alma assumisse o controle, ela tentaria fazer com que nos concentrássemos na eloquente linguagem do nosso corpo, que muitos de nós não compreendem. Razões implícitas esclarecem por que temos aquelas dores de cabeça, tremores nas pálpebras, dores nas costas e herpes labial. Portanto, eu a desafio a parar de ignorar essas razões e não se surpreender quando voltam para atormentá-la! Eu a convido a examinar os problemas importantes que seu corpo e sua alma estão lhe mostrando.

Se seguirmos a ideia de que nosso corpo também é um reflexo da nossa mente e da nossa alma, então nossos pensamentos, sentimentos, emoções, experiências e energia estão refletidos na maneira como nutrimos e amamos (ou não) nosso corpo. Segue-se então que a maneira como cuidamos de nós, nos alimentamos e até mesmo nos apresentamos ao mundo exterior revela nosso estado espiritual.

Se agirmos a partir do entendimento essencial de que nossa alma escolhe nosso corpo, ocupa-o ativamente e, o que é mais importante, precisa desse corpo para se desenvolver, então podemos identificar quando nossa alma está nos advertindo, nos dizendo que está cansada, alertando de que estamos fora do rumo ou fora de sintonia.

Portanto, preste atenção quando ficar de cabelo em pé, sua pele ficar arrepiada e tiver calafrios, porque todos esses sintomas podem muito bem ser indícios de uma comunicação intuitiva da sua alma, lhe dizendo que está acontecendo alguma coisa à qual você deve prestar atenção. Quanto mais nos conectamos com nossa alma, mais em sintonia ficamos com nosso corpo, e vice-versa.

Filósofos e pessoas comuns – como nós! – têm questionado, ao longo dos séculos, se temos ou não uma alma. Pitágoras acreditava que a alma deixa pistas nos números e estudou numerologia – números que determinam a jornada da alma durante a vida –, conferindo até mesmo um "número da alma" a cada pessoa. Platão acreditava que a alma é a essência espiritual da pessoa. Aristóteles acreditava que ela é a essência da personalidade e natureza de um ser. Immanuel Kant acreditava na alma que evolui eternamente por meio da reencarnação. Carl Jung falava com frequência sobre o poder da alma, os milagres e a força cósmica inexplicável que ela mantém em cada um de nós.

O mundo da medicina e das artes de cura – médicos, pesquisadores, cientistas, trabalhadores da luz e agentes de cura holística, para citar apenas algumas das profissões nesse campo – são áreas em que o relacionamento entre o corpo e o espírito é um tema controverso. Alguns acreditam que, quando morremos, a alma deixa o corpo, que a alma é simplesmente um hospedeiro para nossa jornada na terra. Outros acreditam que o que chamamos de alma se extingue como uma vela no momento em que nosso eu corpóreo para de funcionar. Muitas pessoas nas comunidades científicas e espirituais estudam o equilíbrio e efeitos dos desequilíbrios no corpo, na mente e no espírito, e como esses desequilíbrios podem estar diretamente associados às doenças e indisposições. No entanto, das experiências fora do corpo à dor no membro fantasma, a conexão intrínseca do corpo com essa coisa que chamamos de alma – por mais misteriosa que seja – é inegável.

Muitos de nós nos esquecemos do impacto que o corpo causa sobre nosso estado de espírito, nossos pensamentos, nossa energia como um todo e nossa essência, o que, por sua vez, causa um enorme impacto na maneira como nos sentimos e nos curamos. A palavra *disease** em inglês, desmembrada nas suas partes etimológicas, é *dis* (ausência de) e *ease* (conforto físico, estado impertubado do corpo; tranquilidade, paz de espírito). Quando estamos doentes ou num estado de desconforto físico, tendemos muito mais a nos concentrar tanto em emoções quanto em ações negativas, o que não é exatamente uma dieta apropriada para sustentar nossa alma! Quando acumulamos emoções, podemos esperar que nossa alma se sinta sufocada, irritada, entediada.

---

* Doença, enfermidade. (N.T.)

> "O principal propósito da vida é viver com correção, pensar com correção, agir com correção. A alma padece quando só pensamos no corpo."
> ➤Mahatma Gandhi

Alguém certa vez me disse que, assim como nossas experiências e desafios do dia a dia contêm a chave da nossa jornada, nosso corpo e quaisquer problemas físicos ou doenças que possamos estar enfrentando também a contêm. Assim como nossa mente e nosso coração um dia decidem que está na hora de deixar para trás a mágoa, o ressentimento ou a hostilidade, o mesmo acontece com nosso corpo.

A questão é: se não nos desfizermos de toda essa sujeira, onde a guardamos? Nós a guardamos dentro de nós mesmos (inclusive no intestino, lugar apropriado, literalmente!). Quando escolhemos reprimir e nos agarrar a emoções negativas, elas podem se manifestar internamente como doenças e indisposições, ou se tornar catalisadores para estilos de vida inadequados. É quando você precisa simplesmente se livrar delas.

> "A maneira como você pensa, a maneira como você se comporta, a maneira como você come podem influenciar sua vida de trinta a cinquenta anos."
> ➤atribuído a Deepak Chopra

Enquanto empreendia minha própria busca espiritual, ficou claro para mim que três aspectos fundamentais estão sob nosso controle quando se trata de cuidar do corpo: o que entra no nosso corpo, como nosso corpo interage com o mundo e nossas atitudes diante do nosso eu físico (e como essas atitudes influenciam nossa saúde espiritual). Nesta seção, você vai aprender a se comunicar com seu corpo interpretando a linguagem dele, para buscar a melhor combinação possível de tratamentos espirituais.

Seja finalmente aperfeiçoando a postura de yoga do cachorro olhando para baixo, entendendo o potencial da homeopatia ou experimentando a aromaterapia para combater o estresse, a questão aqui é experimentar o que funciona para você. Brinque, investigue, atrapalhe-se! Eu fiz isso... e você fará o mesmo. Explore tudo! Na realidade, isso a fará se sentir melhor: se aprendemos com nossos seus erros, por que você não cometeria alguns?

Nossa, eu devo ser um gênio, considerando alguns dos fracassos completos e absolutos, de categoria internacional, que enfrentei enquanto aprendia algumas maravilhas espirituais. Gênio, estou dizendo!

A vida é uma jornada, e o caminho de cada buscadora espiritual é diferente, com pontos de parada e descanso, e quiosques de informação ao longo do caminho. O quiosque de informação em direção ao qual estamos indo nos próximos capítulos é simplesmente este: o bem-estar espiritual por meio da harmonia física.

1

O EQUILÍBRIO DO SEU CORPO

Você já pegou no sono enquanto lia na cama alguma coisa no seu iPad e ele escorregou dos seus dedos e bateu em cheio no seu rosto?

Acho que isso, ou algo parecido, já aconteceu com todas nós, quer o admitamos, quer não. E se não for apenas um sono irregular? Talvez pequenos elfos tecnológicos estejam tentando nos enviar uma mensagem rude e direta do tipo: largue essa porcaria e vá dormir.

Por meio de seres fantásticos encrenqueiros ou não, todas precisamos de um sinal de alerta de vez em quando que nos lembre de que devemos dar ao nosso corpo o amor que ele merece – quer esse amor se manifeste na forma de mais horas de sono, mais atividades físicas, alimentação saudável ou maior conexão entre o corpo, a mente e o espírito. Considere este capítulo o sinal de alerta do seu velho esqueleto.

Eu (e quase todo mundo) notei repetidamente que, no mundo de hoje, aprendemos a "simplesmente fazer e não discutir", a "nunca desistir", e estamos vivendo uma vida mais atarefada, saturada de *fast-food*, privada de sono, cercada por luzes, energias, frequências e estressores que nunca antes encontramos. Embora haja importantes benefícios nas inovações da vida moderna – incríveis avanços na medicina e na energia sustentável, na possibilidade de formarmos novas parcerias e amizades no mundo inteiro, mais oportunidades do que nunca de fazer mais e ser mais – o padrão "eu deveria ter feito aquilo ontem" também está tendo um custo muito elevado para o nosso bem-estar mental, emocional e físico.

Ao contrário dos nossos telefones e tablets, não podemos simplesmente nos conectar à tomada para recarregar nossas baterias e, não importa o que digam sobre bebidas energéticas e suplementos capazes de nos encher de energia, simplesmente não existe algo que nos recarregue num passe de mágica.

As coisas que você está prestes a explorar significam o fim iminente do seu romance com seus paliativos preferidos para reposição de energia. Com o incentivo do seu corpo, você está prestes a romper com seus placebos energéticos, de modo que deve começar a planejar como vai se livrar da sua muleta de pseudoenergia. Não é você, é a muleta. E, segundo espero, você não está mais tão interessada nela...

Nosso hábito de estar constantemente conectados e de encontrar maneiras de nos revigorarmos superficialmente não afeta apenas nosso descanso. A privacidade está em extinção. Nossa vida nunca foi tão pública, tornando os momentos a sós uma raridade, e cuidar de nós mesmos tornou-se algo impraticável. Hoje, muitas vezes, nos vemos consumidos pela necessidade de entregar resultados no trabalho e, frequentemente, não damos o devido valor à qualidade de vida. Como resultado, muitos de nós sentimos que a vida, a mente e o corpo estão ficando desgovernados.

Por sorte, projetos como "Dia da Saúde Mental", a integração de práticas como programas de ginástica funcional no escritório, junto com a aceitação das práticas holísticas para a saúde estão se tornando mais comuns. As pessoas estão finalmente começando a ver os benefícios de nutrir a alma com coisas que trazem felicidade, relaxam a mente e, o que é mais importante, transmitem uma sensação de equilíbrio físico.

Algumas praticam yoga ou meditação; outras buscam alternativas para a medicina ocidental tradicional. Percebi que existe um fator em comum em todas essas práticas: fazem com que nosso corpo volte a ficar em equilíbrio com a mente e o espírito.

O que funciona para você não vai necessariamente funcionar para mim, para sua mãe ou para seu melhor amigo ou amiga; tudo é uma questão de tentativa e erro (ênfase em prováveis *erros*, certo, pequena sabichona?), mas sem a vontade de arriscar, ninguém jamais sairia de casa pela manhã! Assim sendo, arregace as mangas e ponha mãos à obra. Seu corpo agradecerá.

Encontre o equilíbrio: práticas holísticas

Tive muitos momentos de fracasso memorável quando comecei a engatinhar nas práticas holísticas (as que já mencionei e, aliás, convido-a a conhecer). Estou feliz por desnudar minha alma, de modo que você se sinta livre para aprender com minhas imperfeições espirituais e holísticas. A partir das minhas experiências, elaborei uma lista inicial de coisas que você deve simplesmente evitar, de cara — comece com o que possa dar continuidade, é o que eu digo.

O yoga não é uma maratona. Vá devagar e sempre. Quase machuquei as costas quando tentei fazer a Postura da Ponte pela primeira vez; isso me fez tentar alguns exercícios de aquecimento antes do alongamento do yoga.

Sempre, sempre mesmo, quando estiver se desintoxicando, esteja segura de que está perto de um banheiro — você não vai querer passar pela situação de "quase não deu tempo de chegar ao banheiro". Passei por isso quando estava no meio de uma desintoxicação.

Cristais, óleos, incensos e outras coisas perfumadas nunca são um substituto para a água e o sabonete. Meus amorosos amigos realizaram uma intervenção muito necessária para conversar comigo a respeito da minha questão de "aromaterapia *versus* sabonete" e finalmente fui capaz de admitir que, de fato, eu estava fedendo.

Todos esses foram grandes momentos para mim, um processo de aprendizagem cômico e embaraçoso na minha jornada para a vida holística, e todos fundamentais para a continuidade do meu crescimento espiritual. Meu ponto aqui é que, se você alguma vez se encontrar numa situação de espasmo muscular, dor de barriga ou chulé, não se preocupe demais com a situação e tenha duas coisas engatilhadas – a mente aberta e senso de humor. Você descobrirá bem rápido o que vai funcionar para seu estilo de vida e o que não vai, e lembre-se: o riso é um dos melhores remédios que existem.

Ao longo dos anos, eu me envolvi em todas as áreas que se seguem. Entre elas, há algumas que permaneceram comigo como constantes companheiras do meu bem-estar físico, e outras que experimentei uma ou duas vezes e depois abandonei porque não me serviam da maneira como eu precisava. Repetindo: esta jornada envolve curiosidade, experimentação e diversão; você não encontrará neste caminho uma lista de práticas espirituais que atenda a todos os gostos. Também é importante lembrar o lugar da medicina ocidental nesta dança e que, se você tiver sintomas graves que a estão preocupando, procure um profissional da área médica o mais rápido possível.

Segue-se uma gama de técnicas de cura holísticas que experimentei na minha busca espiritual, e espero que haja alguma coisa nelas para todas as buscadoras. Vamos começar!

Quiropraxia

ESCALA DE ESQUISITICE: ▲▲▲▲▲▲▲▲▲▲
ESCALA EXPLORE ISTO: ▲▲▲▲▲▲▲▲△△

A quiropraxia é uma forma de medicina alternativa cujo objetivo é encontrar e corrigir desalinhamentos na coluna vertebral. Geralmente ela resulta no alívio da dor e na melhor movimentação do corpo, além de ajudar os sistemas imunológico e nervoso. Os quiropráticos tratam de tudo, desde dores de cabeça a dores no pé, que são geralmente indícios de que seu corpo está de alguma maneira desequilibrado, seja por causa do estresse, de uma lesão ou de uma doença.

> **EXPLORE ISTO!**
>
> Pode ser um pouco assustador, na primeira vez, sentir alguém esticando e estalando suas articulações, mas confie em mim: depois que começar a sentir os benefícios da quiropraxia, vai se perguntar por que demorou tanto para experimentar. Pelo menos foi o que aconteceu comigo. Ponha de lado quaisquer receios ou ceticismo que possa estar nutrindo e marque uma consulta com o quiropraxista!

Naturopatia

ESCALA DE ESQUISITICE: ▲▲▲△△△△△△△
ESCALA EXPLORE ISTO: ▲▲▲▲▲▲▲▲▲△

O naturopata pratica a medicina alternativa baseada nas energias vitais do corpo e se concentra na cura holística e preventiva usando uma combinação de recomendações gerais relacionadas a estilo de vida, alimentação, técnicas de relaxamento, preparados de ervas, suplementos ou óleos para ajudar a equilibrar o corpo. Você poderá se beneficiar ao se consultar com um naturopata se tiver alergias, se sua energia estiver em baixa, tiver um sistema imunológico debilitado ou problemas de artrite, entre outros.

Homeopatia

ESCALA DE ESQUISITICE: ▲▲▲▲▲△△△△△
ESCALA EXPLORE ISTO: ▲▲▲▲▲▲▲△△△

O homeopata, de algumas maneiras semelhantes ao naturopata, pratica a medicina alternativa usando fórmulas diluídas ou comprimidos feitos a partir de plantas e minerais, para ajudar a ativar os sistemas de cura naturais do corpo. Muitas pessoas que enfrentam problemas como fadiga, infertilidade, ansiedade, depressão e problemas intestinais disseram que consideram benéficas as consultas com o homeopata. Descobri que essa prática também tende a ser bem mais delicada para o corpo, e mais em conta do que os suplementos das lojas de produtos naturais ou os preparados concentrados dos naturopatas, o que é sempre um fator positivo!

> ### Explore isto!
> Procure no Google "mapa de reflexologia" e faça um minicurso intensivo de reflexologia pelo computador. Você quer mais? Verifique se algum estabelecimento que oferece serviços de cura holística, massagem ou outros cuidados de saúde na sua região, também oferece serviços de reflexologia.

Reflexologia

ESCALA DE ESQUISITICE: ▲▲▲▲▲△△△△△
ESCALA EXPLORE ISTO: ▲▲▲▲▲▲△△△△

A reflexologia é uma área da medicina alternativa que se concentra nos pés, mãos, orelhas e em outras partes do corpo. Quando massageadas, beliscadas ou pressionadas, certas áreas do corpo (plexos nervosos) podem ajudar a modificar a energia e eliminar bloqueios energéticos. Por exemplo, uma pressão suave aplicada na região da mão entre o pulso e o polegar pode ajudar na digestão.

Acupuntura

ESCALA DE ESQUISITICE: ▲▲▲▲▲▲▲▲▲▲
ESCALA EXPLORE ISTO: ▲▲▲▲▲▲▲▲▲▲

Está disposta a ser um boneco de vodu? A acupuntura é uma técnica da medicina alternativa cujo objetivo é harmonizar o corpo usando agulhas finas inseridas na pele em pontos de energia para ajudar a curar, alinhar e prevenir desequilíbrios no corpo. Essa antiga técnica de cura é conhecida por melhorar distúrbios circulatórios; problemas do nariz, ouvido, olhos e garganta; distúrbios imunológicos, emocionais e dependência química; relaxa a tensão muscular e melhora a dor nas articulações. Ficar cheia de agulhas espetadas em você não é algo muito convidativo, mas funciona! Pelo menos funcionou para mim. Além disso, as agulhas são tão finas (sério, você mal consegue enxergá-las!) que você praticamente não percebe a fisgadinha em sua pele.

Massagem

ESCALA DE ESQUISITICE: ▲▲▲▲▲▲▲▲▲▲
ESCALA EXPLORE ISTO: ▲▲▲▲▲▲▲▲▲▲

A massagem da medicina alternativa combina os benefícios do toque, das técnicas de relaxamento muscular e, com frequência, da aromaterapia. A massagem ajuda o corpo a se recuperar, se restabelecer e relaxar, e pode aliviar a dor nas costas e dores musculares, reforçar a imunidade e liberar endorfinas, e tudo isso ajuda a restabelecer o equilíbrio natural do corpo. Quem não adora uma boa massagem? Se você não gosta, é bem provável que ainda não tenha experimentado ou não tenha encontrado o profissional certo. Não deixe de conversar com seu terapeuta sobre todos os detalhes (pressão firme/suave, áreas sensíveis e o nível de conforto ao ser tocado) e não tenha medo de testar muitos tipos de massagem até encontrar o que realmente lhe agrade.

"Comece a ver a si mesmo como uma alma com um corpo e não como um corpo com uma alma."

▶atribuído a Wayne Dyer

Desintoxique-se do estresse

ESCALA DE ESQUISITICE: ▲▲▲▲▲▲▲▲▲▲▲
ESCALA EXPLORE ISTO: ▲▲▲▲▲▲▲▲▲▲▲

O estresse é um assassino. Literalmente. Mas, em vez de ficarmos pessimistas a respeito dele, vamos examiná-lo a partir da perspectiva da cura, certo? A chave para honrar e amar seu corpo é combater o estresse, e embora seja praticamente impossível eliminá-lo de um estilo de vida moderno (consigo ouvir você rindo diante da mera ideia de que isso possa ocorrer), podemos usar algumas das técnicas a seguir para nos ajudar a aliviar os efeitos do estresse relaxando o corpo, a mente e o espírito. Pense nelas como um kit de primeiros socorros para desestressar.

Aqui você encontrará algumas técnicas para o alívio do estresse que eu experimentei e nas quais passei a confiar para ficar mais centrada e relaxar nos momentos de tensão, ansiedade e depressão. (Elas são como o cão de três cabeças que vigia os portões do submundo para mim – uma dessas cabeças raramente aparece sem as outras duas!) Além disso, por que não usar mais de um superpoder desestressante ao mesmo tempo para combater os seus monstros do esgotamento? Eu uso muitas dessas técnicas quando preciso trocar um pneu furado ou, às vezes, quando passo por imprevistos na estrada.

Com base em minhas próprias experiências e nas experiências de pessoas próximas a mim, parece que todos tendem a se afeiçoar rapidamente com uma ou duas técnicas para lidar com o estresse, que se adaptam ao nível e ao "sabor" de estresse pelo qual estão passando (se ao menos ele viesse com sabor de menta e chocolate, ou de nozes com baunilha), e o segredo é lembrar que tudo precisa ser equilibrado – você não pode estar sempre por cima, e tudo bem. Você ficará para baixo alguns dias, semanas e, às vezes, até mesmo meses, mas a felicidade e o bem-estar surgirão quando aprender a administrar seus causadores de estresse de uma maneira estável; seus períodos de melancolia não serão nem intensos e nem muito longos.

O principal obstáculo no que diz respeito a lidar com o estresse é o tempo. A primeira pergunta que eu faço aos viciados em estresse é a seguinte: "Você acha que não tem tempo disponível para se desestressar?". Isso pode se tornar um ciclo vicioso se você não tomar cuidado. Sempre pensamos que é necessário muito tempo para reduzir o estresse e esse pensamento reforça ainda mais a tensão. Então, eis meu desafio para você nesta seção: reserve dez minutos por dia. Apenas dez. É isso aí. Todos os dias, de preferência no mesmo horário, dedique esses dez minutos às técnicas de redução do estresse. Experimente todas as que apresento a seguir ou apenas uma ou duas, mas prometa-me o seguinte: pratique pelo menos uma delas durante uma semana, e depois um mês... e depois dois – progressivamente até que esses preciosos dez minutos sejam o momento especial em que você se concentra em si mesma e dá um pouco de amor e atenção ao seu corpo incrível.

Respirar

ESCALA DE ESQUISITICE: ▲▲▲▲▲▲▲▲▲▲
ESCALA EXPLORE ISTO: ▲▲▲▲▲▲▲▲▲▲

(Só para constar, se você acha que técnicas de respiração são *esquisitas*, então talvez devamos revisar as quatro coisas que todos precisamos fazer para sobreviver: dormir, comer, beber e respirar. Todas são imperativas para a vida, por isso respirar está classificado como zero na *Escala de Esquisitice*.) Absurdamente simples, certo? Isso mesmo, estou lhe dizendo para inalar oxigênio para seus pulmões e exalar dióxido de carbono. Pense no seguinte: quando foi a última vez que você parou por um momento para realmente respirar?

Mantras

ESCALA DE ESQUISITICE: ▲▲▲▲▲▲▲▲▲▲
ESCALA EXPLORE ISTO: ▲▲▲▲▲▲▲▲▲▲

O diálogo interior negativo pode ser o mais rápido catalisador de uma crise de estresse. Quando a mente começa a girar a 160 quilômetros por hora pensando, processando e se preocupando, a resposta de adrenalina do nosso corpo também pode entrar em marcha acelerada. Acalme o diálogo interior negativo com um mantra ou afirmação que a ajude a se recompor. Frequentemente repito mantras simples como "Descomplique", "Tudo sempre se resolve" e "Pense em outra coisa por um minuto". Vamos aprender mais sobre os mantras ainda neste capítulo.

Zen

ESCALA DE ESQUISITICE: ▲▲▲▲▲▲▲▲▲▲
ESCALA EXPLORE ISTO: ▲▲▲▲▲▲▲▲▲▲

O Zen existe e você pode ir até ele! Pense nele como seu jardim de paz interior, seu refúgio sagrado onde as ervas daninhas do pensamento não podem crescer e onde você nutre e cultiva ações e pensamentos amorosos, tranquilos e gratificantes. Mude seus pensamentos e concentre sua energia em si mesma, recarregando e alimentando sua

> **EXPLORE ISTO!**
>
> A maneira mais rápida, mais barata e mais benéfica de ajudar a avisar ao seu corpo que ele não precisa mais ficar num estado de pânico é simplesmente respirando. Inspire profundamente pelo nariz, deixando que seu peito (mas não os ombros) se levante. Prenda a respiração durante alguns segundos e depois solte vigorosamente o ar pela boca, procurando fazer com que a expiração seja mais longa do que a inspiração (inspirar durante quatro segundos, prender a respiração durante cinco e expirar durante sete funciona para mim). Faça isso de cinco a dez vezes e sinta seu corpo se acalmar. Você pode usar essa técnica em qualquer lugar: no carro, numa lanchonete, usando o computador, onde quer que você esteja. Viva a respiração!

positividade. Reserve cinco minutos de tempo Zen por dia em meio ao caos para entrar em contato consigo mesma – incorpore-os aos dez minutos em que você cuida do estresse ou reserve outros cinco especificamente para seu tempo Zen; isso é com você. Você está tensa? Com fome? Cansada? Faça essas perguntas ao seu corpo com uma mente tranquila e atenciosa, e seu corpo será sincero com você. Atenda às necessidades dele, escute o que tem a dizer, e lembre-se de que ele funciona melhor quando está relaxado, motivado e centrado.

Meditação

ESCALA DE ESQUISITICE: ▲▲▲▲▲▲▲▲▲▲
ESCALA EXPLORE ISTO: ▲▲▲▲▲▲▲▲▲▲

É muito fácil. Juro. Você se lembra daqueles dez minutos? É tudo o que você precisa, confie em mim. Se você quiser ir mais adiante e tiver tempo para isso, faça mais, mas comece com dez minutos por dia. Sente-se, pare, relaxe, respire e deixe que sua mente se deixe levar. Deixe simplesmente que seus pensamentos, emoções e a respiração sejam como são. Se você perceber que sua mente está divagando, traga a atenção de volta para o ritmo do ar que entra pelo seu nariz e depois sai pela boca. Respire pelo diafragma e pelos pulmões, não pelos ombros e pescoço. Passe alguns minutos num estado de vazio mental. Conceder tempo ao seu corpo para se reorganizar dessa maneira é uma chance de harmonizar importantes sistemas – nervoso, cardiovascular e digestivo – e de recomeçar quando seu dia estiver sobrecarregado. Em vez de checar suas mensagens ou e-mails, ou pegar uma revista numa sala de espera, sente-se em silêncio, fique em paz e descanse – cada minuto ajuda. Aprenda mais sobre a meditação mais adiante neste capítulo.

Explore isto!

Um dos meus colegas de trabalho, num antigo emprego, fez um pequeno refúgio debaixo da mesa no seu cubículo no escritório. Era um emprego altamente estressante e, quando as coisas ficavam realmente difíceis, todos precisávamos ter mecanismos para lidar com a situação. Ele era meu colega preferido. Levava para o trabalho uma tapete de yoga, travesseiro, máscara para os olhos, cobertor, luzinhas de Natal à bateria e frasquinhos contendo alguns óleos de aromaterapia (descubra mais sobre os poderes da aromaterapia no Capítulo 3) e criava para si mesmo um pequeno refúgio Zen bem ali debaixo do seu computador, telefone e coleção de bonecos de jogadores de beisebol. Na maioria dos dias, e especialmente depois de uma reunião ou telefonema particularmente exaustivo, ele ia para baixo da mesa, colocava os fones de ouvido, passava um pouco de óleo debaixo do nariz, colocava a máscara e simplesmente ficava imóvel durante cinco ou dez minutos. Sem dúvida, muitos achavam que ele era completamente maluco, mas aposto como ele era a pessoa mais relaxada naquele emprego exaustivo, de modo que poderíamos argumentar que ele sim estava vencendo na vida.

Yoga

ESCALA DE ESQUISITICE: ▲▲▲▲▲▲▲▲▲▲
ESCALA EXPLORE ISTO: ▲▲▲▲▲▲▲▲▲▲

Alguns dizem que, quando cuidamos do nosso corpo, também estamos cuidando da nossa alma, e eu concordo com isso principalmente devido à minha experiência com o yoga.

O yoga é usado há milhares de anos como uma prática para fortalecer e unir a mente, o corpo e o espírito, com o propósito de manter tudo em equilíbrio. Nesta jornada diária em direção à cura emocional, física e espiritual, o yoga oferece maneiras de dar estabilidade ao corpo ao mesmo tempo que ajuda a fortalecê-lo e tonificá-lo. Essas posturas podem ser usadas em momentos difíceis como estratégias que nos ajudam a aliviar a ansiedade e trazer a consciência de volta quando nos perdemos nas situações deste mundo, que parecem nos tirar de órbita.

Antes de começarmos, eu me sinto obrigada a incluir uma pequena ressalva aqui. Sua primeira aula de yoga poderá deixá-la um pouco estressada, considerando que vai estar num novo ambiente com pessoas desconhecidas praticando uma atividade que faz novas exigências ao seu corpo. Você obterá melhores resultados se conseguir ficar num estado de espírito relaxado antes de começar. Confie em mim. Não se preocupe com sua aparência nas roupas de yoga, com o quanto suar ou com o quanto se sente ridícula na primeira vez que experimentar fazer a postura do cachorro olhando para baixo. Todo mundo se sente um pouco idiota nas primeiras vezes que faz essa postura. Afinal, ela é chamada de postura do cachorro olhando para baixo, pelo amor de Deus, e seu bumbum estará virado para cima. Como você poderia se sentir? Sinta orgulho de si mesma por fazer uma tentativa. Além disso, sinta-se livre para dar risadinhas.

Outro comentário: as pessoas peidam durante a aula de yoga. Pronto, falei. É embaraçoso, é hilário e acontece a toda hora. Todas essas torções e flexões certamente farão seu intestino malhar. Se isso acontecer com você ou com alguém na sua turma, simplesmente não dê atenção ao ocorrido e continue a fazer as posturas. Permaneça consciente do seu corpo e da sua respiração enquanto aprende os truques do yoga; seja tolerante consigo mesma e com os outros – mesmo quando alguém tiver soltado um pum.

Você encontrará a seguir algumas posturas simples de yoga que podem ser facilmente incorporadas à sua rotina. Procure manter cada postura enquanto respira pelo menos cinco vezes (inspire durante quatro ou cinco segundos e solte o ar durante esse mesmo tempo). O tipo e o método de respiração variam nos diferentes estilos de yoga; a respiração básica (*Ujjayi*) é feita com a boca fechada e uma leve contração da garganta. Uma forma mais avançada é *Kundalini*, na qual, em cada respiração, você inspira lenta e profundamente pelo nariz e solta o ar pela boca. Não continue a manter uma postura se ela estiver lhe causando algum mal-estar. Quanto mais você relaxar numa postura, melhor será seu alongamento. Além disso, eis um breve momento no qual serei dura e severa: não se torture caso não se torne instantaneamente uma mestra de yoga! Isso leva tempo. Comece pelas posturas fáceis (existe literalmente uma postura chamada "postura fácil") e depois vá avançando para as posturas e séries mais intensas, longas e complexas.

Postura fácil/*Sukhasana*

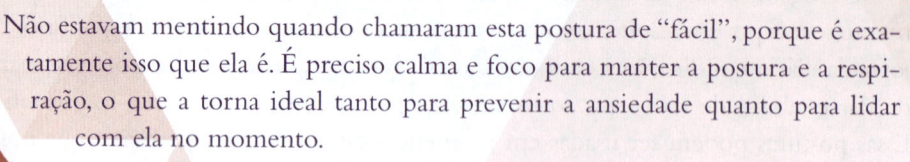

Não estavam mentindo quando chamaram esta postura de "fácil", porque é exatamente isso que ela é. É preciso calma e foco para manter a postura e a respiração, o que a torna ideal tanto para prevenir a ansiedade quanto para lidar com ela no momento.

As pessoas que estão se sentindo vulneráveis ou perdidas podem visualizar atentamente o corpo como se estivesse enraizado no chão, como uma árvore. Acho essa imagem muito relaxante e bela, e ela me ajuda a me sentir conectada não apenas comigo mesma, mas também com a Terra.

Cachorro olhando para baixo/*Adho Mukha Svanasana*

Gosto de chamar a postura do cachorro olhando para baixo, famosa pela posição facilmente reconhecível do bumbum para cima, de postura do botão turbo. Um poderoso alongamento que ajuda a combater a fadiga e estimula o corpo, essa postura promove uma circulação saudável e alivia a dor na região lombar. Ao flexionar os joelhos, você pode assumir uma postura mais intensa e, não raro, mais confortável.

Essa postura a ajuda a passar algum tempo observando como você está se sentindo.

Postura do arado/*Halasana*

Isso mesmo, outra postura com o bumbum para cima, mas desta vez você está protegida do olhar das pessoas que estão atrás de você! Essa postura ajuda a acalmar o sistema imunológico. O alongamento usa o peso das pernas para soltar delicadamente a região lombar e a coluna vertebral.

A postura do arado também é útil para aliviar os sintomas da menopausa e pode ajudar a melhorar a dor de estômago.

Postura da árvore/*Vrksasana*

A árvore: forte, sólida, estável. Você é assim? Ao aperfeiçoar esta postura, você pode ficar tão enraizada quanto um velho carvalho. Na maior parte do tempo, sou mais como uma planta de vaso no banheiro, caída e pouco regada, motivo pelo qual essa postura é maravilhosa, porque me desafia a usar a força do meu corpo para me equilibrar, ajudando a fortalecer minhas pernas e minha essência enquanto me estabilizo.

A ênfase no equilíbrio a ajudará a permanecer no momento presente e concentrar o corpo e a mente enquanto mantém a postura firme.

Postura do arco/*Dhanurasana*

Eu ouço "Get Ur Freak On", de Missy Elliot, todas as vezes que faço essa postura – ela é tão articulável. Mas não tema! Essa postura não é tão difícil quanto parece. A Postura do Arco é perfeita para fortalecer o corpo inteiro, ajudando a melhorar a postura e fortificar o corpo desde os ombros até a virilha e os tornozelos.

Essa postura ajuda a estimular os órgãos internos e despertar o corpo. Também ajuda a melhorar a confiança.

Postura do triângulo/*Trikonasana*

Muito bem. Se você ainda não teve a coragem de escolher, esta é a postura. A sustentação de todas as posturas, a postura do triângulo abre o peito e os ombros, e sua mão pode chegar ao chão, dependendo do seu nível de flexibilidade. Esse alongamento estimula os órgãos abdominais inferiores, auxiliando a digestão, também ajudando-a a ter uma sensação de amplitude, ao afastar as pernas e esticar os braços.

Postura do camelo/*Ustrasana*

Faça essa postura devagar e com delicadeza, porque é bastante provável que suas costas e seu pescoço estejam retendo grande parte da sua tensão do dia a dia. Essa postura alonga toda a parte frontal do corpo ao arquear as costas e fazer força para a frente com os quadris, alonga as coxas, virilha, tórax e garganta. O alongamento ajuda a expandir a coluna e auxilia a postura fortalecendo as costas.

Postura da cobra/*Bhujangasana*

Para os yogues mais comedidos, a postura da cobra é um alongamento suave, perfeito para fazer no intervalo das outras posturas. Ela é excelente para expandir os pulmões e o coração, e é conhecida por ser benéfica para a respiração e para combater a fadiga, além de acabar com a asma.

Estilos de yoga

ESCALA DE ESQUISITICE: ▲▲▲▲△△△△△△
ESCALA EXPLORE ISTO: ▲▲▲▲▲▲▲▲▲▲

Hatha Yoga
Perfeito para iniciantes e yogues de nível avançado

Hatha é um estilo de yoga com um ritmo lento, que se concentra na meditação, na respiração e em posturas de desenvolvimento da força, alongamento e equilíbrio.

Os benefícios incluem: vigor físico, flexibilidade, força, equilíbrio, alívio do estresse e melhora da circulação.

Ananda Yoga
Adequado para iniciantes e yogues de nível avançado

Ananda consiste em combinar afirmações silenciosas enquanto a pessoa mantém várias posturas de Hatha Yoga. As posturas e movimentos são concebidos para preparar a mente, o corpo e o espírito para a meditação.

Os benefícios incluem: estimulação do fluxo sanguíneo e da energia para o cérebro.

Vinyasa Yoga
Adequado para iniciantes yogues de nível avançado em busca de mais força

Vinyasa se concentra em saudações ao sol (busque no Google "prática de saudação ao sol" e inclua essa breve sequência à sua manhã!) e uma série de outras posturas que nos conectam com a respiração. As posturas são mantidas durante uma série de respirações, exigindo um foco maior na força e no desafio da mente sobre a matéria.

Os benefícios incluem: flexibilidade, força, redução do estresse, redução da pressão arterial e de problemas vasculares.

Anusara Yoga
Adequado para yogues de nível intermediário em busca de harmonia e crescimento físico e espiritual

Anusara se concentra no corpo, na mente e no espírito como um todo, e é basicamente uma abordagem mais atual e integrada da Hatha Yoga. Esse estilo de yoga pode ser muito terapêutico e leva a consciência para a postura, harmonia e movimento do corpo.

Os benefícios incluem: refinamento das posturas, saúde e bem-estar, uma integração maior dos benefícios da Hatha Yoga.

Ashtanga Yoga
Adequado para yogues em boa condição física que buscam entrar em contato com seu lado espiritual

O "power yoga" foi adaptado do Ashtanga, e também é conhecido como "vinyasa". O Ashtanga Yoga consiste de seis sequências de posturas conhecidas como "Os Oito Membros do Yoga". O Ashtanga Yoga combina uma série de posturas, agachamentos, arremetidas e flexões. A duração de uma respiração completa determina o espaço de tempo gasto fazendo a transição entre os asanas, ou posturas.

Os benefícios incluem: melhor coordenação motora, força, condicionamento físico, menos problemas nas costas e perda de peso.

Bikram Yoga
Adequado para iniciantes e yogues de nível avançado
(adequado também para pessoas com determinadas lesões)

Bikram às vezes é chamado de "*hot yoga*" porque é praticado numa sala aquecida a 35-38 °C, embora outros tipos de yoga também possam ser chamados de "*hot*" se forem praticados numa sala aquecida; se você estiver procurando um tipo específico, não deixe de examinar a descrição da prática para se certificar. Bikram consiste em praticar as mesmas 26 posturas na mesma ordem todas as vezes, o calor permite que os músculos relaxem, possibilitando um alongamento mais profundo, e a umidade faz com que você se concentre mais na respiração. É um pouco desconfortável no início, mas logo pode se tornar viciante!

Os benefícios incluem: flexibilidade, desintoxicação e limpeza do corpo; pode acelerar o processo de recuperação de certas lesões e distensões.

Acroyoga
Para yogues de nível intermediário e avançado

Acroyoga combina yoga e acrobacia, e é executado em parceria com outro yogue.

Os benefícios incluem: força, concentração, equilíbrio, massagem e foco.

Power Vinyasa Flow Yoga
Perfeito tanto para iniciantes quanto para yogues de nível avançado

Power Vinyasa Flow Yoga é uma mistura de Vinyasa Yoga, meditação, respiração e movimentos ritmados como uma dança. Esse tipo de yoga tende a ser fluido, solto e com movimentos naturais, e se concentra nos movimentos ritmados e nos movimentos da prática.

Os benefícios incluem: relaxamente, flexibilidade, redução do estresse, força, circulação e equilíbrio – sem mencionar a diversão!

Kundalini Yoga
Perfeito para iniciantes e yogues avançados que estão interessados no lado mais espiritual ou relaxante do yoga

Também conhecido como "Laya Yoga", Kundalini se concentra na compaixão e na atenção plena por intermédio do yoga. Por meio da respiração e do movimento, a energia é liberada da base da coluna vertebral, aquecendo o corpo e nos desafiando física, mental e emocionalmente a conectar-nos com nosso espírito. Não há duas aulas de Kundalini iguais, e esse estilo de yoga é mais bem vivenciado com a mente aberta e sem expectativas.

Os benefícios incluem: o físico e o emocional centrados, crescente conscientização e compaixão pelo eu e pelos outros, maior bem-estar espiritual.

Yoga Tibetano
Adequado tanto para iniciantes quanto para yogues de nível avançado em busca do Zen

Yoga tibetano é uma combinação de exercícios suaves, práticas de respiração e automassagem. As aulas não são muito comuns no mundo ocidental, mas uma pesquisa on-line deverá conduzi-la a mais informações sobre essa prática.

Os benefícios incluem: harmonizar corpo, mente e espírito e integrá-los.

As possibilidades, combinações e oportunidades que o yoga oferece são quase infinitas, e eu a convido a investigá-las. Também recomendo que você se inscreva numa escola para ter ajuda com a técnica. Você será apresentada a novas posturas e diferentes tipos de yoga, sem mencionar yogues com ideias semelhantes às suas.

Às vezes, o yoga parece uma moda passageira, mas seus benefícios são inegáveis, e a maioria das pessoas descobre que, depois que superam a frustração e a resistência iniciais, o yoga é uma prática imensamente gratificante que auxilia o crescimento espiritual.

A meditação, que pode parecer uma moda, é outra prática fabulosa. Esvaziar a mente pode mudar muita coisa, renovar nossas crenças, especialmente quando isso é feito pelo menos durante dez minutos por dia numa posição relaxada.

Estilos de meditação

ESCALA DE ESQUISITICE: ▲▲▲▲▲▲▲▲▲▲
ESCALA EXPLORE ISTO: ▲▲▲▲▲▲▲▲▲▲

A meditação me parecia extremamente intimidante antes de experimentá-la. Passar alguns minutos ou até mesmo horas simplesmente sentada, sem pensar *em nada*? É brincadeira, certo? Sabe aquela história: "Não critique se nunca experimentou"? Acontece que isso é muito verdadeiro, especialmente no que diz respeito à minha experiência com a meditação.

Veja bem – as pessoas espiritualizadas vêm praticando meditação há mais de cinco mil anos. Estou me referindo aos mais antigos, mais sábios, e aos mais iluminados buscadores espirituais através dos tempos, dos Vedas na antiga Índia e do Tao na China, aos budistas no Japão, e avançando até os Beatles, que aprenderam meditação transcendental enquanto viajavam pela Índia na década de 1960.[1]

Você está prestes a entrar em sintonia com a mesma vibração meditativa desfrutada por gigantes mestres espirituais como Deepak Chopra e Oprah, bem como por pessoas bem-humoradas e espiritualizadas como Russell Brand, Jim Carrey e Ellen DeGeneres, que dedicam um período tranquilo do dia, no meio de suas rotinas frenéticas, para meditar.

Buscadores espirituais de todas as idades compreendem que a meditação pode ser uma higiene diária para o espírito, removendo da nossa mente e corpo o estresse, a ansiedade e os bloqueios emocionais. Já ouvi com frequência a meditação ser chamada de uma "chuveirada mental", que limpa e purifica a mente.

Enquanto você explora essa incrível ferramenta, pense na meditação como o algoz do seu estresse cotidiano. Quando você incorpora a meditação à sua rotina – lembre-se de que ela pode ser feita em intervalos de tempo bem curtos; às vezes, bastam dez minutos por dia –, não eliminará as situações estressantes, mas estará mais preparada para enfrentá-las. *Sayonara*, tarjas pretas. Olá, vida Zen.

Meditação *mindfulness*

Essa meditação, que é uma adaptação da meditação budista Vipassana,[2] é uma forma popular de meditação porque pode ser executada praticamente em qualquer lugar. A meditação *mindfulness* envolve manter a consciência de tudo que o cerca e, no entanto, não dispersar, deixando simplesmente que os sons, aromas e pensamentos circulem livremente através de você.

Meditação espiritual

Essa prática está frequentemente associada à religião e é o ato de rezar ou adorar a um deus ou crença. Ela lhe oferece tempo para refletir e buscar o que realmente deseja ou precisa, pedir ajuda – ou simplesmente agradecer.

Meditação com mantras

A meditação com mantras incorpora a repetição de um cântico, uma afirmação, ou do conhecido mantra "Om", que a ajuda permanecer focada e presente durante a meditação. Você poderá ler mais a respeito dos mantras ainda neste capítulo.

EXPLORE ISTO!

Sente-se numa esteira, cadeira ou almofada plana, com as costas retas e os olhos fechados. Concentre-se na respiração – como ela entra e sai do pulmão, como o peito e a barriga se expandem cada vez que você respira, e como você sente cada parte do seu corpo quando o oxigênio circula. Se sua mente se afastar da respiração, aceite o momento, não faça julgamentos e leve lentamente a consciência de volta para a respiração. Experimente fazer isso todos os dias mais ou menos durante dez minutos e observe os resultados. Você se sente mais calma, centrada e consciente? Você se sente menos estressada enquanto enfrenta os desafios do dia a dia? Você está dormindo melhor?

Meditação orientada

A meditação orientada inclui música, sons ou uma voz para ajudá-la na meditação, desde relaxar o corpo e aquietar a mente até abandonar os pensamentos que surgem, não raro inclui a conexão com guias ou animais de poder. Você terá mais informações sobre os guias espirituais no Capítulo 10!

Meditação transcendental

Essa tradição védica (os *Vedas* são textos originários da antiga Índia e são as mais antigas escrituras hindus que conhecemos) é uma maneira natural de relaxar a mente, fácil de aprender. Deixar o cérebro descansar durante vinte minutos, duas vezes por dia, por

Explore isto!

Peço desculpas por indicar minhas preferências, mas acredite: sua alma está praticamente implorando para que você experimente isto. Enquanto eu estava escrevendo este livro, fui incentivada pela CEO da empresa onde trabalho (sim, ela é uma legítima buscadora espiritual, uma de nós. Estamos em toda parte – *yes!*) a aprender Meditação Transcendental (MT), uma meditação fácil, baseada num mantra que, quando praticada regularmente, a ajudará a retornar a um estado natural. Ao praticar a MT durante vinte minutos, duas vezes por dia, eu me tornei mais tolerante, mais ágil e mais eficiente; passei a dormir melhor embora estivesse dormindo menos e passei a ter muito mais energia. Embora vivamos numa sociedade privada de sono, eu me vi, de repente, meditando duas vezes por dia durante 20 minutos, passei a ter mais tempo, e me tornei mais proativa.

Uma das coisas que considero mais gratificante a respeito da MT é que a prática ensina que apenas coisas boas são estimuladas por meio da meditação. Essa prática não tem nenhuma contraindicação. Enquanto descansamos e transcendemos num estado mais profundo de relaxamento, expulsamos a negatividade, o estresse, as dúvidas, ansiedade, preocupações e doenças. Uma vez que esses elementos tóxicos são eliminados, em geral, não voltam a causar danos. Até hoje não conheci ninguém que tenha experimentado a MT e não tenha sentido um profundo impacto na sua vida.

Eis outro desafio para você: abra seu navegador na internet e busque "aulas de meditação transcendental" para verificar se há uma sessão de introdução gratuita disponível perto de você. Você não vai se arrepender.

meio da meditação, ajuda a mente a se recarregar e descansar num estado meditativo mais profundo do que um sono pesado.

Mudras

ESCALA DE ESQUISITICE: ▲▲▲▲▲▲▲▲▲▲
ESCALA EXPLORE ISTO: ▲▲▲▲▲▲▲▲▲▲

Às vezes, a meditação, de modo geral, pode ser desafiadora, especialmente para as pessoas com a mente ocupada e um estilo de vida exaustivo. A meditação com base em mudras pode ajudar a emprestar foco à sua meditação ao se concentrar em gestos específicos.

O mudra é um gesto simbólico observado mais comumente nas culturas hindus e budistas. *Hasta mudra* é um gesto espiritual com a mão que é conhecido como um "selo", pois os mudras refletem a energia emitida pelas extremidades do corpo de volta para seu interior, ou seja, selam a energia dentro do corpo, ou *mud* (alegria em sânscrito) e *dra* (trazer na direção de ou atrair). Existem mais de cem mudras que são usados na meditação, conforme a nossa intenção. A melhor coisa a respeito do mudra é que você pode usá-lo a qualquer hora, em qualquer lugar – na sua mesa no escritório quando você precisa se concentrar, quando está presa no trânsito ou até mesmo na cama antes de você dormir. Eu geralmente escolho um mudra que reflita as necessidades da minha alma na ocasião, para me ajudar a concentrar energia durante a meditação ou apenas para harmonizar meus pensamentos.

Você encontrará a seguir alguns mudras que poderá experimentar na sua próxima meditação.[3] Sinto que realmente me conecto com esses mudras quando consigo perceber a pulsação na ponta dos meus dedos. Se você estiver tendo dificuldade para focar a atenção na respiração, sinta sua pulsação e repita o mantra.

Pense nesses mudras como um yoga com as mãos! Frequentemente usados em toda a prática do yoga, esses gestos também são poderosos se feitos isoladamente. Gestos obscenos com os dedos também poderiam ser considerados mudras, mas vamos manter o foco em espalhar o amor, certo?

Lotus mudra/gesto do vaso

Abrindo o coração – excelente para novos inícios e para atrair amor e oportunidades para a sua vida

Faça com que suas mãos se encontrem diante do seu coração; as palmas ficam abertas com os polegares e os dedos mínimos se tocando, os pulsos tornam-se a base de uma flor, as mãos formam uma flor de lótus. Esse mudra também ajuda a expandir o chakra da Coroa. O Capítulo 4 falará mais sobre os chakras.

Anjali mudra/gesto namastê
Gesto de paz, gratidão e humildade – o divino em mim saúda o divino em você

Junte as mãos como na oração e descanse os polegares contra o meio do peito, de maneira que os braços, de cotovelo a cotovelo, se estendam retos ao longo do tórax. Esse é um excelente mudra para agradecer àqueles que cuidam de você e demonstrar sua gratidão a um mestre ou a um aprendizado.

Gyana mudra/gesto do guru
Gesto de sabedoria, entendimento e conhecimento – simboliza o foco e a transformação

Com ambas as mãos, deixe que as pontas do polegar e do indicador se toquem, formando um círculo, deixando os outros três dedos estendidos. Descanse as mãos nos joelhos, com as palmas voltadas para cima. Esse é o mudra para reflexão, calma e conhecimento, perfeito para a meditação. Também é bom para alinhar o chakra da Base.

Mahakranta mudra/gesto de poder
Gesto para o amor-próprio, para recarregar e equilibrar os centros de energia

Traga as mãos para cima, na direção do rosto; alinhe as mãos com as bochechas, palmas voltadas para dentro, mas mantenha-as afastadas do rosto, para que não se toquem. Os cotovelos ficarão apontados para o chão. Esse é um excelente mudra para quando você estiver se sentindo desanimada, esgotada ou em desarmonia.

Hakini mudra/gesto do olho onividente ("O olho que tudo vê")
Gesto para proteção, comunicação e conexão com seus guias espirituais

As pontas dos dedos de ambas as mãos se alinham e se tocam para criar um triângulo, que pode estar voltado para cima na direção do peito ou para baixo na direção do abdômen. Esse é um bom mudra para quando você precisar pedir ajuda ou compartilhar uma preocupação com seus guias espirituais ou anjos da guarda.

Shivalinga mudra/gesto om
Gesto para equilíbrio e harmonia

Coloque a palma da mão esquerda voltada para cima diante do seu umbigo. Faça um sinal de positivo com a mão direita, apontando o polegar para cima, e coloque-a sobre a mão esquerda. Esse mudra ajuda a realinhar o corpo e eliminar quaisquer bloqueios nos seus centros de energia. Ele pode estimular confiança e satisfação.

Anahata mudra/gesto de amor
Gesto para o coração, amor e cura

Faça com a mão direita um sinal de positivo, sem rigidez, de maneira que o polegar e o indicador se encontrem e repousem sobre o tórax. Descanse a mão esquerda no joelho ou na coxa. Esse é um mudra simples, porém, poderoso para ajudar a atenuar a dor de cabeça, o conflito interno e qualquer negatividade. Esse mudra também ajuda a desobstruir o chakra do Coração.

Kundalini mudra/gesto de energia
Gesto para recarregar, despertar e revitalizar o corpo

Cerre os punhos e coloque o esquerdo sobre o direito; traga-os para cima, até a altura do coração, de maneira a que os cotovelos apontem para fora e os braços se estendam numa linha reta de cotovelo a cotovelo. Os mudras Kundalini são usados, na maioria das vezes, com a Respiração de Fogo. Você inicia essa técnica de respiração rápida relaxando o abdômen enquanto inspira e depois puxando o umbigo para dentro enquanto solta vigorosamente o ar pelo nariz. Como você utiliza os músculos abdominais, a respiração será ruidosa e rápida, mas não se preocupe: isso é normal! Uma importante instrução para a Respiração de Fogo é que a inspiração e a expiração devem ser equilibradas em força e duração. É como se estivesse ofegante pelo nariz, com a boca fechada. Também é importante que as mulheres saibam que não devem praticar a Respiração de Fogo durante o seu ciclo lunar, ou seja, durante o ciclo menstrual (como os yogues o chamam) ou depois do quarto mês de gestação. Esse é um excelente mudra para fazer quando você desejar despertar a alma e o corpo.[4]

Buda mudra/gesto de contemplação

Gesto para aquietar a mente, relaxar e refletir; um mudra único, diferente para homens e mulheres

Os homens colocam a mão esquerda no colo com a palma para cima e a mão direita na esquerda com a palma para cima. As mulheres invertem a posição das mãos.

Mulheres devem colocar a mão esquerda em cima da direita e colocar delicadamente as mãos em concha com as pontas dos polegares se tocando. Descanse as mãos suavemente no colo, mantendo o mudra. É um mudra consagrado para a meditação e a contemplação. Esse mudra também está conectado com o chakra do Sacro.[5]

Combatendo a doença física com tratamentos espirituais

ESCALA DE ESQUISITICE: ▲▲▲▲▲▲▲▲▲▲
ESCALA EXPLORE ISTO: ▲▲▲▲▲▲▲▲▲▲

O cérebro é um órgão, assim como o coração e a pele. Quando é invadido por maus pensamentos – que algumas pessoas consideram toxinas –, esses podem causar um impacto negativo e desagradável nas suas boas vibrações, exatamente como alguns alimentos são toxinas para o corpo.

Você encontrará a seguir uma tabela que lista doenças e indisposições que podem afetar nosso corpo ao longo de uma jornada de busca espiritual;[6] conforme examiná-las, reconhecerá semelhanças com a condição geral do seu corpo, mente e espírito. Ao lado dessas informações, estão afirmações para ajudar a purificar e equilibrar a energia negativa que pode estar provocando essas condições.

Com o tempo, se você decidir incluir o aspecto espiritual nos seus cuidados pessoais diários, ficará cada vez mais fácil interpretar os sinais do seu corpo advertindo para alguma coisa errada, e você será capaz de reconhecer uma variedade de sintomas. Além disso, com as ferramentas que estão à disposição neste capítulo, você será capaz de evitar e superar muitos problemas antes ignorados. Seja por meio da meditação, do yoga ou de qualquer outra técnica holística, seja seu próprio agente de cura! Você sempre vem em primeiro lugar.

Quero apenas dizer que reconheço que algumas dessas afirmações podem parecer, digamos, extravagantes ou, até mesmo, ineficazes. Mas esse não é o caso. Elas contêm muitas verdades, se bem que de início podem não parecer confiáveis. O objetivo dessas afirmações é identificar as emoções que esses incômodos físicos podem produzir e, ao fazer isso, reconhecê-las e liberá-las. Isso ajuda a preparar seu corpo para curar a si mesmo.

Uma das maneiras mais rápidas, fáceis e diretas de permanecer em sintonia com seu espírito é beber muita água – de seis a oito copos por dia é a quantidade ideal –, para ajudar a livrar o organismo das toxinas. Praticamente em todos os textos espiritualistas, a água é considerada a essência da limpeza, purificando e provocando um novo despertar, não apenas por meio do consumo ou de rituais como o batismo, mas também por meio das imagens de oceanos e temporais, que ajudam a superar adversidades e chegar a litorais mais calmos.

> "Quando você encara a comida como nutrição, todo o seu mundo se modifica e você é naturalmente levado a fazer escolhas melhores com respeito à alimentação."
> ➤ Dra. Libby Weaver

Enquanto estamos purificando nosso organismo com água, também deveríamos estar alimentando o corpo com nutrientes naturais e comendo da maneira mais saudável possível. Quando puder, escolha alimentos orgânicos. Quando estiverem disponíveis, coma alimentos naturais em vez de processados. Nem sempre é possível fazer isso no mundo de hoje – e, algumas vezes, vamos ser realistas, nossa alma precisa de um prato bem cheio de macarrão com molho – mas, quanto mais escolhas saudáveis você fizer, melhor seu corpo vai se sentir e mais feliz sua alma vai ficar.

As três perguntas a considerar ao criar um mantra de bem-estar são as seguintes: ele me ajuda a viver bem? Ele me revigora? Como ele afeta a mim e o mundo à minha volta?

Os mantras devem ajudá-la a olhar para si mesma como um todo – corpo, mente e espírito em uníssono – e também a se tornar mais consciente das suas escolhas diárias e de como elas afetam seu bem-estar. Se eles não estiverem fazendo isso, substitua-os ou experimente uma das outras práticas expostas neste livro.

Uma coisa que você deve ter em mente se der de cara com algum desconforto é escutar o que seu corpo está tentando lhe dizer – as dores, os incômodos, as doenças, o estresse e os desejos possuem significados. Aumente seu bem-estar sintonizando-se com seu corpo e tendo uma noção melhor do que a deixa irritada e o que a estimula. Seu corpo é seu melhor professor, de modo que procure ser uma boa aluna e ouça com atenção. Apenas pare de agredi-lo e ele deixará de drenar sua energia. Está na hora de todos sermos bons para nós mesmos; nosso corpo nos agradecerá por isso.

Doença/Área com Problema	Significado Espiritual	Afirmação de Cura
Acne	Aversão pela autoimagem, não consegue enxergar sua própria beleza.	*Eu amo e me aceito como sou.*
Problemas no Tornozelo	Rigidez, inflexibilidade, culpa, presa a uma rotina.	*Mereço desfrutar a vida e seus prazeres.*
Ansiedade	Desconfiança e tentativa de controlar o fluxo natural da vida.	*Confio na vida. Estou em segurança.*
Região Lombar	Culpa, sentir-se sobrecarregada, estressada, preocupações com dinheiro.	*Estou fazendo tudo o que posso e a vida proverá tudo de que preciso. Posso relaxar.*
Problemas Intestinais	Medo de se desapegar do que já foi.	*Consigo abandonar o que já foi e dar as boas-vindas ao novo.*
Problemas Respiratórios	Ausência de aceitação, medo de crescer e se doar.	*É meu direito nato viver de uma maneira plena e livre.*
Câncer	Mágoa profunda, segredos e pesar.	*Perdoo e me desapego do passado. Escolho preencher minha vida com amor e alegria. A vida flui através de mim.*
Herpes Labial	Exasperação, palavras iradas e medo de expressar plenamente seus verdadeiros sentimentos.	*Sinto-me segura ao declarar e deixar ir qualquer coisa que não me sirva.*
Depressão	Raiva, sentimento de desamparo.	*Abandono meus receios e não acredito em limitações. Crio a minha própria vida.*
Problemas no Ouvido	Incapacidade de ouvir, não querer ouvir, excesso de raiva.	*Ouço com amor. Aceito o que eu ouço.*
Gripe	Reação à negatividade ao redor, crença nas estatísticas e influências.	*Estou além de tudo o que ouço ou vejo. Estou livre do acúmulo de informações e da influência de outras pessoas ou situações.*

Doença/Área com Problema	Significado Espiritual	Afirmação de Cura
Dores de Cabeça	Autocrítica, incapacidade de aceitar as situações.	Sou amorosa, aceito a mim mesma e olho para as coisas com amor.
Problemas no Pescoço	Recusa em ver outro aspecto, obstinação.	Estou em paz com a vida. Aceito todos os pontos de vista.
Problemas de Peso	Ausência de proteção emocional, debater-se com a insegurança, fugir dos verdadeiros sentimentos.	Crio minha própria segurança. Amo e aceito a mim mesma.
Dor de Garganta	Repressão de palavras coléricas, sentir-se incapaz de se expressar.	Libero todas as restrições e estou livre para ser eu mesma.
Problemas no Estômago	Apreensão, medo do que é novo ou de não se sentir amparada.	Digiro a vida com facilidade.
Problemas nos Dentes	Indecisão, incapaz de pensar de uma maneira clara e decisiva.	Vivo minha verdade e sigo as decisões da minha alma. Confio nas minhas decisões.
Tumores	Acalentar velhas angústias e traumas emocionais.	Libero amorosamente meu passado e concentro minhas energias no meu futuro.
Úlceras	Medo e diálogo interior negativo.	Amo e aprovo minha vida, meus sucessos e a mim mesma.
Problemas Urinários	Ficar furiosa, geralmente com o parceiro.	Libero o padrão que cria esta energia nos meus relacionamentos. Amo e aceito a mim mesma.

SEUS CRISTAIS E SUAS PEDRAS

Os cristais e as pedras preciosas (e semipreciosas) há muito tempo intrigam a humanidade com suas deslumbrantes cores cintilantes, numa variedade de formas e tamanhos. Se, na primeira vez que você viu um cristal, teve o impulso de gritar "QUE BRILHO LINDO!" e correr para ele com as mãos estendidas para pegá-lo, eu a entendo perfeitamente, porque foi o que eu senti! Somos um bando de gralhas curiosas, atrás de tudo que irradia um brilho espiritual.

Ao longo do tempo, os cristais e as pedras têm sido usados como símbolos de poder por reis e rainhas, usados como joias, exibidos nas residências como decoração, reverenciados em cerimônias sagradas, segurados durante a prece e a meditação e usados pelas suas propriedades de cura no Reiki (uma prática japonesa de cura, relaxamento e redução do estresse), em massagens e na purificação dos chakras. Hoje em dia é extremamente comum vermos acessórios de cristal ao estilo *hippie* e pedras semipreciosas em colares e anéis. Vamos lá, sem brincadeira, quem não adora coisas brilhantes?

Mas essas pedras bonitas encerram mais do que um mero brilho. As primeiras pedras semipreciosas que comprei foram o cristal de quartzo transparente, o quartzo rosa e a angelita. Para ser sincera, eu nem mesmo sabia para que serviam. Eu só as achava bonitas.

Uma vez mais, se observarmos o que nos parece natural, o que nos agrada, se respeitarmos nossa intuição, seremos atraídas para o que mais precisamos e para o que nos ajudará em nossa jornada. Como descobri depois, naquele momento exato na minha vida eu precisava exatamente das energias dessas pedras – na época, eu estava passando por uma série de relacionamentos turbulentos e estava vivenciando muita negatividade na minha vida, de modo geral. Também estava querendo respostas e aprendendo a me conectar com meus guias. (Vamos falar mais sobre eles no Capítulo 10.)

Você pode imaginar minha surpresa quando comecei a pesquisar as três pedras que eu espontaneamente escolhera e descobri seus poderes de ajudar a curar corações partidos, eliminar a negatividade e promover a comunicação com nossos anjos. A partir daquele momento, nunca mais duvidei da vantagem de seguir meus instintos e, sempre que tropeço em alguma coisa que parece saltar na minha frente e praticamente gritar "Ei, moça, me pega!", eu presto atenção. Por causa dessas experiências e dos benefícios que obtive ao trabalhar com cristais, recomendo com veemência e acredito com firmeza que toda buscadora espiritual deve tentar trabalhar com cristais, ou, pelo menos, manter um punhado de pedras semipreciosas ou cristais em algum lugar da casa.

Com frequência, a cor é a primeira coisa que nos atrai num cristal ou pedra semipreciosa. Se você examinasse seu guarda-roupa agora, qual a cor que mais veria? Qual a cor pela qual mais se sente atraída? Você consegue ver certos estilos e cores que usava mais quando estava passando por períodos difíceis ou felizes? A propósito, não estou julgando a fase mais sombria da sua vida ou em que tudo eram flores. Se eu pudesse lhe enviar um Snapchat do meu guarda-roupa para fazer você se sentir melhor a respeito do seu, eu enviaria! Pense nisto da seguinte maneira: você pode ver minha evolução espiritual à medida que meu estilo mudou de sóbrio, marrom, frio e corporativo para descolado, *hippie*, repleto de som e cor.

Pense em qual era sua cor predileta na infância. Quando somos crianças, tendemos a estar mais em sintonia e conectadas com nosso Eu Superior, e também a não nos desviarmos muito dele. Até mesmo aquela cor de lápis que constantemente escolhíamos (e com a qual talvez desenhássemos nas paredes) pode refletir quem éramos e indicar qual o nosso propósito nesta vida. Cada cor traz um significado mais profundo que pode nos dizer alguma coisa sobre nós mesmas. Vou apresentar, nas próximas páginas, os significados de algumas cores.[1]

Agora que você conhece sua cor e seu significado, vamos examinar o que esse significado reflete em vários contextos, por exemplo, no aspecto profissional. Os amantes do vermelho, dourado e laranja estão propensos a ser empreendedores e líderes que sempre apresentam novas ideias e melhorias em qualquer função que desempenhem. As pessoas do amarelo, roxo e branco são geralmente tipos mais protetores — agentes de cura e tipos mais criativos, que provavelmente trabalham na área dos cuidados com a saúde, das artes ou da orientação psicológica. As que gostam de marrom, cinza e rosa tendem a aprender mais com a vida por meio dos seus desafios, que influenciam os rumos da sua vida e as fazem se esforçar para obter estabilidade e um estilo de vida tradicional no trabalho e em casa.

> **EXPLORE ISTO!**
>
> Pense numa cor pela qual você se sente atraída – visualize-a na sua cabeça, imagine-se vestindo essa cor, imagine até mesmo que está segurando nas mãos uma bola radiante dessa luz colorida. Como você se sente? Vamos ver o que essa cor representa e por que o seu subconsciente a fez pensar nela.

O DESPERTAR DA DEUSA

ROXO — Magia, mistério, nobreza, espiritualidade

LARANJA — Entusiasmo, resistência, poder de reflexão

VERDE — Fertilidade, natureza, bem-estar

VERMELHO — Ação, vitalidade, confiança, motivação

AZUL — Verdade, juventude, espiritualidade, inspiração

ROSA — Acalento, amor, cuidado consigo mesma

AMARELO — Alegria, criatividade, felicidade, cura

MARROM — Base sólida, estabilidade, integridade

ANIL — Clareza, intuição, entendimento

CINZA — Segurança, conservadorismo, independência

PRETO — Proteção, autocontrole, resiliência

DOURADO — Riqueza, sucesso, prosperidade

BRANCO — Pureza, bondade, plenitude

Embora as cores tenham uma forte influência sobre nosso estado de espírito e energia (o que vamos examinar em profundidade quando falarmos sobre Feng Shui no Capítulo 5), elas também desempenham um importante papel na focalização de energias, particularmente na meditação. Quando nos sentimos atraídos por uma pedra ou cristal, isso significa que o nosso Eu Superior está desejando tanto a cor da pedra quanto a energia que ela emite. Então o que sua alma está pedindo? Pode ser qualquer coisa, como cura ou clareza, comunicação ou riqueza – a chave é prestar atenção ao que sua alma está dizendo e saber como dar a ela o que está pedindo.

> ## Explore isto!
>
> Minha primeira experiência com a cura pelos cristais foi durante uma sessão de Reiki quando eu estava no Caribe. Eu estava nervosa, não sabia nada a respeito e tive que reter aqueles risinhos quando os cristais gelados entraram em contato com meu corpo. Você poderia dizer que lidei com toda a experiência como uma amadora, mas então alguma coisa aconteceu – uma coisa importante. No meio da sessão, explodi em lágrimas. Ao me consolar um pouco mais tarde, a profissional me disse que estava trabalhando nos meus quadris quando aquela choradeira começou. Explicou que muitas mulheres armazenam bagagem emocional nos quadris, e que o tipo de reação que eu tive não era incomum. Eu tinha tanto excesso de bagagem emocional armazenado lá que minha saúde emocional provavelmente parecia uma marmota gorda presa no buraco – simplesmente não havia mais espaço para que qualquer coisa ou alguém se encaixasse na minha vida, pois meu peso emocional negativo estava saindo pelo ladrão. Com aquela liberação de lágrimas e uma sessão de limpeza energética, recuperei todo o espaço e flexibilidade nos meus quadris e voltei a funcionar plenamente do ponto de vista emocional e físico. Recomendo que você experimente uma sessão de Reiki e verifique o que vai aflorar... mesmo que sejam lágrimas!

Os cristais e as pedras preciosas e semipreciosas podem iluminar seus pensamentos, desejos, emoções e sonhos – elas são basicamente a lente de aumento espiritual da Mãe Terra. Nas páginas seguintes, você encontrará cristais e pedras que irão ajudá-la com alguns desafios e desejos comuns que encontrei durante minha busca espiritual, e com os quais muitas outras pessoas, sem dúvida, se deparam diariamente.

A simples presença dos cristais pode trazer calma e serenidade. Nós usamos joias de cristal, seguramos cristais nas mãos, os guardamos no bolso, no sutiã, nas meias – onde quer que consigamos inseri-los. (Não, não *lá*... Bem, na verdade, você *pode* colocar cristais lá. Tome uma taça de vinho orgânico e busque no Google "Ovos de Jade".) Nós exibimos cristais na nossa casa, os penduramos no nosso carro, os colocamos perto do computador ou debaixo do travesseiro. Depois de algum tempo, os cristais podem se tornar uma presença tão natural e reconfortante na sua vida quanto aquele par de tênis velho que você não consegue jogar fora ou a sua xícara de café predileta.

Cristais e pedras de cura

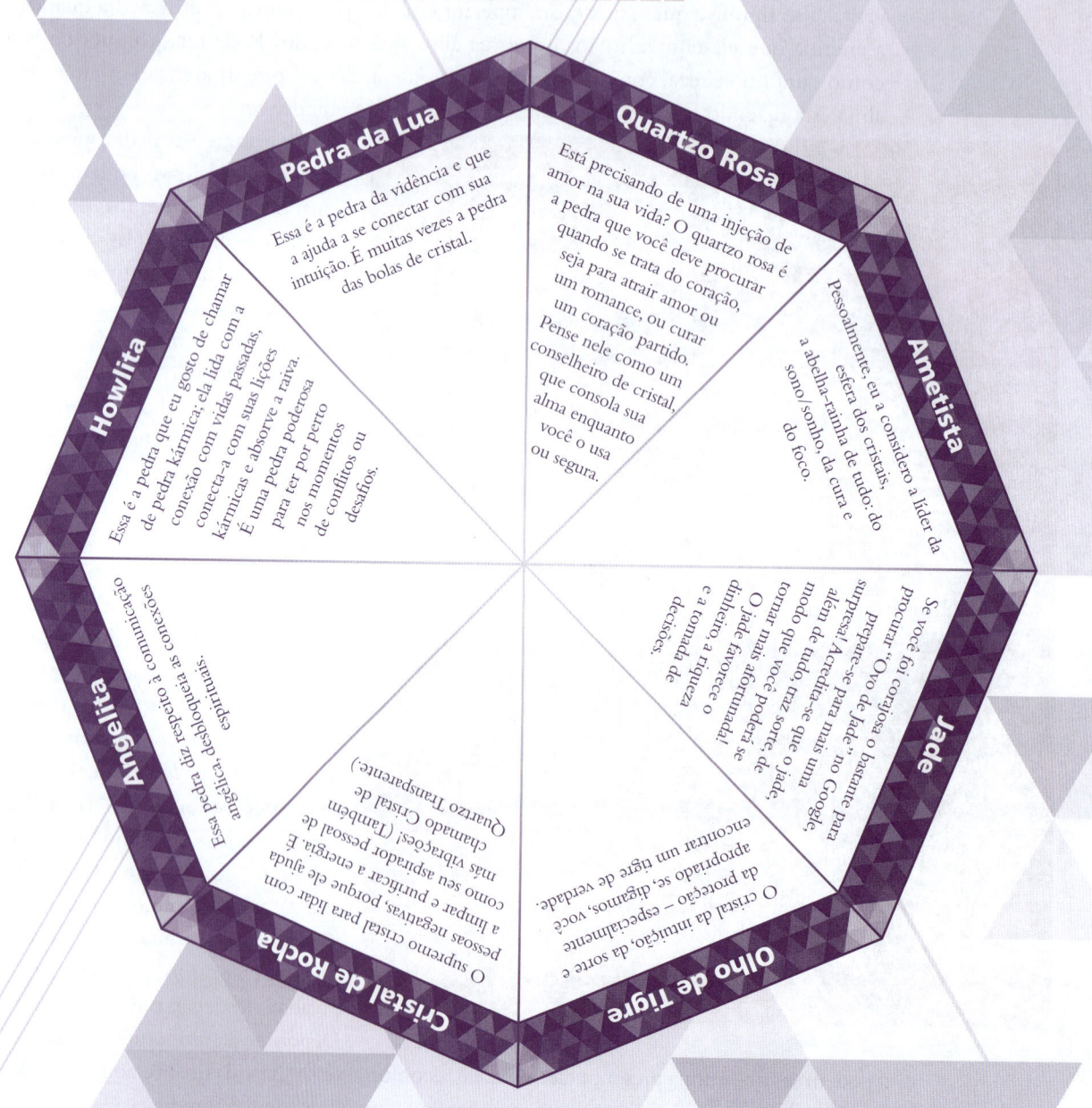

ESCALA DE ESQUISITICE: ▲▲▲▲▲▲▲▲▲△△
ESCALA EXPLORE ISTO: ▲▲▲△△△△△△△△

Pedra da Lua
Essa é a pedra da vidência e que a ajuda a se conectar com sua intuição. É muitas vezes a pedra das bolas de cristal.

Quartzo Rosa
Está precisando de uma injeção de amor na sua vida? O quartzo rosa é a pedra que você deve procurar quando se trata do coração, seja para atrair amor ou um romance, ou curar um coração partido. Pense nele como um conselheiro de cristal, que consola sua alma enquanto você o usa ou segura.

Ametista
Pessoalmente, eu a considero a líder da esfera dos cristais, a abelha-rainha de tudo: do sono/sonho, da cura e do foco.

Jade
Se você foi corajosa o bastante para procurar "Ovo de Jade" no Google, prepare-se para além de tudo, traz sorte, é uma acredita-se que o jade, tornar mais rica. O jade favorece o dinheiro, a riqueza e a tomada de decisões.

Olho de Tigre
O supremo cristal da intuição, da sorte e da proteção — especialmente apropriado se, digamos, você encontrar um tigre de verdade.

Cristal de Rocha
O supremo cristal para lidar com pessoas negativas, porque ele ajuda a limpar e purificar a energia. E como seu aspirador pessoal de más vibrações! (Também chamado Cristal de Quartzo Transparente.)

Angelita
Essa pedra diz respeito às conexões angélica, desbloqueia as conexões espirituais.

Howlita
Essa é a pedra que eu gosto de chamar de pedra kármica; ela liga com a conexão com vidas passadas, conecta-a com suas lições kármicas e absorve a raiva. É uma pedra poderosa para ter por perto nos momentos de conflitos ou desafios.

O DESPERTAR DA DEUSA

A coisa mais interessante e gratificante que descobri sobre os cristais é que eles são lindos. Brincadeirinha. É o potencial de cura que possuem. Se você já se sentiu desequilibrada, perdida, esgotada, doente ou simplesmente insuportável e precisando de uma pausa, recomendo que experimente cristais e pedras na meditação de cura e no Reiki, e veja se nota algum benefício.

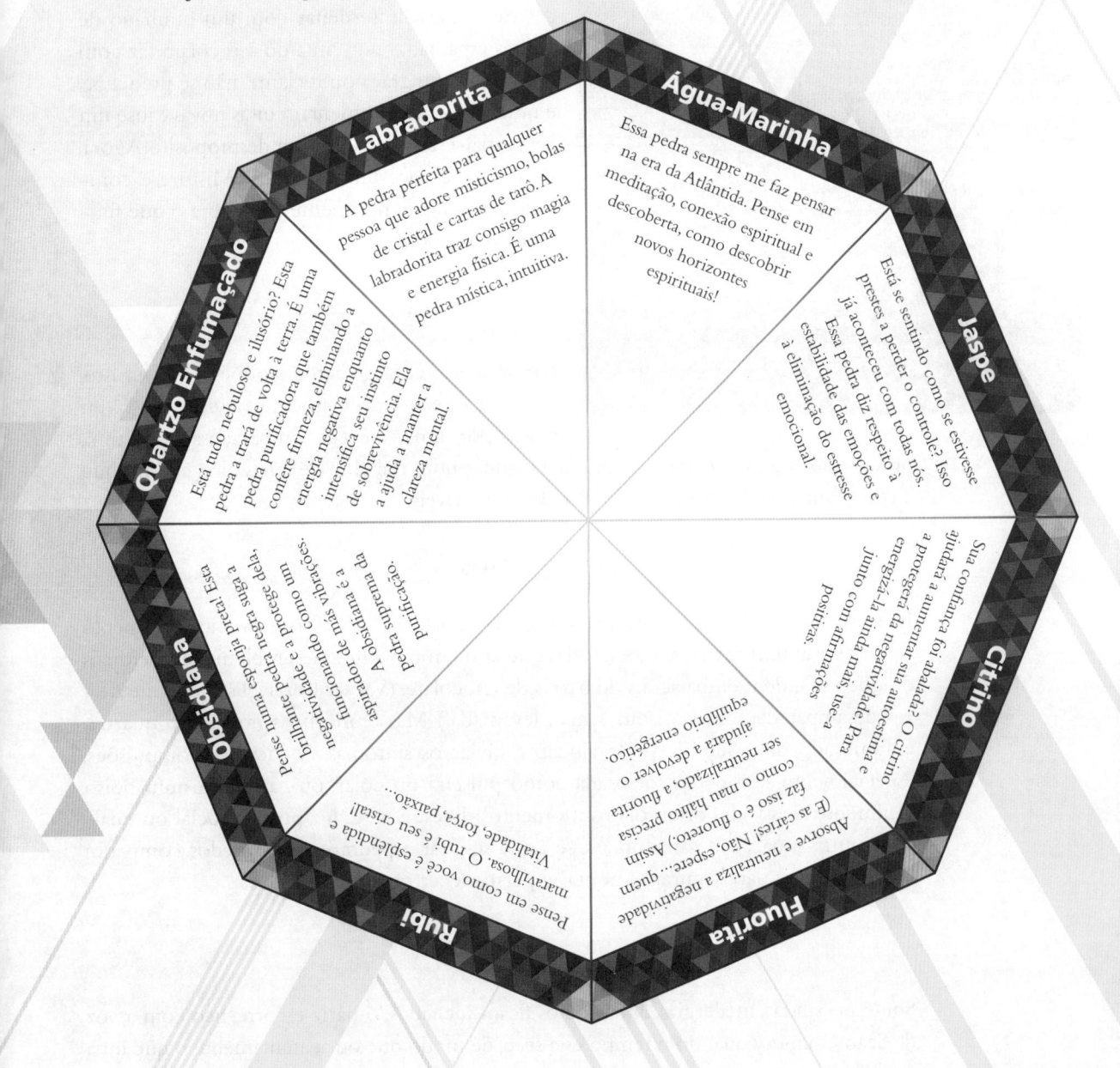

Labradorita
A pedra perfeita para qualquer pessoa que adore misticismo, bolas de cristal e cartas de tarô. A labradorita traz consigo magia e energia física. É uma pedra mística, intuitiva.

Água-Marinha
Essa pedra sempre me faz pensar na era da Atlântida. Pense em meditação, conexão espiritual e descoberta, como descobrir novos horizontes espirituais!

Jaspe
Está se sentindo como se estivesse prestes a perder o controle? Isso já aconteceu com todas nós. Essa pedra diz respeito à estabilidade das emoções e à eliminação do estresse emocional.

Quartzo Enfumaçado
Está tudo nebuloso e ilusório? Esta pedra a trará de volta à terra. É uma pedra purificadora que também confere firmeza, eliminando a energia negativa enquanto intensifica seu instinto de sobrevivência. Ela a ajuda a manter a clareza mental.

Citrino
Sua confiança foi abalada? O citrino ajudará a aumentar sua autoestima e a protegerá da negatividade. Para energizá-la ainda mais, use-a junto com afirmações positivas.

Obsidiana
Pense numa esponja preta! Esta brilhante pedra negra suga a negatividade e a protege dela, funcionando como um aspirador de más vibrações. A obsidiana é a pedra suprema da purificação.

Fluorita
Absorve e neutraliza a negatividade (E as cáries! Não, espere... quem faz isso é o fluoreto). Assim como o mau hálito precisa ser neutralizado, a fluorita ajudará a devolver o equilíbrio energético.

Rubi
Pense em como você é esplêndida e maravilhosa. O rubi é seu cristal! Vitalidade, força, paixão...

> ## Explore isto!
>
> Faça um coquetel concentrado de cristais para a semana de provas, para o dia de uma apresentação importante ou para quando tiver que cumprir prazos apertados. Coloque num saquinho de tecido uma fluorita, um cristal de quartzo transparente, um âmbar e um cristal que a impressione de uma maneira particularmente intensa. Mantenha-os com você enquanto estiver estudando, trabalhando e dormindo, e depois leve-os no dia em que mais precisar deles. Você se sentirá como se tivesse um minúsculo guru de cristal no bolso. Além disso, não correrá o risco de ser expulsa da sala de prova só porque estava com algumas pedrinhas no bolso!

O que se segue é uma visão geral de alguns problemas físicos e enfermidades, acompanhados do cristal e a pedra correspondentes para a cura, bem como o posicionamento para começar a trabalhar com eles.

Se a ideia de se deitar com um punhado de pedras espalhadas por cima do seu corpo faz com que você ache graça ou reclame, não se preocupe: é normal que experimentar coisas novas cause um certo mal-estar ou pareça um despropósito. Agora, sério, o que você tem a perder? Misture e combine as pedras, experimente. Descubra o que funciona para você!

Ressalva: não consigo acreditar que vou dizer isto, e eu sei que é extremamente óbvio... mas... eu passei por uma situação embaraçosa com uma pessoa que engoliu cristais e pedras para ajudar num trabalho de cura. Não é assim que a coisa funciona. É sério, cristais não são comestíveis.

Vícios

Existem muitas formas de vício: fumo, álcool, drogas, sexo, comida, citando apenas alguns. Levantem as mãos, agora, todas que comem por causa de problemas emocionais ou que escondem embalagens de barras de chocolate. (Vai ser horrível se você me deixar desamparada, sozinha, com a mão levantada!) Mas tenho boas notícias: o quartzo enfumaçado ou a sugilita pode ajudar a aliviar os sintomas de vícios e compulsões, especialmente se a pedra for usada como pulseira ou colar, ou carregada num bolso facilmente acessível. Portanto, nos momentos de estresse, tédio, pressão social ou qualquer outra situação desafiadora, você pode segurar a pedra entre os dedos como um suave lembrete para segurar as pontas e permanecer forte.

Alergias

Sou especialista em alergias. Meus olhos ficam inchados, o nariz escorre, fico com a voz de Sean Connery quando o tempo está seco, de modo que ouça atentamente o que uma pessoa com uma enorme experiência em espirros tem a dizer. Pense na rinite alérgica, provocada por poeira, pelos de animais e poluição. Eca. Ao usar uma cornalina, você pode reduzir ou até mesmo eliminar a coceira, as erupções cutâneas e os espirros associados à maioria das alergias. Se a alergia afetar a pele, experimente usar a pedra nesse local, na forma de uma joia ou apenas próxima ou sobre a área afetada. Por exemplo, se você estiver com o nariz coçando ou os olhos irritados, use brincos ou um colar de cornalina.

Furúnculos

Os furúnculos, que são tão agradáveis quanto o som da palavra que os denomina, frequentemente são sinais que o corpo envia dizendo que você tem um centro de energia bloqueado. Na maioria dos casos de furúnculos, isso quer dizer violentamente bloqueado! Ao segurar uma safira e imaginar que os bloqueios do seu corpo estão se dissolvendo, seus furúnculos provavelmente começarão a desaparecer. Esse é o tratamento perfeito para você fazer logo antes de dormir.

Parto

Pedras como a ágata, o jaspe sanguíneo, a pérola, a pedra da lua e o jade estão relacionadas com a gravidez, o parto e o pós-parto, além de trabalhar com o chakra do Sacro. Dizem que a utilização dessas pedras ajuda a preservar a fertilidade e a gravidez, a aliviar as dores do parto e a acalmar, curar e fortalecer o corpo depois do parto. Essas pedras são excelentes quando levadas nos bolsos das calças... ou até mesmo nas roupas íntimas!

Concentração

Não creio que eu conheça alguém que não tenha problemas com a concentração hoje em dia. Oh, desculpe, o que eu estava dizendo mesmo? Ah, claro... Quando nossa atenção está sendo puxada em todas as direções – como os passeadores de cães que vi no Central Park amarrados a um zilhão de cachorros choramingüentos – é de causar surpresa que tenhamos a impressão de nunca conseguirmos nos concentrar? Para ajudar na concentração, segure

> **EXPLORE ISTO!**
>
> Dizem que os Ovos de Jade têm sido usados pelos chineses há séculos para a saúde sexual, o parto e o fortalecimento e enrijecimento geral dos músculos da vagina e do assoalho pélvico. Os antigos chineses até mesmo acreditavam que o *chi* feminino (a energia da criação) era fortalecido e intensificado pelos exercícios com os Ovos de Jade, adotados na rotina de uma mulher.[3] Se você estiver disposta a experimentar algo um pouco estranho com seus cristais, pense nisso como um exercício das deusas.

um simples quartzo, que propicia foco e clareza mental, ou uma cornalina, que desobstrui e controla a mente divagante.

Acredita-se que o âmbar estimule a memória, e o lápis-lazúli seja um poderoso amplificador de pensamentos para ajudar a estimular a criatividade. Assim como a ametista, o lápis-lazúli pode estabilizar a mente quando você está com dor de cabeça e promover clareza mental, ajudando-a a visualizar e focalizar metas realistas. Essa também é uma excelente pedra para a meditação. Segundo se acredita, ela acalma o sistema nervoso e ajuda nas sinapses.

A fluorita é uma excelente ajuda para você se concentrar nos fatos e se lembrar deles enquanto estuda, já que se acredita que ela equilibre o funcionamento dos hemisférios cerebrais. As pedras azul-escuras, como a sodalita, podem ajudar a comunicação e preparar o terreno para o entendimento de conceitos e ideias difíceis.

Digestão

Inclui a síndrome do intestino irritável, a dor de estômago, as cólicas, a distensão abdominal e as alergias alimentares. Ao colocar pedras como a obsidiana, a pérola e a labradorita sobre o estômago ou o plexo solar e se concentrar na energia suave, harmoniosa e equilibrada, você pode começar a canalizar um novo poder para curar quaisquer desequilíbrios do sistema digestivo.

Problemas no ouvido

Os ouvidos são minhas kryptonitas. Geralmente, eles adoram se comportar mal, então, aqui estão boas dicas para as pessoas que têm problemas com a audição ou o ouvido. Os ouvidos podem afetar não apenas nossa audição, como também nosso equilíbrio e nosso foco. Pedras como o âmbar e o ônix funcionam particularmente bem para ajudar a curar os ouvidos quando usadas como brincos. Pessoalmente, acho que alguém deveria inventar fones de ouvido com cristais e pedras semipreciosas. Seria quase como o ditado: dois coelhos com uma pedrada só!

Visão

Os problemas nos olhos podem indicar que você não quer enfrentar o futuro ou que não aceita a realidade de uma situação insatisfatória. Para ajudar a curar ao mesmo tempo seus olhos e sua visão interior, procure pedras como a água-marinha e o olho de gato. O olho de tigre, a opala e a esmeralda podem ser úteis no caso de problemas visuais e a perda da visão causada pela idade, e o olho de gato também é excelente para as pessoas que têm dificuldade em dirigir à noite.

Dor de cabeça

Está precisando de um remédio para dores de cabeça? A dor de cabeça é ativada por muitas coisas diferentes, e o cristal ou pedra que você vai usar depende do que a provocou. A maioria das dores de cabeça é causada por problemas com má alimentação, estresse ou falta de sono.

A cefaleia de tensão – aquela faixa de pressão ou dor ao redor do crânio, que faz com que você tenha vontade de se enfiar embaixo de um cobertor e ficar balançando de um lado para o outro para sempre? Essa é uma dor de cabeça tensional, que pode ser eliminada e equilibrada por uma ametista, âmbar ou turquesa, usadas como brincos, num colar ou colocadas perto da cabeça no travesseiro enquanto você descansa. O lápis-lazúli tem sido usado há séculos para ajudar a tratar enxaquecas.

Outra causa comum das cefaleias é o desequilíbrio entre a energia na cabeça e o chakra do Plexo Solar, geralmente por causa do estresse acumulado ou dos efeitos negativos de um estilo de vida desregrado em todos os aspectos, o que inclui má alimentação e falta de sono. (Ou, às vezes, apenas por você estar cercada de idiotas.) Se você desconfia de que o estresse é a causa da sua dor de cabeça, e especialmente se vem acompanhada por um mal-estar estomacal, use uma pedra que ajude a equilibrar o chakra do Plexo Solar como o citrino, a pedra da lua ou a ametista – os três juntos formam um excelente coquetel de cristal para uma dor de cabeça aliada a um desconforto estomacal. Muito melhor do que um martíni seco. Talvez.

Inflamações

Esta categoria pode incluir lesões, distensões, dor nas costas e até mesmo dores musculares provocadas pela gripe. A melhor maneira de usar as pedras para tratar as inflamações é inseri-las numa bandagem ou atadura de compressão para que fiquem junto à área que precisa ser curada. Pedras como o jaspe sanguíneo, a esmeralda, a granada e a pirita são excelentes para combater inflamações.

Problemas no fígado

Se você tiver problemas no fígado ou simplesmente tiver bebido vinho demais no fim de semana, os seguintes cristais podem ser colocados na água que você bebe para ajudar a desintoxicar o fígado: jaspe, topázio, água-marinha e berilo. Um conselho para os espertos: *não bebam* as pedras.

Insônia

Uma vez mais, neste caso, o cristal a ser usado depende da causa. O que está mantendo você acordada à noite? Assim como a dor de cabeça, a dificuldade para dormir pode, com frequência, estar associada a agentes do estresse cotidiano. Se você acredita que essa pode ser a causa básica da sua falta de sono, coloque um cristal como o crisópraso, o quartzo rosa, o citrino ou a ametista perto da sua cama ou debaixo do travesseiro para acalmá-la e confortá-la. Você talvez tenha que fazer uma experiência, porque uma pedra que funciona bem para uma pessoa pode não dar certo para outra.

Algumas pessoas acreditam que fazer um lanche antes de dormir ajuda, ao passo que outras não comem nada depois do pôr do sol. Quer você coma ou jejue à noite, se acredita que sua inquietação pode resultar do excesso de comida ou de uma mudança recente, pouco saudável, na sua alimentação, a pirita ou a pedra da lua podem ser usadas para acalmar o estômago. Os cristais que combatem o estresse também podem ser colocados na cama ou perto dela antes de você partir para a terra dos sonhos.

Se o seu dissabor é causado por pesadelos, pedras protetoras como a turmalina ou o quartzo enfumaçado promovem proteção noturna e um sono tranquilo. As pedras devem ser colocadas no pé da cama. A labradorita também é uma pedra excelente para dar um chute no traseiro dos pesadelos, já que se acredita que ela expulse os sentimentos e pensamentos indesejáveis.

Dor de dente

Essas pedras podem ser mantidas num copo de água ou debaixo do travesseiro enquanto você dorme. A malaquita e a água-marinha são conhecidas por aliviar a dor de dente e ajudar a curar as dores na gengiva, nos dentes e no maxilar. Se eu ao menos tivesse uma malaquita nas mãos quando meu dente do siso foi extraído!

A diversão não precisa parar aqui, minha amiga. De jeito nenhum. Os cristais têm muito a oferecer se você estiver pronta para receber. Lembre-se apenas de que você pode ser tachada de "hipponga" se começar a prescrever curas com cristais para seus amigos. Portanto, fique esperta!

Os cristais em casa

ESCALA DE ESQUISITICE: ▲▲▲▲▲▲▲▲▲▲
ESCALA EXPLORE ISTO: ▲▲▲▲▲▲▲▲▲▲

Minha casa está repleta de cristais. Você pode encontrá-los debaixo de travesseiros, na minha mesinha de centro, na minha gaveta de calcinhas – tenho até mesmo um cristal de quartzo transparente pendurado na janela da minha sala de estar que dá para o leste e que irradia prismas de arco-íris e positividade para todo o meu refúgio, todos os dias ao nascer do sol. Já dei cristais de presente para amigas em todas as ocasiões, desde chás de bebê a festas de despedida de solteira; eu até mesmo os insiro em minúsculos terrários para que as plantas tenham os cristais como companhia. Afinal de contas, as plantas e os cristais são elementos da Mãe Terra, de modo que é natural ter um cristal pendurado no varão da cortina do quarto de dormir, assim como é ter um vaso de plantas sobre uma mesa na sala de estar. Orientando-se a partir da entrada principal da sua casa e dos cômodos, você pode escolher locais para seus cristais que ajudarão a despertar e influenciar positivamente as seguintes áreas da sua vida:

▷ Riqueza e abundância – canto esquerdo mais distante
▷ Relacionamentos – canto direito mais distante
▷ Sabedoria – canto esquerdo mais próximo
▷ Amigos e viagens – canto direito mais próximo
▷ Fama – parede central mais distante
▷ Família e Saúde – parede central esquerda
▷ Crianças – parede central direita
▷ Carreira – parede central próxima

Não há nada como o brilho sutil dos cristais captando a luz da manhã quando ela entra no seu lar – envolvendo-a, protegendo-a e energizando-a para o dia que você tem à frente.

Usando cristais e pedras

ESCALA DE ESQUISITICE: ▲▲▲▲▲▲▲▲▲▲
ESCALA EXPLORE ISTO: ▲▲▲▲▲▲▲▲▲▲

Existem milhares de maneiras de usar os cristais que intensificam as qualidades terapêuticas e protetoras deles ao mesmo tempo que fazem você parecer uma linda neo-*hippie*.

Usar anéis, pulseiras e colares com cristais ou pedras semipreciosas é um costume que está cada vez mais em voga – não apenas porque são bonitos, mas também porque usar cristais e pedras é a maneira mais simples e eficaz de aproveitar as poderosas energias de cura que eles têm.

Também gosto de usar as joias dos chakras para estimular, harmonizar, e nutrir meus centros de energia. É importante lembrar que, quando você está usando um pingente ou colar de cristal, o comprimento da corrente vai determinar com que chakra ele está conectado e qual o chakra que será mais estimulado e harmonizado. Por exemplo, usar brincos de cristal pode ajudar a equilibrar as energias da garganta, do pescoço e da cabeça, ao passo que usar uma tornozeleira pode ajudar a ancorar sua energia. Vamos aprender muito mais a respeito dos chakras no Capítulo 4.

Cura com pêndulos de cristal

ESCALA DE ESQUISITICE: ▲▲▲▲▲▲▲▲△△
ESCALA EXPLORE ISTO: ▲△△△△△△△△△

Essa é uma antiga técnica que pode ser usada para remover desequilíbrios e bloqueios energéticos nos chakras e na aura. Um pêndulo de cristal de quartzo transparente ou ametista funcionará como um agente de cura para todos os fins, visto que ambos têm um vasto leque de propriedades. Outros pêndulos de cristal exercem seus efeitos terapêuticos no chakra, na energia, no estado de espírito ou nas doenças que ele influencia, particularmente.

Eis como funciona: o paciente (ou seja: você, minha querida) se deita e o agente de cura fica em pé ou se senta ao lado, segurando o pêndulo de uma maneira leve porém firme, entre o polegar e o indicador. O agente de cura então relaxa o pulso, deixando o pêndulo pairar alguns centímetros acima do corpo do paciente, logo abaixo dos pés e alinhado com o eixo central do corpo. O pêndulo começa a oscilar para trás e para frente. Isso é conhecido como balanço neutro. Peça ao agente de cura que desloque o pêndulo oscilante para cima, sobre seu corpo, ao longo da linha central, na direção da cabeça, prestando bastante atenção aos chakras.

Quando o pêndulo muda o movimento, o agente de cura para nesse ponto até que o balanço neutro volte. Quando o agente atingir um ponto na cabeça, ele volta aos pés e repete o procedimento com o paciente de bruços.

Posicionamentos das pedras

ESCALA DE ESQUISITICE: ▲▲▲▲▲▲△△△△△
ESCALA EXPLORE ISTO: ▲▲▲▲△△△△△△△

Esse tipo de limpeza ou cura é mais praticado em conjunto com o Reiki ou um processo para equilibrar os chakras por meio de cristais posicionados ao longo desses pontos energéticos do corpo. O agente de cura avança de chakra em chakra, começando nos pés e indo até o alto da cabeça e posicionando a pedra com a cor apropriada no centro de energia correspondente.

Os agentes de cura geralmente escolhem uma das opções a seguir. Eles podem iniciar uma cura pela imposição das mãos – o Reiki – a partir do chakra da Coroa. Com isso, o agente de cura cobre cuidadosamente as pedras com as mãos a fim de não dispersar sua energia. Enquanto a pedra de cada chakra é coberta, o agente de cura visualiza a cor brilhante da pedra entrando no chakra, imaginando-o equilibrado e saudável. Geralmente, essas cores também invadirão seus pensamentos enquanto você é tratada. O agente fará essa visualização até sentir que é o momento de avançar até o chakra seguinte. Com frequência, os agentes estalam os dedos, lavam as mãos ou as esfregam para liberar qualquer energia negativa antes de avançar para o centro de energia seguinte.

Na segunda opção, o agente de cura se senta do lado do paciente e simplesmente aguarda, deixando que as pedras e energias circundantes (como as dos seus guias, que serão mencionados no Capítulo 10) façam o tratamento no ritmo do paciente. À medida que seus chakras e aura absorvem as energias dos cristais e das pedras e vão sendo equilibrados por eles, as pedras começam a cair, uma por uma. Quando todas as pedras tiverem caído, ou quando você sentir que o processo foi concluído com aquelas que ficaram, o tratamento está completo.

Cada agente de cura trabalha de uma maneira diferente e intuitiva, então procure ficar receptiva e abandonar qualquer opinião preconcebida para garantir que irá receber todos os benefícios da limpeza energética.

Esse tipo de tratamento pode ser bastante intenso para os pacientes – quero dizer, muito intenso. Confie em mim neste caso: é uma experiência única para cada pessoa. Com frequência, ocorre uma importante mudança nas energias da pessoa durante a limpeza dos chakras com cristais. Frequentes liberações emocionais, lembrança de traumas, tanto atuais quanto de vidas passadas, e outros eventos transformadores podem ser desencadeados, liberados e tratados por meio do processo de limpeza. Depois dessa sessão, é possível também que ocorra um processo de desintoxicação contínua, por até uma semana. A principal dica para que você se beneficie de uma limpeza energética é beber muita água depois do tratamento. Fique atenta ao que está acontecendo, reconheça, aceite e deixe ir qualquer coisa que surja. A mudança pode ser um desafio, mas no caso de uma limpeza com cristais, a mudança é para melhor.

O uso dos cristais para se conectar com a energia

ESCALA DE ESQUISITICE: ▲▲▲▲▲▲▲▲▲▲
ESCALA EXPLORE ISTO: ▲▲▲▲▲▲▲▲▲▲

Os cristais e as pedras têm seu próprio som, vibração e energia – e, quando esses se conectam com sua energia ao serem colocados sobre seus chakras, segurados durante a meditação ou até mesmo posicionados na sua aura, a energia deles muda e equilibra a sua. Descobri que, quando seguro cristais ou pedras enquanto relaxo, respiro profundamente e penso no que eu gostaria que fosse curado pelo amor e pela luz, consigo sentir minha pulsação na mão que está segurando a pedra.

Temos sete principais centros de energia, ou chakras, que podem ajudar a nos conectar com a energia das pedras. Esses chakras podem estar abertos ou fechados, dependendo do nosso estado mental, emocional e espiritual, e, muitas vezes, quando um desses chakras está bloqueado, nossa energia se desalinha e deixamos de funcionar plenamente. Não raro, nós, buscadoras espirituais, nos sentimos frágeis, sensíveis, excessivamente emotivas ou estranhamente vazias quando nossas energias não estão alinhadas. Quando você começar a se sentir dessa maneira, lembre-se de que todos levamos uma rasteira de vez em quando na vida – às vezes a cada dois anos, às vezes até mesmo todos os dias, quando o desafio é dos grandes. No entanto, quando sabemos como realinhar e reconectar nossas energias, a vida pode voltar aos trilhos com surpreendente facilidade.

Chakra é uma palavra em sânscrito que significa "roda", simbolizando como a energia dos nossos chakras devem se movimentar: girando de modo livre e desimpedido. Para reequilibrar seus chakras, você pode procurar um praticante de Reiki capacitado que irá realinhar seu corpo, sua mente e seu espírito, e desbloquear qualquer coisa que precise ser desbloqueada (repetindo: você terá mais informações sobre os chakras no Capítulo 4). Na realidade, esse realinhamento deve ser considerado uma exigência para a saúde da sua alma, e feito periodicamente quando possível.

> **EXPLORE ISTO!**
>
> Um excelente truque para equilibrar os chakras é colocar suas lindas mãozinhas sobre um cristal de cianita azul. Esse cristal é famoso por realinhar os chakras de uma maneira automática e imediata, sem nenhuma orientação prévia.

Você mesma pode cuidar dos centros dos seus chakras usando seus cristais ou pedras para concentrar energia no chakra e no problema que se apresenta.

Use a tabela a seguir para explorar e conhecer as numerosas propriedades de cura e realinhamento dos seus cristais.[4]

CHAKRA DA COROA

Concentra nossa capacidade de conexão espiritual.

CRISTAIS: cristal de quartzo transparente, ametista

LOCALIZAÇÃO: no alto da cabeça.

QUESTÕES EMOCIONAIS: beleza interior e exterior, nossa conexão com a espiritualidade, alegria genuína. Gosto de trazer sempre comigo um cristal de quartzo transparente para manter a conexão com a minha natureza espiritual bem à mão – literalmente.

CHAKRA DO TERCEIRO OLHO

Concentra nossa capacidade de focar e enxergar a realidade mais ampla.

CRISTAIS: ametista, safira, turquesa

LOCALIZAÇÃO: na testa, entre os olhos. (Também conhecido como Chakra da Testa.)

QUESTÕES EMOCIONAIS: intuição, imaginação, sabedoria, capacidade de pensar e fazer escolhas. As grandes decisões da vida estão lhe dando dor de cabeça? Durma com uma ametista debaixo do travesseiro e acorde com a convicção e clareza que você precisa para chutar quaisquer dúvidas para escanteio.

CHAKRA DA GARGANTA

Concentra nossa capacidade de nos comunicar.

CRISTAIS: água-marinha, turquesa, pedra dos anjos (serafinita)

LOCALIZAÇÃO: garganta.

QUESTÕES EMOCIONAIS: comunicação, expressão de sentimentos, a verdade. Mantenha esse chakra aberto e desobstruído com um pingente de turquesa ou um colar de água-marinha.

CHAKRA DO CORAÇÃO

Concentra nossa capacidade de amar.

CRISTAIS: quartzo rosa, fluorita

LOCALIZAÇÃO: no centro do peito, logo acima do coração.

QUESTÕES EMOCIONAIS: amor, alegria, paz interior. Se esse chakra fosse um animal, provavelmente seria um gatinho ronronante. Então, não deixe de cuidar muito bem dele!

CHAKRA DO PLEXO SOLAR

Concentra nossa capacidade de ser confiantes e estar no controle da nossa vida.

CRISTAIS: citrino, âmbar, topázio

LOCALIZAÇÃO: abdômen superior, na área do estômago.

QUESTÕES EMOCIONAIS: amor-próprio, autoconfiança, autoestima. Banhe seu chakra do Plexo Solar com energias de cura quando seu suprimento de amor por si mesma estiver se esgotando.

CHAKRA DO SACRO

Concentra nossa conexão com os outros e a capacidade de aceitar novas experiências.

CRISTAIS: hematita, cornalina, pedra da lua

LOCALIZAÇÃO: abdômen inferior, cerca de cinco centímetros abaixo do umbigo.

QUESTÕES EMOCIONAIS: sensação de abundância, bem-estar, prazer, sexualidade. Aumenta a vitalidade – o chakra do Sacro é o que atrai alegria e busca o prazer.

CHAKRA DA RAIZ

Representa nossos alicerces e sentimento de estabilidade.

CRISTAIS: jaspe, granada, ônix, rubi

LOCALIZAÇÃO: na base da coluna vertebral, na região do cóccix.

QUESTÕES EMOCIONAIS: questões de sobrevivência como a independência financeira, o dinheiro e a comida. Sabe quando seus quadris ficam doloridos depois de um árduo dia de trabalho? Bem, está na hora de dar atenção ao chakra da Raiz.

Pedras do nascimento

ESCALA DE ESQUISITICE: ▲▲▲▲▲▲▲▲▲▲
ESCALA EXPLORE ISTO: ▲▲▲▲▲▲▲▲▲▲

Nosso mapa astral, numerológico, nosso nome e até mesmo nossas escolhas relacionadas ao Feng Shui na nossa casa e local de trabalho podem estar associados às nossas pedras de nascimento. As pedras e as cores que você ama podem muito bem ser as pedras e cores que você foi programada para amar desde que nasceu.

Relembre o início deste capítulo, quando pedi que você visualizasse uma cor. Agora, pense na pedra pela qual você se sente mais atraída. Em seguida, verifique se há alguma relação com sua pedra de nascimento na tabela a seguir.[5] Depois que reconheci a atração intensa, quase instintiva, que eu sentia pela minha pedra do nascimento, compreendi que estive subconscientemente me cercando a vida inteira por essa cor. Seja por meio dos vermelhos intensos dos rubis, ou do azul tranquilizador da água-marinha, suas pedras saberão como chegar até você.

Os cuidados com os cristais

ESCALA DE ESQUISITICE: ▲▲▲▲▲▲▲▲▲▲
ESCALA EXPLORE ISTO: ▲▲▲▲▲▲▲▲▲▲

Você precisa saber algumas coisas importantes a respeito de como cuidar dos cristais e pedras que são fundamentais para o kit de sobrevivência de qualquer buscadora espiritual. Acredite, na primeira vez que tomei conhecimento dessas recomendações, achei tudo muito, muito esquisito. Mas, se você descobrir que está particularmente interessada pelos cristais, certamente vai querer cuidar bem dessas pedrinhas.

Em primeiro lugar, as pedras e os cristais podem armazenar e transmitir energia – tanto boa quanto má –, de modo que é importante limpá-los e recarregá-los sempre que necessário. Como você sabe quando seus cristais estão precisando de carinho e atenção? Use a intuição. Ela lhe dirá.

Há algo ainda mais simples do que isso: se outra pessoa tocar nos seus cristais ou pedras, considere-os contaminados. Isso parece radical, certo? Bem, talvez "contaminados" seja um exagero (a não ser que seus amigos sejam do tipo que não lavam as mãos depois de ir ao banheiro ou algo assim), mas a afirmação continua válida. Quando digo que seus cristais estão "sujos", quero dizer que a energia de outra pessoa os tocou e os modificou, e eles precisam de um banho de espuma espiritual para retornar ao ponto zero.

Quanto tomei conhecimento, pela primeira vez, de que os cristais podiam ficar contaminados e precisavam de uma limpeza regular depois que a energia de outra pessoa entrava em contato com eles, passei a ficar muito irritada quando amigos, conhecidos e até mesmo desconhecidos na rua pegavam nas minhas joias e elogiavam meus cristais. Para mim, aquilo se tornou o equivalente a apertarem os meus peitos. (Poxa,

MÊS
PEDRA DO NASCIMENTO
SIGNIFICADO

Janeiro — *Granada* — Pessoas alegres, leais, afetuosas

Fevereiro — *Ametista* — Pessoas fortes, dignas, líderes natos

Março — *Água-Marinha + Jaspe Sanguíneo* — Pessoas tranquilas, serenas e zelosas com os outros

Abril — *Diamante* — Pessoas carinhosas, persistentes e pacientes

Maio — *Esmeralda* — Pessoas esperançosas, sábias e sensatas

Junho — *Pérola + Pedra da Lua* — Pessoas autênticas, intuitivas e conectadas

Julho — *Rubi* — Pessoas populares, amorosas e arrebatadoras

Agosto — *Peridoto + Sardônica* — Pessoas despreocupadas, tranquilas e assertivas

Setembro — *Safira* — Pessoas alegres, dedicadas e companheiras

Outubro — *Opala + Turmalina* — Pessoas bem-sucedidas, afortunadas e conectadas

Novembro — *Topázio* — Pessoas confiantes, fortes, carismáticas

Dezembro — *Turquesa + Zircônia* — Pessoas sensíveis, intuitivas e espiritualistas

gente, olhem, mas não toquem!) Mas uma coisa que me ajudou nessa jornada particular foi lembrar que estavam apenas tentando me elogiar e não sabiam que estavam se intrometendo nos meus cristais. Quando algo assim acontecer, aceite como um gesto de energia positiva, mas sempre limpe seus cristais depois.

A limpeza pode ser tão simples quanto segurar a pedra ou cristal debaixo da água corrente durante alguns minutos – ou, para economizar tempo, faça isso durante o seu banho. Você pode então optar por recarregar suas pedras ou cristais ao sol ou ao luar, nas noites de lua cheia, mas tome cuidado com o sol, porque ele pode partir e rachar um cristal se ele ficar quente demais. Você também pode segurá-los na mão direita e imaginar uma luz branca brilhante irradiando através da sua cabeça, descendo pelo corpo, pelo braço e depois concentrando-se na sua mão. A partir daí, programe o cristal para extrair o máximo de benefícios dele, dizendo simplesmente, em voz alta, enquanto o segura: "Este cristal está conectado comigo e me dá força e coragem para (o assunto para o qual você deseja a ajuda do cristal)". Tudo bem, há muita *esquisitice* aí, mas quem não arrisca, não petisca, certo?

Eis outras opções que você pode usar para limpar seus cristais e pedras.

Defumação

Uma maneira rápida de fazer uma limpeza nas suas pedras de cura é defumá-las, queimando cedro ou sálvia. A defumação é uma excelente maneira de garantir que suas pedras estejam purificadas. Simplesmente segure a varinha de incenso de sálvia ou cedro enquanto passa a pedra pela fumaça. Geralmente faço isso umas duas vezes para garantir a limpeza. Também gosto de limpar minhas pedras fazendo uma defumação depois de cada cura.

O luar (o luar torna tudo 100% mais impressionante – um fato testado e comprovado tanto pelos românticos quanto pelos lobisomens)

O luar é outra maneira de limpar suas pedras. Simplesmente coloque-as ao ar livre, num lugar seguro, no período entre a lua cheia e a lua nova. O quarto minguante é uma boa época para limpar os cristais e dissipar energias obsoletas, mas qualquer ocasião funciona. O intervalo de tempo varia de acordo com a intuição de cada agente de cura e do quanto as pedras estão sobrecarregadas de energia.

> **EXPLORE ISTO!**
>
> Experimente pendurar seus colares de pedras numa árvore onde o luar possa purificá-los. Quando o tempo está bom, isso também tem a vantagem de enfeitar o seu jardim. Pessoalmente, não recomendo que você coloque seus cristais e pedras ao sol; a cor de muitas pedras tende a desbotar. Além disso, fraturas internas podem fazer com que sua pedra rache ou quebre quando colocada ao sol.

Enterrar (geralmente, quando enterramos coisas – emoções, corpos e coisas semelhantes –, não fazemos isso pelas razões mais positivas, mas esse tipo de "enterro" é exatamente o oposto!)

Enterrar seu cristal numa xícara cheia de ervas secas também o purifica. As ervas sugeridas para isso são pétalas de rosa, sálvia, olíbano, mirra e sândalo. Você consegue geralmente encontrar essas ervas por um preço baixo em muitos mercados ou lojas de ervas. Essa é uma maneira suave, agradável e geralmente muito aromática de limpar os cristais.

Eles também podem ser enterrados na terra. Essa é minha maneira pessoal favorita de limpar meus cristais, e é especialmente útil quando você sente que uma limpeza profunda é necessária. Vá para o lado de fora da sua casa e cave um buraco na terra do tamanho do seu cristal, coloque-o no buraco com a ponta para baixo e cubra com terra. Você decide o tempo que ele precisa ficar lá.

Limpeza com o sopro (como suaves beijos para seus cristais)

Algumas pessoas gostam de usar esse método de "soprar para longe" qualquer negatividade da pedra simplesmente segurando-a na mão e soprando nela. Enquanto estiver soprando, peça ao seu Eu Superior para limpar o cristal. Visualize o cristal ficando completamente limpo com o seu sopro.

> **EXPLORE ISTO!**
>
> Não deixe de colocar um palito de sorvete ou outro marcador no solo para garantir que irá encontrar a pedra depois! Estou certa de que um jardim de cristais vai brotar um dia na grama do meu quintal com a quantidade de cristais enterrados e perdidos que estão lá. Sou como um esquilo que enterra nozes para o inverno e depois as esquece. Um dia, tenho certeza de que o cachorro de alguém fará uma caça ao tesouro. Para as buscadoras espirituais que moram em apartamento, enterrem sua pedra em vasos de plantas.

Pedras dos anjos

ESCALA DE ESQUISITICE: ▲▲▲▲▲▲▲▲▲▲
ESCALA EXPLORE ISTO: ▲▲▲▲▲▲▲▲▲▲

Alguns cristais e pedras podem facilitar nossa comunicação com a esfera angélica (escute os coros de anjos cantando). Eu sei que parece maluquice, mas determinadas pedras como a serafinita, a selenita, a celestita, a charoíta, a angelita (percebeu, né?), e a danburita são consideradas como canais vibratórios em sintonia com as vibrações angelicais (muitos também chamam os anjos de "guias espirituais") e podem ser usadas como

> **EXPLORE ISTO!**
>
> Segure uma pedra dos anjos na mão ou coloque-a sobre o Terceiro Olho (na testa) enquanto estiver meditando. Use qualquer forma ou estilo de meditação com o qual se sinta à vontade e procure relaxar e abrir a mente. Dê as boas-vindas aos seus anjos ou guias e certifique-se de que está num estado de espírito de gratidão. Cumprimente-os, agradeça a eles e depois experimente a sensação de felicidade. Permaneça quieta, calma e paciente enquanto seus guias se comunicam com você por meio de palavras, imagens mentais, sensações e emoções. Deixe que as pedras dos anjos sejam sua âncora durante toda a meditação.

uma via de acesso entre nossa existência e a deles. As pedras dos anjos podem nos ajudar a abrir a visão espiritual, para que possamos sentir a presença dos nossos próprios anjos (mais sobre esses caras prestimosos no Capítulo 10).

Seus cristais e pedras podem até mesmo ser usados para atrair os anjos para sua vida, não porque os anjos precisem ser chamados aos gritos (acredita-se que os anjos e os guias estejam sempre presentes conosco, quer saibamos disso, quer não), mas porque podemos ainda não estar receptivos a eles. A maioria dos anjos está apenas esperando um convite nosso. Ter essas pedras à sua volta ou no seu corpo reduz a distância entre o nosso mundo e o mundo angélico e atua como uma espécie de luz sobre sua cabeça, informando aos seus anjos e guias que está com os ouvidos bem atentos.

△   △   △

Acredita-se que os cristais e as pedras agradem a tantas pessoas porque são um elemento da própria Mãe Natureza, desenvolvendo-se na crosta terrestre há milhares, até mesmo milhões de anos, acumulando uma abundante energia (lembra daquela "vibração" da Nova Era? É disso que estamos falando!), sabedoria e personalidade própria.

Para a buscadora espiritual, os cristais e as pedras podem ser uma maneira fantástica de começar a se comunicar com seu Eu Superior e obter dicas sobre o que realmente precisa na vida. À medida que for desenvolvendo seu conhecimento e sua compreensão das pedras e dos cristais, você será capaz de criar diferentes combinações de cristais, utilizando uma seleção de pedras que trabalham em harmonia para recarregar, reconectar e realinhar o que quer que esteja fora de sincronia em você.

A maneira como olha para anéis e colares, e até mesmo como escolhe as cores no guarda-roupa nunca mais será a mesma. Depois que obteve a sabedoria dos cristais, você nunca mais poderá voltar ao ponto inicial – e por que iria querer fazer isso? Você será a especialista em cristais, que oferece pedras para sanar os problemas dos amigos, inserindo sorrateiramente pedras debaixo de travesseiros ou dando pedras de presente em festas de aniversário e outros eventos sociais. Aproveite seus conhecimentos recentes, canalize suas energias para um poder superior e compartilhe essa sabedoria com outras pessoas.

Eu estava superanimada para compartilhar meu conhecimento sobre cristais e pedras com aqueles que cruzavam meu caminho e sofriam de doenças, estresse ou negatividade, mas, embora eu sempre estivesse oferecendo dicas pelas razões certas, nem todo mundo concordava com as propriedades potenciais de cura dos cristais e das pedras. Não raro, a expressão dos meus entes queridos era de total confusão do tipo "ela pirou completamente", o que me magoava um pouco.

Meu único conselho nesse tipo de situação é manter a mente e o coração abertos, e lembrar que o ceticismo é natural e esperado. Afinal de contas, não existe nenhuma prova científica de que as pedras e os cristais tenham propriedades terapêuticas, e os profissionais da área médica, os cientistas e os céticos costumam descartar a terapia dos cristais e pedras, considerando-a uma "pseudociência". Os efeitos curativos dos cristais e pedras são frequentemente considerados efeitos placebo, autossugestão ou viés cognitivo (irracionalidade).

Minha resposta a isso é a seguinte: e daí? Sem brincadeira. E daí que o vínculo entre os cristais e a cura não tenha sido cientificamente comprovado? O vínculo entre a maneira como nos sentimos e a maneira como essas coisas se manifestam no nosso ser físico é inegável, e se alguma coisa faz nosso corpo e nossa mente felizes, então nossa alma vai ficar feliz também – e no final, minha amiga, é isso o que importa. Estamos todos interligados nessa montanha-russa de troca energética, de modo que não vamos desmerecer uns aos outros por termos convicções diferentes ou praticarmos diferentes métodos de satisfazer nossos apetites espirituais. Onde está a diversão nisso tudo?

Uma pedra é apenas uma pedra... Será mesmo? Agora que você tem uma base de conhecimento a respeito de como os cristais e as pedras preciosas e semipreciosas podem ser usadas para favorecer sua jornada de busca espiritual – quer essa jornada se concentre na cura, no crescimento, na aventura, na proteção, na limpeza, no amor ou em qualquer outro objetivo –, você sabe que existe um cristal para atender a cada desejo da sua alma. Na próxima vez que você, por acaso, esbarrar num lindo quartzo rosa ou num orbe cintilante de pedra da lua, escute sua intuição, escolha aquele que mais encanta você, aprenda a respeito dele e cresça com ele. Um dia, você olhará para seus cristais e compreenderá que tem uma coleção sem nem ter se dado conta disso. Então, vá em frente e encontre a sua primeira pedra!

A AROMATERAPIA E VOCÊ

A aromaterapia é um dos meus elementos favoritos da espiritualidade. Uma coisa que você precisa saber a meu respeito, além de achar que sou um pouco esquisita, é que, quando conheço as pessoas, dou uma boa farejada nelas. (E, só para constar, não sou como aqueles cachorros que cheiram o traseiro dos outros. Faço isso com elegância. Bem, o mais elegante possível, suponho. Ah, em tempo: se você decidir começar a farejar as pessoas quando conhecê-las, é melhor seguir adiante com a leitura). Você pode descobrir muita coisa a respeito de uma pessoa pelo cheiro dela. Faço isso especialmente quando estou procurando um parceiro; se sou atraída pelo cheiro dele, o envolvimento dura mais do que quando o cheiro me repele. Experimente. Confie em mim. Funciona...

Adoro o fato de que o odor pode despertar muitas reações diferentes nas pessoas, por razões diferentes – uma pessoa sente o cheiro de um bolo recém-assado e se lembra de um lanche da tarde na casa da avó quando era criança, e outra evoca a padaria que ficava na rua do primeiro apartamento onde morou – e que cada pessoa tem um relacionamento único com os aromas que adoram e aqueles que detestam! Pessoalmente, não consigo suportar o patchouli (para a mim, tem cheiro de suor fedorento, eca!), embora seja uma das fragrâncias mais usadas em incenso ao redor do mundo (um mistério que nunca conseguirei entender). No entanto, quando nos conectamos com os aromas de que gostamos, eles podem instantaneamente nos revitalizar, acalmar ou transportar – mais ou menos como uma versão natural das drogas sem os desagradáveis efeitos colaterais. Também acho que a aromaterapia é uma das maneiras mais rápidas e mais fáceis de incluir a espiritualidade à nossa vida – como uma ferramenta de vida espiritual.

Pense numa erva daninha. Ora, uma erva daninha tem este nome porque cresce onde não é desejada. Mas a erva daninha de uma pessoa é a flor silvestre de outra. Pense no dente-de-leão – uma peste para muitos jardineiros, porém, para outros, um importante agente de cura e um remédio usado em chás e saladas, sendo ainda um óleo essencial que ajuda a aliviar a dor e a tensão muscular. O início do meu aprendizado sobre o dente-de-leão me fez começar a pensar a respeito de muitas coisas sobre as ervas daninhas (tanto metafóricas quanto literais) e, quando aprofundei minha pesquisa, passei a olhar para o mundo à minha volta de uma maneira diferente. Quando parei de encarar as ervas daninhas como daninhas, passei por uma mudança espiritual.

Quando as pessoas fora da esfera espiritual ouvem falar na aromaterapia, muitas não se dão conta de que já utilizam alguns dos principais elementos dessa técnica no cotidiano. Velas, incensos, difusores e até mesmo perfumes são elementos aromaterápicos. A buscadora espiritual moderna não precisa cheirar a olíbano e a mirra ou ter a densa fumaça do incenso enevoando a sua casa para se qualificar como uma legítima fã da aromaterapia. Na realidade, da mesma maneira como você pôs de lado o ceticismo para experimentar e conhecer os cristais e suas numerosas propriedades benéficas (a propósito, parabéns), eu agora a convido a continuar seguindo seu instinto e avançar no crescimento espiritual por meio da aromaterapia.

Ao longo do tempo, as pessoas têm usado ervas naturais, flores, incensos, óleos e perfumes para conectar o corpo, a mente e o espírito numa nuvem perfumada de bem-estar espiritual. Hoje em dia, a aromaterapia pode ser tão simples quanto um borrifo do seu frasco de perfume favorito ou o odor intenso de um queimador de óleo essencial.

Quando você iniciar sua exploração, passará a perceber que vivemos num mundo repleto de aromatizadores e sprays que são produzidos em enormes quantidades. Por causa disso, é importante identificar fragrâncias que a atraiam e, por meio dessas conexões pessoais, encontrar maneiras de incluir a aromaterapia aos seus rituais diários.

Vamos então mergulhar no mundo dos aromas e começar pelos perfumes. A palavra perfume na verdade tem sua origem no latim *per fumum* que significa "através da fumaça", originando-se da fragrância do incenso comumente usado nos rituais espirituais. Os egípcios há muito são considerados os supremos perfumistas, sendo peritos, desde tempos remotos, em extrair óleos essenciais de todas as coisas, como flores, gramíneas, folhas, frutos, árvores, cedro e canela. Eles associavam os perfumes aos deuses, à espiritualidade em geral e à saúde física e mental – integrando tudo isso.

Os antigos chineses, hindus, israelitas, cartagineses, árabes, gregos e romanos também praticavam formas de aromaterapia. Embora a utilização mais antiga de frascos de perfume no Egito date de aproximadamente 1000 a.C., acredita-se que a arte da aromaterapia propriamente dita tenha sua origem nos gregos e chineses. A mitologia grega afirma que o conhecimento da fragrância e do perfume era um dom do qual apenas os deuses eram dotados, e que o conhecimento da aromaterapia e da sua capacidade de influenciar a saúde e o estado de espírito era um sinal de erudição.[1]

Até hoje, o aroma está relacionado com *glamour*, algo que, segundo acredito, se reduz ao simples fato de que, quando usamos uma fragrância, ela eleva nossa autoestima e às vezes nos faz sentir quase como se pertencêssemos à realeza. O perfume, a beleza e a confiança caminham de mãos dadas, e muitos de nós, buscadoras espirituais, somos atraídas pela beleza em todas suas formas, inclusive o aroma. Todo buscador espiritual tem o direito de conhecer o poder e os benefícios dos diferentes aromas e óleos. A aromaterapia elevará seu estado de espírito e acalmará sua mente e seu corpo, tornando-a mais aberta a explorar e desfrutar outras lições espirituais ao longo do seu caminho, e a crescer com elas.

> "A felicidade se irradia como a fragrância de uma flor e atrai para você todas as coisas boas."
> ➤**Yogue Maharishi Mahesh**

Se a aromaterapia se tornar a prática à qual você mais recorrer ou mesmo se ela for algo com que se envolva apenas ocasionalmente, conhecer as propriedades de cada fragrância e quais aromas transformam a energia do seu ambiente pode ajudar você a alterar e canalizar diferentes níveis de energia com apenas algumas gotas de uma poderosa poção.

Cartilha de aromaterapia

ESCALA DE ESQUISITICE: ▲▲▲▲▲▲▲▲▲△
ESCALA EXPLORE ISTO: ▲▲▲▲▲▲▲▲▲

Certa vez, quando eu viajava pelo Egito, comprei um frasco de óleo essencial. Eu tinha ficado fascinada com as histórias de antigos gênios da medicina e altares ainda impregnados com o aroma de perfumes de centenas e até mesmo de milhares de anos atrás. Minha alma foi atraída por uma loja de perfumes e óleos essenciais. Ao entrar, meus olhos se iluminaram quando examinei a grande sala repleta de minúsculos frascos de vidro contendo um vasto conjunto de óleos amarelos e transparentes. Os frascos não tinham rótulo, o que me permitiu seguir a orientação do meu nariz em vez de ser bombardeada por lindos frascos ou embalagens e anúncios publicitários espalhafatosos (sem dúvida, Gwyneth Paltrow fica linda saltitando num campo de flores trajando um vestido de baile, enquanto é perseguida por um bando de filhotes de Golden Retriever, mas esse é realmente o cheiro que eu quero ter?). Escolhi a fragrância com a qual me identifiquei e esfreguei o óleo no meu pulso num movimento circular, aquecendo-o contra a minha pele. Quando escolhi o frasco sem rótulo para comprá-lo, um frasco com rótulo, com o nome do óleo essencial, me foi apresentado. Sorri quando li o rótulo escrito à mão: "Essência de Flor de Lótus". Debaixo dele, estava escrito o seguinte: "Abra e expanda sua espiritualidade e percepção interior". Parece que realmente vale a pena seguirmos o nosso nariz!

Para começar, você encontrará a seguir algumas combinações de óleos essenciais que estimulam e transformam diferentes estados de espírito.[2] Esses óleos podem ser borrifados ou aquecidos no seu ambiente ou ser colocados no seu altar, se você tiver um. Também podem ser esfregados nos pontos de pulsação, colocados numa bola de algodão e inseridos dentro da fronha ou adicionados à água e borrifados como uma névoa no cabelo e nas roupas. O truque para trabalhar com a aromaterapia é seguir a intuição (e o nariz, é claro) e usar as fragrâncias que lhe agradem. Esse passo na sua jornada praticamente só envolve o prazer, de modo que procure desfrutá-lo ao máximo!

Estado de Espírito	Combinações e Benefícios
Fadiga, desmotivação, falta de foco, confusão mental, dispersão	laranja, jasmim, grapefruit, alecrim, sândalo, hortelã-pimenta, limão, gengibre, manjericão, olíbano
Estresse, exaustão e desânimo	baunilha, ilangue-ilangue, limão, laranja, camomila, bergamota
Necessidade de um reforço na autoestima, proteção, amor e cuidados consigo mesma	jasmim, laranja, alecrim, cipreste, bergamota
Dificuldade em lidar com a tristeza, o pesar, a perda e a mudança	olíbano, rosa, laranja, lavanda (alfazema), jasmim, sálvia esclareia, sândalo, ilangue-ilangue, bergamota
Irritação, agitação, mesquinhez, dificuldade para perdoar	camomila, lavanda (alfazema), tangerina, sândalo

Se você decidir aplicar a aromaterapia no seu cotidiano, ela poderá lhe trazer força e inspirá-la a se tornar mais conectada, solidária e amorosa.

Assim como as combinações de fragrâncias podem ser usadas para alterar nosso estado de espírito, as famílias olfativas podem nos revelar muitas coisas a respeito dos próprios aromas e por que atuam como atuam. Continue a ler para descobrir em que família olfativa se situam seus aromas preferidos e o que isso pode significar.

Com qual família olfativa você se identifica?

ESCALA DE ESQUISITICE: ▲▲▲▲▲▲▲▲▲▲
ESCALA EXPLORE ISTO: ▲▲▲▲▲▲▲▲▲▲

> "O perfume de uma mulher diz mais a respeito dela do que sua caligrafia."
> ➤ **Christian Dior**

Dior não está errado! A mesma coisa que é dita a respeito dos aromas predominantes no seu perfume pode ser dita com relação aos óleos essenciais pelos quais você é atraída.

A roda de fragrâncias inclui classes de aromas estreitamente relacionados. A família de aromas com a qual você se conecta pode conter as chaves da sua personalidade e da sua alma, de vidas passadas, da carreira e de qual a melhor maneira de você se revitalizar. Por exemplo, uma pessoa que gosta de perfumes com aromas refrescantes como L'Eau d'Issey de Miyake ou Cool Water de Davidoff pode ter tido uma vida passada fortemente conectada com a água (consulte o Capítulo 11 para mais informações sobre vidas passadas) e frequentemente sente que pode recobrar o controle ou se reconectar tomando um banho de banheira, de chuveiro, nadando ou surfando.

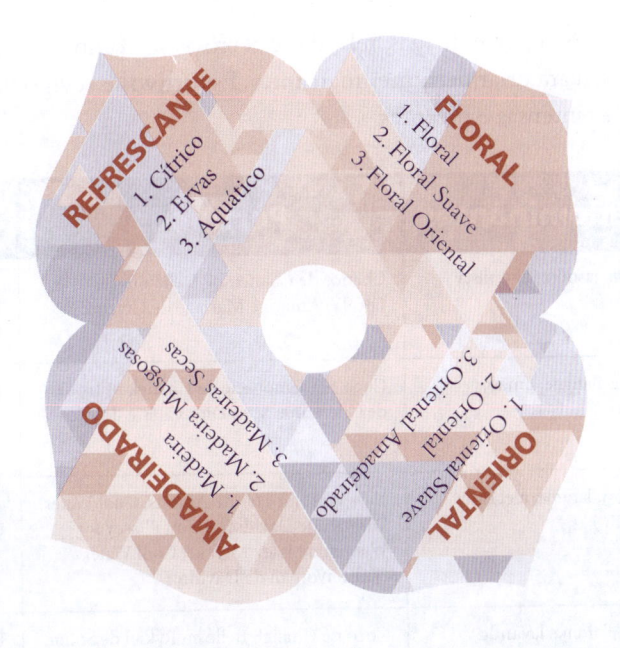

REFRESCANTE
1. Cítrico
2. Ervas
3. Aquático

FLORAL
1. Floral
2. Floral Suave
3. Floral Oriental

AMADEIRADO
1. Madeira
2. Madeira Musgosas
3. Madeiras Secas

ORIENTAL
1. Oriental Suave
2. Oriental
3. Oriental Amadeirado

Floral

A maior e mais popular família olfativa é criada principalmente a partir de flores, como a rosa, a flor de laranjeira, a gardênia, o jasmim e o cravo. Elas são frequentemente combinadas para produzir uma fragrância floral inconfundível.

Oriental

Uma mistura inebriante de especiarias, âmbar, bálsamos e resinas distingue essa família olfativa. Os perfumes desse tipo sugerem calor e sensualidade, e as pessoas adoram ou detestam as fragrâncias orientais.

Refrescantes

Derivada das frutas cítricas como o limão-taiti, o limão-siciliano e a tangerina, essa família olfativa projeta um aroma acentuado e penetrante. Naturalmente refrescante e revigorante, as combinações cítricas funcionam bem para as pessoas que gostam de aromas leves.

Amadeirados

Notas acentuadas, relvadas e terrosas se combinam com pinho, junípero, folhas e ervas para criar perfumes marcantes. Esportivos e revigorantes, as fragrâncias amadeiradas são intensas e picantes.

Notas Predominantes	Perfumes	Benefícios
Florais – lírio, rosa, jasmim, baunilha	Chance de Chanel, Be Delicious de DKNY, Amarige Mariage de Givenchy	Para os Anjos: são aromas românticos, revigorantes, calmantes, reconfortantes e harmonizantes.
Frutados – ilangue-ilangue, limão, laranja, camomila	Coco Mademoiselle de Chanel, Mitsouko de Guerlain e Miss Dior Chérie de Dior	Frutos para as Deusas: são estimulantes, refrescantes, revigorantes, motivadores e restauradores.
Aquáticos – jasmim, laranja, alecrim, cipreste, bergamota	New West for Her de Aramis, Cool Water Woman de Davidoff, L'Eau d'Issey for Women de Issey Miyake, Cool Water Game Woman de Davidoff	Aromas da Atlântida: purificantes, edificantes, estimulantes e refrescantes.
Picantes – olíbano, laranja, lavanda (alfazema), sálvia esclareia, sândalo	Coco de Chanel, Belle en Rykiel de Sonia Rykiel, Youth Dew de Estée Lauder e Opium de Yves Saint Laurent	Para as sedutoras da Nova Era: são fragrâncias sensuais, energizantes, ardentes, fortalecedoras e centralizadoras.
Almiscarados – camomila, baunilha, tangerina, sândalo	Always for Her de Aramis, CK Be de Calvin Klein, Jette de Jette Joop, Rumeur de Lanvin, Blv de Bvlgari, Gold de Donna Karan, Amour de Kenzo, Lovey de Sarah Jessica Parker e Stella in Two Peony de Stella McCartney	Para as motivadoras místicas: são aromas revigorantes, estabilizadores, fortalecedores e purificadores.

Cada grupo de aromas tem diferentes notas predominantes e benefícios associados com sua utilização como mostrado na tabela anterior.[3] Veja se você consegue identificar as notas predominantes da sua fragrância favorita.

Você ficará surpresa com as conexões que podem ser formadas entre a fragrância pela qual você é atraída e suas vidas passadas, sua personalidade ou estados de espírito, seu signo astrológico, sua personalidade numerológica – todos esses terão pontos em comum. Por exemplo (sendo completamente *esquisita*), minhas conexões de vidas passadas com a Atlântida, e minha paixão pelo surfe, pelo mergulho e, de um modo geral, por estar na água se reflete na minha escolha de perfumes – todos têm notas predominantes aquáticas.

Enquanto eu explorava o mundo dos aromas e da espiritualidade, ficou realmente claro para mim que os odores – desde uma combinação pessoal de perfume até o chulé que os pés exalam depois da corrida – contam uma história a respeito de quem é a pessoa. Alguns cheiros são repulsivos, outros são divinos, mas todos são nossos. E os aromas que escolhemos para complementar nossos odores naturais também são.

Afirmo que uma buscadora espiritual não está completamente vestida se não estiver usando perfume ou óleos essenciais. Considere sua mistura pessoal de fragrâncias como um pretinho básico para sua alma – é essencial. A crença de que uma fragrância é tão característica de uma pessoa quanto a assinatura é antiga. Adicione um borrifo de espiritualidade a essa ideia inebriante e você poderá ver como os aromas também podem ser usados para criar uma tangível assinatura anímica.

> **Explore isto!**
>
> Entre numa loja de perfumes, de artigos naturais ou de aromaterapia e experimente alguns óleos e perfumes. Eis o desafio: não examine os rótulos! Ou, o que é ainda melhor: vá com uma amiga também buscadora espiritual e borrifem os perfumes e óleos uma na outra para que quem tiver sido borrifada não tenha nenhuma conexão com o frasco, apenas com o aroma. Vá fazendo isso até encontrar o aroma que você sinta ser o certo; compre-o e saia da loja. Somente então você pode olhar o rótulo para ver que fragrância atraiu sua alma.

> "A fragrância das flores só se espalha na direção do vento, mas a bondade de uma pessoa se espalha em todas as direções."
> ➤**Chanakya**

Deixe que a primeira impressão que as pessoas tenham sobre você seja seu perfume inconfundível. Deixe que essa seja uma das muitas maneiras pelas quais você leva beleza a todos os lugares aonde vai, e uma das suas ferramentas para se recarregar, se reconectar e se expressar. A expressão espiritual por meio da fragrância é a razão pela qual as ervas e óleos aromáticos vêm desempenhando um papel nas religiões numa

> **Explore isto!**
>
> Use os óleos apropriados em banhos ou com compressas para soltar os músculos, relaxar a mente e aliviar o estresse depois de um longo dia. Acrescente um pouco de sal de Epsom (sulfato de magnésio) ao seu banho e você se sentirá uma nova pessoa ao emergir da água.

variedade de culturas ao longo da história. Produtos fitoterápicos são mencionados no Antigo e Novo Testamentos para todos os fins, entre eles, óleos para ungir o corpo, perfumes e incensos, além de óleos medicinais, para o cabelo e a beleza.[4] Muitos dos óleos e fragrâncias mencionados ainda são usados hoje em diferentes tradições.

Num aspecto espiritual, a aromaterapia é uma maneira rápida e divertida de iluminar seus sentidos e obter dicas estimulantes a respeito do caráter, desejos e propósito da sua alma. Examine a tabela que se segue com aromas comuns, seus significados espirituais e indicações.[5] Sou uma grande entusiasta do olíbano e viciada em ilangue-ilangue, e tenho um bálsamo natural perfumado que contém essas duas fragrâncias e que coloco nos pulsos, atrás das orelhas e sobre o coração todas as manhãs.

Aromas Espirituais	Indicações
Pau-de-águila	Ajuda na meditação, é calmante, envolvente
Junípero	Usado para desintoxicação, purificação, e expurgo
Jasmim, ilangue-ilangue, bergamota, frutas cítricas	Incentiva o ato de agradecer, a gratidão
Cipreste, olíbano, sândalo, alecrim	Traz iluminação
Loureiro, canela, lavanda (alfazema)	Estimula a espiritualidade, a fé

A aromaterapia e a cura

ESCALA DE ESQUISITICE: ▲▲▲△△△△△△△
ESCALA EXPLORE ISTO: ▲▲▲▲▲▲▲▲▲▲

Outra confissão: enquanto eu escrevia este livro, usei óleo de lavanda no Terceiro Olho para me ajudar a canalizar sabedoria e me conectar com o que deveria ser o conteúdo. Esquecendo que eu havia me untado com a benevolência da lavanda, saí para visitar minha querida avó que começou a lamber os polegares e esfregá-los em mim, dizendo: "Ah, querida, seus hormônios devem estar descontrolados. Que lugar esquisito para ficar com a pele oleosa". Obrigada, vovó!

Assim como os cristais, os óleos essenciais também podem ajudar na cura. Por exemplo, exatamente como a cianita azul, o óleo essencial de lavanda (alfazema) também pode realinhar os chakras imediatamente. Segue-se uma compilação de doenças comuns e desafios emocionais e os óleos ou combinações que podem ajudar no processo de cura.

Ansiedade, depressão, estresse e medo

Alguém está precisando de um remédio para situações de emergência? Os óleos de camomila são usados para ajudar a acalmar as mentes ansiosas e hiperativas que podem causar problemas de sono ou agravar a depressão. Entre outros óleos relaxantes estão o de valeriana, sândalo e lavanda. Há também um punhado de óleos, entre eles o de bergamota, laranja e jasmim, que podem não apenas reequilibrar um estado mental negativo como também ajudá-la a cultivar um estado de espírito mais animado e feliz.

O relaxamento e o sono

Muitos fatores contribuem para que uma pessoa se sinta relaxada e tenha um bom sono. Do mesmo modo, as combinações de óleos funcionam melhor no caso do complexo problema da insônia – combinações que incluem o óleo de pau-rosa, que é estabilizador e relaxante, além de ter propriedades antivirais. Recomendo misturar pau-rosa com olíbano, que equilibra o humor e alivia o estresse, e ilangue-ilangue, que é um excelente óleo para restabelecer o equilíbrio das energias e recarregar os centros energéticos.

Os músculos e as inflamações

Se você está mais dolorida do que um triatleta depois de uma maratona ou inchada como um baiacu furioso, recomendo que procure óleos que intensifiquem a circulação e reduzam a inflamação. Esses óleos podem ser adicionados a óleo de coco e ser esfregados nas áreas com problemas. O manjericão, que é um dos principais óleos essenciais, trata da inflamação muscular – isso mesmo, aquela erva que você coloca no seu molho de macarrão! O óleo de manjericão pode ser colocado diretamente nas áreas afetadas ou dispersado por meio de um aromatizador. O óleo de eucalipto é o perfeito óleo "anti" tudo, funcionando como antiviral, antibacteriano, antifúngico, antienvelhecimento e agente anti-inflamatório. Se você o diluir com água em partes iguais e depois aspergir a mistura, o óleo ajudará até mesmo a matar bactérias transportadas pelo ar. Assim como muitos outros óleos, algumas gotas podem ser esfregadas diretamente na área afetada. Apenas uma minúscula gota de eucalipto sempre me faz sentir como se tivesse entrado no mais luxuoso dos spas e estivesse sendo paparicada como uma rainha. *Ahhhh...*

Dores nos ossos e fraturas

Alguns óleos essenciais são fantásticos para dor nos ossos. Esses óleos podem ser misturados ou você pode usar o aroma que mais aprecia. Hortelã-pimenta, gualtéria (*wintergreen*, chá-montês), abeto, *palo santo* e eucalipto são óleos que podem ser usados para aliviar a maior parte da dor nos ossos.

Queimaduras e queimadura de sol

Para qualquer queimadura (observação: estamos falando aqui de queimaduras de sol e queimaduras leves, não de queimaduras de terceiro grau!), é interessante que você use óleos que tenham propriedades naturais anti-inflamatórias e analgésicas (que aliviam a dor). Entre os óleos que contêm uma combinação dessas propriedades terapêuticas estão os de lavanda (alfazema), rosa, camomila romana, eucalipto, pau-rosa, limão-siciliano, helicriso e abeto balsâmico.

Uma excelente combinação para queimaduras a que costumo recorrer é a dos óleos de lavanda (alfazema), pau-rosa e ilangue-ilangue. Juntos têm ação anti-inflamatória, trazem alívio para a dor e ainda atuam como relaxantes ou sedativos para ajudar a acalmar o sistema nervoso e curar a pele. Na próxima vez que você ficar tempo demais na praia, recomendo que tenha essa mistura à mão.

Desinfetantes

A utilização dos óleos naturais não se restringe ao corpo; eles também são excelentes para o lar. Ser ecológica em casa inclui usar desinfetantes naturais. Eis alguns óleos que possuem propriedades desinfetantes: *tea tree* (melaleuca), grapefruit, limão-siciliano, *melrose* (que é uma mistura de diferentes óleos que inclui alho, alecrim, árvore do chá), eucalipto, capim-limão (erva-cidreira) e citronela. Faça seus próprios produtos misturando água com os óleos num borrifador. Altere sempre sua rotina e varie de desinfetante para garantir que vai confundir qualquer bactéria na casa. Bônus: as formigas odeiam as frutas cítricas. Borrife um pouco de óleo de limão nas pequenas criaturas e observe enquanto elas instantaneamente vão procurar abrigo em outro lugar (se tiver sorte, longe, muito longe, da sua cozinha).

Náuseas e problemas de estômago e intestino

Uma variedade de óleos pode ajudar a acalmar o estômago e aliviar as náuseas. Os óleos de hortelã-pimenta e de lavanda (alfazema) são excelentes essências que podemos inspirar nos casos de náusea. Óleos como o de noz-moscada e de erva-doce (funcho) também são comumente usados para auxiliar nos casos de problemas estomacais, já que são protetores naturais do estômago e laxantes, o que pode ajudar a desintoxicar o organismo, combatendo a prisão de ventre que esteja causando desconforto.

Abuso ou abandono

Estes óleos são excelentes se você estiver lidando com o impacto emocional de eventos como um divórcio ou a morte de alguém querido, ou ainda se estiver saindo de um relacionamento abusivo. Essas combinações liberarão as emoções negativas e ajudarão a desbloquear suas energias. Recomendo que combine olíbano, lavanda (alfazema), abeto e sândalo para o trauma emocional. Combine os óleos de ilangue-ilangue, *blue tansy* e sândalo para liberar experiências negativas e energias densas. Combine os óleos de capim-limão (erva-cidreira), citronela e alecrim para eliminar a negatividade dos lugares.

Raiva ou ódio

Estes óleos são perfeitos quando usados em difusores para ajudar a eliminar qualquer hostilidade, tensão ou conflito do local de trabalho ou da casa. Combine os óleos de bergamota, ilangue-ilangue, jasmim, tangerina e coentro e espalhe pelo local que precisa ficar livre da negatividade. Esses óleos também são excelentes quando adicionados ao banho ou a um óleo vegetal, para uma massagem relaxante.

Foco, concentração

Para nos concentrarmos, precisamos equilibrar e centrar a mente, e o que estamos buscando aqui é um delicado equilíbrio de óleos. Cada óleo adiciona um benefício exclusivo a uma combinação, inclusive o óleo de olíbano, que melhora o humor e nos ajuda a "recarregar as baterias" depois do estresse; o óleo de helicriso, que favorece a circulação e também desbloqueia pensamentos e ideias; o óleo de sândalo, que é antidepressivo e equilibra o humor; o óleo de cedro, um purificador; o óleo de lavanda, que ajuda a liberar a tensão de todo o corpo; e finalmente o óleo de cipreste azul, que ajuda a estimular o corpo e despertar a mente. Os óleos cítricos também são excelentes para proporcionar à mente a limpeza que ela às vezes precisa para retomar o foco.[6]

A aromaterapia e a cura dos chakras

Como você vai aprender no próximo capítulo, a aromaterapia está profundamente conectada com a cura dos chakras, e usar os dois tratamentos em sincronia pode ser imensamente benéfico.

Como sempre, experimente, brinque um pouco, misture tudo (certo dia, eu acidentalmente me massageei com óleo de manjericão em vez de óleo de sândalo, de modo que fiquei o dia inteiro cheirando a pizza) e use qualquer método que seja o melhor para você. Muitos dos óleos essenciais associados a cada chakra se sobrepõem, de modo que pode ser uma boa ideia fazer anotações sobre quais os óleos e misturas você usa para cada um. Lembre-se de que as pessoas reagem de maneiras diferentes aos óleos essenciais, então é importante usar a

Explore isto!

Faça uma combinação com os óleos anteriormente descritos – como aqueles que promovem um sono saudável – e coloque-a no borrifador. Borrife a mistura no seu travesseiro e ao redor do quarto antes de ir para a cama, ou até mesmo pela casa, depois de um dia movimentado. Evite borrifar em seus animais de estimação, na sua cara-metade e no carteiro, mas o restante é um alvo legítimo!

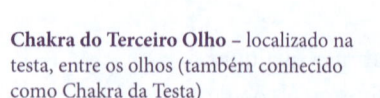

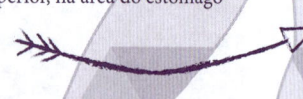

Chakras

Chakra da Coroa – localizado no topo da cabeça

Chakra do Terceiro Olho – localizado na testa, entre os olhos (também conhecido como Chakra da Testa)

Chakra da Garganta

Chakra do Coração – no centro do peito, logo acima do coração

Chakra do Plexo Solar – localizado no abdômen superior, na área do estômago

Chakra do Sacro – localizado no abdômen inferior, cerca de cinco centímetros abaixo do umbigo

Chakra da Raiz – localizado na base da coluna vertebral, na região do cóccix

Óleos Essenciais

Olíbano, pau-rosa, jasmim, rosa, néroli (flor de laranjeira)

Alecrim, juníparo, limão-siciliano, pinho, helicriso, tomilho, sálvia esclareia

Camomila azul, mirra, cipreste, manjericão, hissopo, hortelã-pimenta, alecrim, sândalo (outra combinação incrivelmente prazerosa (uma das minhas favoritas), eu a uso com frequência quando estou com a garganta dolorida, geralmente por ter falado muito ou exagerado nas risadas e na cantoria – problemas que alegria demais podem trazer)

Gerânio rosa, bergamota, ilangue-ilangue, jasmim, lavanda (alfazema)

Juníparo, cedro, pimenta-do-reino, hissopo, manjerona, cardamomo, limão-siciliano, grapefruit, vetiver (sempre que misturo esses óleos fico com fome! Acho que faz sentido que eles estejam associados ao estômago)

Jasmim, rosa, sândalo, gengibre, sálvia esclareia, erva--doce (funcho), cardamomo

Mirra, patchouli, vetiver, pau-rosa, tomilho, olíbano, ilangue-ilangue

intuição e experimentar diferentes combinações. A ilustração com os chakras lhe dará um impulso inicial no que diz respeito à combinação da energia que estimulam, com a aromaterapia:[7]

Por que os óleos essenciais nos afetam tanto por intermédio dos nossos centros de energia? Por que os olhos são a janela da alma, e o nariz é a porta da frente? Bem, eu não sei, mas imagino. Os óleos essenciais não são apenas uma combinação de álcoois, fenóis e terpenos. Também se considera que cada óleo tenha sua própria energia prânica – também chamada de *chi* – e uma determinada frequência, e esses sons silenciosos, ou vibrações, fazem nossos chakras "cantar" novamente, quando, caso contrário, eles poderiam permanecer em silêncio ou atenuados. Pense nos óleos essenciais como diapasões para seus chakras.

△ △ △

Os óleos essenciais alteram nosso perfil emocional e podem nos ajudar a modificar nossos centros energéticos, não apenas porque seus aromas agradáveis encantam nossos sentidos, mas também porque suas pequenas moléculas penetram a nossa barreira hematoencefálica (popularmente chamada de barreira sangue-cérebro) – que normalmente impede que qualquer coisa entre em contato com nossos neurônios – e facilmente atingem nosso cérebro num nível bioquímico. É quase como os efeitos do aroma do chocolate. Ao influenciar nossas emoções por meio da aromaterapia, devolvemos o equilíbrio e a integridade aos centros energéticos do nosso corpo, removendo bloqueios, ajustando nosso equilíbrio emocional e físico, e conectando-nos com os aromas pelos quais nossa alma anseia num nível espiritual profundo. Assim sendo, "lubrifique-se", buscadora espiritual!

Explore isto!

Inclua a aromaterapia a uma massagem para alinhamento e purificação dos chakras e duplique os benefícios do desbloqueio energético – e saia da massagem com um cheiro maravilhoso.

Espero que você se divirta experimentando o mundo dos aromas e que extraia lições deste capítulo, que lhe oferece tudo o que precisa para começar a trabalhar com a aromaterapia. E nunca se esqueça da importância de seguir seu nariz. Assim como somos atraídas por certas flores, cores e até mesmo animais, também estamos intrinsecamente ligadas a determinados aromas. Quanto mais profundamente você se envolver com os aromas pelos quais se sente atraída, mais pistas obterá da sua alma a respeito do que ela almeja, do que serve para você e do que não serve, e do que você precisa para viver de acordo com seu propósito. Permissão para farejar concedida.

SUA ALMA, SEUS CHAKRAS E SUA AURA

Estivemos falando bastante a respeito da alma, não é mesmo? Descobri que só consigo falar a respeito da alma de uma maneira proveitosa abordando o modo como o poder dela se manifesta através do nosso corpo e da nossa mente. Acredito que ela seja a fonte de vida do corpo. As emoções e a intuição são a linguagem da alma, e as emoções, por sua vez, afetam o nosso estado de espírito, nossas atitudes e nossa saúde.

Cada alma fala uma linguagem ligeiramente diferente. Na minha pesquisa, foi interessante e esclarecedor examinar concepções religiosas de diferentes épocas, culturas e regiões geográficas para chegar a um entendimento do que a palavra "alma" significa para mim.

E você? Assim como muitos budistas e hindus, você acredita na reencarnação e que aprendemos lições ao longo de várias vidas? Acredita que a soma das ações de uma pessoa tanto nesta vida quanto em todas as vidas anteriores e o nosso destino nas existências futuras são determinados pelo karma? E o cristianismo? A maioria dos cristãos não acredita na reencarnação, mas muitos acreditam que, quando morremos, nossa alma se separa do corpo e avança para ser julgada nos portões do Céu. Entendo que, no judaísmo moderno, acredita-se que o corpo e a alma sejam uma coisa só, e que a nossa alma se aperfeiçoa à medida que alcança níveis cada vez mais elevados de entendimento e assim, lentamente, aproxima-se cada vez mais de Deus. O islamismo atribui dois nomes diferentes à alma, *nafs* (alma) e *ruh* (espírito) e, na filosofia chinesa, os símbolos do equilíbrio, *yin* e *yang*, estão intrinsecamente ligados ao conceito de alma.[1]

Independentemente do seu sistema de crenças, cuidar da sua alma cuidando bem do seu corpo físico é fundamental para sua busca espiritual. Duas maneiras de ter acesso à sua alma e conhecê-la são por intermédio dos seus chakras e da sua aura. Já tivemos um breve contato com os chakras nos capítulos anteriores e agora vamos estudá-los mais a fundo. Vamos explorar tanto os chakras quanto a aura neste capítulo com o objetivo de fazer com que você se conheça mais de perto, de dentro para fora, por meio desses antigos conceitos de busca espiritual.

Os chakras

Os antigos egípcios acreditavam que o corpo abrigava sete almas chamadas *Hathors*, uma alusão à deusa do destino egípcia. A crença em sete almas se expandiu por todo o Egito e pela Índia, e hoje cada vez mais pessoas que estão investindo no seu despertar espiritual estão intrigadas com o sistema de crenças dos sete chakras.[2] Fiquei extremamente curiosa a respeito dos chakras quando iniciei minha busca espiritual e, hoje em dia, participo de uma sessão de limpeza dos chakras a cada dois meses.

Nosso sistema de energia, ou chakras, está associado a diferentes partes do corpo. Uma vez que você compreenda cada chakra, poderá começar a entender as razões por trás de qualquer doença ou indisposição que possa estar deixando você deprimida ou desanimada. A essência da cura dos chakras consiste, no seu aspecto mais básico, em curar os principais centros de energia do corpo.

Cada chakra:

▷ está conectado com uma área particular do corpo, inclusive os ossos, os órgãos e os tecidos;
▷ está representado por uma cor e uma vibração especiais;
▷ representa um tema de vida, uma mudança ou um desafio na jornada da sua alma.

Antes de explicarmos os chakras como um sistema de energia alinhado, precisamos entender como o corpo, a mente e o espírito usam a energia como uma força motriz. Se eu lhe perguntasse do que você é feita, o que você diria? Seu cérebro recorreria às suas aulas de Biologia e me diria que você é composta por células ou matéria, ou você responderia que é composta por energia? A ciência repete o que pensadores como Sócrates e antigos filósofos indianos postulavam há muitas centenas de anos – que todas as coisas vivas são energia. As células emitem uma energia, uma frequência ou vibração (há muitos nomes para isso). A ideia de "boas vibrações" e "más vibrações" pode ser encontrada na maneira como nossa alma interpreta a energia de uma pessoa. Você pode sentir quando alguém está bem ou não do ponto de vista energético, e convém se afastar de pessoas ou lugares com energias densas. Essa energia vital que circula através dos chakras é, às vezes, chamada de *prana*, ou seja, a centelha de vida que existe dentro de nós.

À medida que você for estudando cada um dos chakras, vai descobrir que a sua herança familiar, aliada aos seus pensamentos, sentimentos e convicções, pode afetar diretamente a saúde dos seus tecidos e órgãos. Quer você acredite nos chakras como sendo locais literais no corpo ou como conceitos metafóricos, eles podem ajudá-la a ativar as conexões mente-corpo-espírito e impulsionar muitas curas. *Chakra* é uma palavra do sânscrito que significa "roda ou disco de energia". Quando verifico os sintomas do meu corpo, gosto de visualizar meus chakras como rodas de fiar coloridas. Estranho, não?

Antes de começar, vamos dar uma olhada na tabela a seguir para ajudá-la a identificar seus centros energéticos.[3]

Chakra	Conexões do Corpo
Chakra da Coroa ou **Sétimo Chakra** Representa sua espiritualidade e conexão com seu propósito na vida. **Cor:** violeta ou branco **Localização:** no alto da cabeça	Este chakra está associado a todos os órgãos no sistema de chakras, e afeta o cérebro e o sistema nervoso. As pessoas que são excessivamente céticas ou intolerantes muitas vezes têm bloqueios no sétimo chakra. Quando ele está desequilibrado, a pessoa tende a ser limitada ou obstinada.
Chakra do Terceiro Olho ou **Sexto Chakra** Representa sua criatividade, intuição e inteligência. Este chakra é muitas vezes chamado de Terceiro Olho. **Cor:** índigo **Localização:** na testa entre os olhos (também chamado de Chakra da Testa)	Este chakra está associado à audição, aos olhos, nariz, ouvidos e cérebro, e, se estiver bloqueado, pode causar cegueira, surdez, derrame e dificuldades de aprendizagem. As pessoas que têm dificuldade em prestar atenção à sua realidade, ou em aceitá-la, frequentemente têm problemas com o sexto chakra. Quando ele está desequilibrado, a pessoa tende a ser arrogante e dona da verdade.
Chakra da Garganta ou **Quinto Chakra** Representa a expressão e a comunicação com a vontade interior. **Cor:** azul ou azul-esverdeado **Localização:** garganta	Este chakra está associado à voz, garganta, expressão verbal e tudo no interior e ao redor da boca, como os dentes, gengiva, lábios etc. As pessoas que não falam a verdade ou reprimem pensamentos importantes em vez de dizer o que pensam não raro têm problemas no quinto chakra, bem como as pessoas que têm dificuldade para moderar o que sai da sua boca. Quando esse chakra está desequilibrado, a pessoa tende a fazer muita fofoca ou dominar as conversas.
Chakra do Coração ou **Quarto Chakra** Representa o centro do coração, da intuição e do amor-próprio. **Cor:** verde **Localização:** no centro do peito, logo acima do coração	Este chakra está associado ao coração, peito, pulmões, ombros, costelas e seios. As pessoas que têm a tendência de colocar os outros em primeiro lugar em detrimento de si mesmas muitas vezes têm bloqueios no quarto chakra. Não raro os bloqueios surgem na forma de obesidade, problemas cardíacos, alergias ou asma. Quando este chakra está desequilibrado, a pessoa tende a se sentir insegura ou isolada.
Chakra do Plexo Solar ou **Terceiro Chakra** Representa a identidade, personalidade e autoestima. **Cor:** amarelo **Localização:** abdômen superior, região do estômago	Este chakra está associado aos órgãos digestivos e pode influenciar todo o aparelho digestório. Os bloqueios podem se manifestar como úlceras, síndrome do intestino irritável, azia, diabetes, diarreia, indigestão, anorexia, bulimia e hepatite. Quando este chakra está desequilibrado, a pessoas é indecisa, carece de confiança e tem dificuldade para levar as coisas até o fim.

Chakra	Conexões do Corpo
Chakra do Sacro ou **Segundo Chakra** Representa a sexualidade, o poder pessoal e os relacionamentos. **Cor**: laranja **Localização**: abdômen inferior, cerca de cinco centímetros abaixo do umbigo.	Este chakra está estreitamente ligado ao sistema reprodutivo e aos órgãos genitais. Os bloqueios podem se manifestar como dor nas costas, infecções na bexiga, infecções do trato urinário e impotência. Esse chakra está associado à maneira como vemos nosso valor próprio. Quando ocorre um desequilíbrio, a pessoa muitas vezes se sente instável e deprimida, e vivencia relacionamentos complicados com o álcool, as drogas ou o sexo, e tende a se viciar neles.
Chakra da Raiz ou **Primeiro Chakra** Representa sua conexão com a família e as bases dos centros emocional e mental. **Cor**: vermelho **Localização**: na base da coluna vertebral, na área do cóccix	Este chakra está associado aos músculos, ossos, articulações e sangue, e com os primeiros anos de vida da pessoa e como ela se posiciona na família. Os bloqueios se manifestam com frequência como rigidez, artrite, prisão de ventre, problemas de peso e hemorroidas. Quando esse chakra está desequilibrado, as pessoas sentem insegurança e ganância, e carecem de um sentimento de pertencer a um grupo.

> "A tristeza confere profundidade. A felicidade confere elevação. A tristeza confere raízes. A felicidade faz crescer os galhos. A felicidade é como uma árvore que se estende em direção ao céu, e a tristeza é como as raízes que descem ao útero da terra. Ambas são necessárias e, quanto maior a árvore, mais ela se aprofunda na terra. Quanto maior a árvore, maiores são suas raízes.
> Na realidade, essas duas coisas são sempre proporcionais. Isso é equilíbrio."
>
> ➤ Osho

Como mencionei antes, cada um dos nossos chakras emite uma vibração e contém uma energia exclusiva. Quando um ou mais chakras estão bloqueados, sentimos o bloqueio pela energia que nosso corpo emite. Você já se sentiu preguiçosa ou irritada sem nenhum motivo aparente, ou simplesmente desanimada, como se sua alma estivesse vazia e abatida? Acho que quase todas nós já nos sentimos assim, provavelmente inúmeras vezes. Depois que aprendemos a interpretar esses sintomas aparentemente aleatórios e a perceber o que está desequilibrando nossos chakras, podemos tomar providências para equilibrar nossos centros energéticos de tempos em tempos.

Agora, vou lhe fazer uma pergunta: equilibrar os chakras parece uma coisa demorada, esquisita e, de modo geral, algo que não seria fácil incluir na sua rotina? Se sua resposta for sim, não se preocupe, porque isso também me pareceu bem complicado a princípio. Por sorte, existem muitas maneiras pelas quais podemos devolver o equilíbrio aos nossos centros de energia, e muitas delas são facilmente acessíveis. A boa notícia é que sua alma lhe dirá quando é necessário fazer um desses realinhamentos; ela gritará para você como um despertador espiritual. Como sempre, selecione e combine, experimente e curta seu treinamento nessa prática espiritual imprescindível!

Limpeza dos chakras

ESCALA DE ESQUISITICE: ▲▲▲▲▲▲▲▲△△
ESCALA EXPLORE ISTO: ▲▲▲▲▲△△△△△

Os agentes de cura holísticos e muitos massoterapeutas oferecem sessões de limpeza dos chakras. Para purificá-los, precisamos primeiro nos livrar das experiências, emoções e energias negativas que nosso corpo está abrigando e, ao fazer isso, nos entregar, relaxar e permitir que sejamos tratadas. Para que uma limpeza dos chakras tenha efeitos duradouros, você também precisa realizar um trabalho mental para purificar a mente de pensamentos negativos para que a desarmonia não volte a ocorrer. Pergunte ao seu massoterapeuta se ele faz limpeza dos chakras ou se pode indicar alguém que faça.

Banho para realinhamento dos chakras

ESCALA DE ESQUISITICE: ▲▲△△△△△△△△
ESCALA EXPLORE ISTO: ▲▲▲▲▲▲▲▲▲▲

A maneira mais rápida de equilibrar os chakras é mergulhar em água salgada. Nadar ou surfar é uma excelente maneira de reequilibrar as energias. Você também pode tomar um banho numa banheira grande com sal de Epsom (sulfato de magnésio) – a pele absorve o sal, deixando-a purificada e centrada. Agarre-se bem a alguma coisa ao sair de um banho com sal de Epsom, porque ele deixa a banheira extremamente escorregadia!

> **EXPLORE ISTO!**
>
> Combine o que você aprendeu no capítulo sobre aromaterapia para tomar um banho que purifique e realinhe os chakras. Dois grandes estimulantes espirituais em um!

Exercícios para libertação do trauma (TRE)

ESCALA DE ESQUISITICE: ▲▲▲▲▲▲▲△△△
ESCALA EXPLORE ISTO: ▲▲▲▲▲▲▲▲▲△

Conheci esta técnica quando certa amiga foi a uma sessão de TRE e teve tremores violentos no braço. Depois de mencionar para o terapeuta que nunca sofrera nenhum trauma no braço, ela ficou preocupada e decidiu fazer um check-up. Ela foi diagnosticada com câncer de mama perto do braço que tinha tremido. É desnecessário dizer que também decidi ir a uma sessão de TRE!

O TRE foi criado pelo dr. David Berceli. Os exercícios ativam com segurança um mecanismo de reflexo natural de tremor ou vibração que libera a tensão muscular, acalmando o sistema nervoso. Quando esse mecanismo de tremor/vibração muscular é ativado num ambiente seguro e controlado, o corpo é estimulado a retornar a um estado de equilíbrio, liberando a tensão e o trauma do corpo.[4]

Yoga

ESCALA DE ESQUISITICE: ▲▲▲▲▲▲▲▲▲△
ESCALA EXPLORE ISTO: ▲▲▲▲▲▲▲▲△△

Yoga significa "união" ou "disciplina". Praticar yoga nos ajuda a harmonizar o corpo, a mente e o espírito, e é particularmente eficaz para liberar energias negativas. Por meio do movimento e da quietude, a energia é estimulada a circular através dos centros energéticos do corpo e afastada do ponto em que está concentrada. Não raro, uma questão negativa lhe virá à cabeça quando esse bloqueio for dissolvido. A alma coloca isso na sua mente para que saiba o que causou originalmente o bloqueio, permitindo que você o abandone mentalmente e aprenda com o que não serve para você. Se ainda não experimentou, consulte o Capítulo 1 para ler mais sobre o yoga. Quando estiver na dúvida e especialmente quando estiver sem tempo, lembre-se: simples saudações ao sol e as posturas mais simples do yoga são excelentes aliadas! Mesmo que você só consiga encaixar dez minutos de yoga no seu dia, seus chakras agradecerão.

> **EXPLORE ISTO!**
>
> Fique em pé na grama, na praia, onde quer que seja possível e você se sinta bem, com os braços soltos e os olhos fechados. (Se você for um yogue, perceberá que estou me referindo à Postura da Montanha.) Respirando lenta e profundamente, imagine raízes saindo dos seus pés, ancorando-o e centrando-o. Permaneça nessa posição de cinco a dez minutos, imaginando suas raízes cada vez mais profundas na terra. Quando estiver pronta, abra os olhos e banhe-se na energia positiva que está subindo da terra e circulando através dos seus chakras. Esse é um excelente exercício de ancoramento que a ajudará quando sentir que está perdendo o controle da sua vida – você sabe, aquela sensação de estar girando no espaço como Sandra Bullock no filme *Gravidade!*

Caminhar na natureza

ESCALA DE ESQUISITICE: ▲▲▲▲△△△△△△
ESCALA EXPLORE ISTO: ▲▲▲▲▲▲▲▲▲▲

Não vamos colocá-la numa esteira elétrica com um iPod e um instrutor gritando nos seus ouvidos; em vez disso, vá para a natureza, de preferência descalça! Mesmo que só consiga encontrar um pedaço de grama e ficar em pé nele durante cinco minutos, não deixe passar a oportunidade. Permita-se entrar em contato com a Mãe Terra como você puder. Este é um processo para você se reequilibrar, enraizando-se na terra.

O sono

ESCALA DE ESQUISITICE: ▲▲▲▲▲▲▲▲▲▲
ESCALA EXPLORE ISTO: ▲▲▲▲▲▲▲▲

Esta é uma tarefa fácil, mas ainda assim, dificilmente qualquer uma de nós dorme o suficiente. Seja o que for que você consiga fazer – pôr os pés para cima, meditar, tirar um cochilo –, deixe que seu corpo pressione o botão "reset" e descanse pelo tempo que precisar. Você acordará disposta e, o que é mais importante, repleta de uma energia positiva e renovada.

O calor

ESCALA DE ESQUISITICE: ▲▲▲▲▲▲▲▲▲▲
ESCALA EXPLORE ISTO: ▲▲▲▲▲▲▲▲

> **Explore isto!**
>
> Pesquisas demonstraram que o cochilo ideal, durante a tarde, deve ter de dez a trinta minutos (procure ter como objetivo cochilar entre duas e três horas da tarde).[5] Está trabalhando nesse horário? Almoce no trabalho e use o restante do intervalo para fechar os olhos numa sala vazia, ao ar livre, no banco de uma praça, ou até mesmo debaixo da sua escrivaninha. Você se lembra do meu colega de trabalho que fez um pequeno refúgio no cubículo dele? Pense na possibilidade de experimentar fazer o mesmo; com certeza deu certo para ele.

As pessoas não fogem para destinos tropicais à toa. O calor é um relaxante natural e ajuda a eliminar a tensão muscular, permitindo que a negatividade flua para fora do corpo. Embora seja maravilhoso tirar férias numa região tropical, a maioria de nós não pode deixar a vida em suspenso e tirar férias quando bem entender. Também é possível conseguir uma dose de calor visitando uma sauna, um spa, um balneário, ou fazendo uma aula de Bikram Yoga ou outro tipo de *hot yoga*.

Desintoxicação

ESCALA DE ESQUISITICE: ▲▲▲▲▲▲▲▲▲▲
ESCALA EXPLORE ISTO: ▲▲▲▲▲▲▲▲

Uma dieta líquida? Não, necessariamente. A desintoxicação é o processo de purificar as células do corpo e o sangue que circula através dele. Um dos principais objetivos de uma desintoxicação é eliminar impurezas do sangue no fígado, onde as toxinas são processadas para a eliminação. O corpo também elimina toxinas através dos rins, dos intestinos, dos pulmões, do sistema linfático e da pele. No entanto, quando esse sistema está comprometido – quando você se entregou a uma terrível comilança, não tem descansado o bastante ou está doente há algum tempo –, as impurezas não são filtradas adequadamente e todas as células do corpo são afetadas.

Existem muitos tipos diferentes de desintoxicação: com sucos, verduras frescas e alimentos crus. Independentemente da espécie de limpeza com que você se identifica, não deixe de beber muita água para ajudar o corpo a expulsar quaisquer toxinas existentes e também ingerir muitos alimentos integrais e orgânicos como brócolis, couve, espinafre, beterraba, cebola, repolho, cevada, germe de trigo, espirulina, alfafa, acelga, rúcula e outras verduras orgânicas, durante a desintoxicação ou quando estiver saindo dela. Além disso, procure consumir alho e chá verde, ambos antioxidantes naturais (os antioxidantes desaceleram ou evitam o dano ou a destruição celular). Também é recomendável que você consulte uma nutricionista ou um médico antes de começar qualquer dieta ou desintoxicação, para garantir escolhas saudáveis e seguras.

Meditação vibracional

ESCALA DE ESQUISITICE: ▲▲▲▲▲▲▲▲▲▲
ESCALA EXPLORE ISTO: ▲▲▲▲▲▲▲▲▲▲

Tendo em vista que nossos chakras são centros energéticos que operam numa frequência vibratória, incluir sons com os lábios fechados e cânticos à meditação pode ajudar a realinhar os chakras por meio das vibrações do corpo. Experimente o seguinte: sente-se confortavelmente, de pernas cruzadas, com a postura ereta, e feche os olhos para que você possa se concentrar nos sons e na energia que quer. Cada chakra tem uma frequência única, e, portanto, um mantra exclusivo.

Se você simplesmente ficar repetindo o cântico numa voz normal, ele será menos eficaz. Descobri que a melhor maneira é pronunciar um som

> ## Explore Isto!
> ◄────◄◄◄────►►►────►
>
> Experimente estes sons enquanto medita para direcionar o tratamento a cada chakra.
>
> - O som "U" (pronuncia-se como o "u" na palavra "rua"): *esse som está associado ao Chakra da Raiz e ao Chakra do Sacro.*
> - O som "O" (pronuncia-se como o "o" na palavra "flor"): *esse som está associado ao Chakra do Plexo Solar (sol interior) e ao Chakra do Sacro.*
> - O som "A" (pronuncia-se como o "a" na palavra "carro"): *esse som está associado ao Chakra do Coração.*
> - O som "E" (pronuncia-se como o "e" na palavra "céu"): *esse som está associado ao Chakra da Garganta.*
> - O som "I" (pronuncia-se como o "i" na palavra "rir"): *esse som está associado ao Chakra do Terceiro Olho e ao Chakra da Coroa.*
> - O som "ZZZ" (como o zumbido de uma abelha!) e "M" (pronuncia-se como o "m" na palavra "mãe"): *esses sons estão associados ao Chakra do Terceiro Olho e ao Chakra da Coroa.*[6]

num único tom. Procure deixar sua voz o mais grave possível, para poder senti-la profundamente no corpo. Quando entoar esses sons, procure sentir a vibração dos sons no seu corpo. Não se preocupe se isso parecer um pouco sem sentido no início! Provavelmente é o que vai acontecer. Sinta-se livre para rir e recomeçar tantas vezes quantas forem necessárias até dominar o processo.

A música

ESCALA DE ESQUISITICE: ▲▲▲▲▲▲▲▲▲▲
ESCALA EXPLORE ISTO: ▲▲▲▲▲▲▲▲▲▲

As propriedades terapêuticas da música há muito têm sido associadas ao relaxamento, à meditação e à cura, pela sua capacidade de afetar nosso estado de espírito. A frequência de uma canção pode nos alegrar ou nos acalmar, dependendo do ritmo – já aconteceu de você estar deprimida e sua música favorita tocar no rádio? É quase impossível permanecer indiferente quando isso acontece. A música nos afeta tanto emocional quanto mentalmente. É por isso que, quando vamos a um show, nossa energia pode ser intensificada pelo ritmo da música e das vibrações das pessoas à nossa volta que estão dançando, batendo palmas e cantando. Existem até mesmo instrumentos associados a cada chakra! Veja:

- Chakra da Base ou Chakra da Raiz: o tambor da música da Índia Oriental é considerado a voz da alma. Os tambores estão conectados ao ritmo da vida e ao mantra "Om".
- Chakra da Sede da Alma (ou Chakra do Sacro): os instrumentos de sopro de madeira chamam a alma para a Mãe Terra, pois ela e os tambores podem nos ajudar a entrar em sintonia com o ritmo da terra.
- Chakra do Plexo Solar: o órgão de tubos afeta as necessidades da alma e nos ajuda a escutar nossos desejos interiores.
- Chakra do Coração: as grandes harpas e carrilhões podem simbolizar nossa sintonia com o Universo e cantar para nossa alma.
- Chakra da Garganta: os instrumentos de metal e o canto representam nossa sintonia com o Universo e nossa escolha de palavras e necessidade de expressão.
- Chakra do Terceiro Olho: o piano exemplifica o domínio da visão transcendental e da nossa conexão com a espiritualidade.
- Chakra da Coroa: os instrumentos de corda representam a iluminação da mente e estimulam a intuição e a comunicação com a alma.[7]

"Manter a saúde do corpo é um dever... caso contrário,
não é possível manter a mente forte e lúcida."

>Buda

Aura

ESCALA DE ESQUISITICE: ▲▲▲▲▲▲▲▲▲▲
ESCALA EXPLORE ISTO: ▲▲▲▲△△△△△△

Abra a mente e o coração e chute seu ceticismo pela janela, minha amiga – está na hora de falar a respeito da aura.

Há muito tempo a *aura* é descrita como um campo de energia eletromagnética que circunda todas as pessoas, como uma bola oval de energia que envolve o corpo. A aura é composta de sete níveis, camadas ou corpos áuricos, que pertencem ao plano físico, astral e espiritual. Cada um desses corpos sutis que existem ao redor do corpo físico tem uma frequência própria e única. Eles estão inter-relacionados, afetam uns aos outros e também os sentimentos, emoções, padrões de pensamento, comportamento e saúde de cada um de nós.[8] Exatamente como no caso dos chakras, um estado de desequilíbrio num dos corpos sutis também desequilibra todos os outros.

Para começar, eis uma descrição mais detalhada de cada camada e do que nosso corpo busca e ganha com cada uma.

Corpo áurico físico

Esta é a camada mais próxima de nós e aquela que se contrai durante as horas da vigília e aumenta enquanto dormimos ou repousamos. Para que essa camada esteja em equilíbrio, precisamos de conforto físico, prazer e saúde. Se nossa aura estiver em desequilíbrio, teremos manchas nessa camada. Além disso, as pessoas que estão abrigando emoções negativas ou que estão vivendo num ambiente cheio de negatividade terão um corpo áurico físico mais escuro.

Corpo áurico astral

Este corpo também é chamado de "camada emocional", já que armazena nossa história emocional e experiências com os amigos e a família. É fácil dizer quando sua Aura Astral está com problemas, pois você fica sensível, instável e, não raro, irracional – como se sua aura estivesse com TPM. Sua Aura Astral responderá melhor quando ela entrar em sintonia com o ambiente que precisa. Por exemplo, para sanar emoções negativas, experimente visualizar a cor verde. Deite-se na grama ou passe algum tempo debaixo de uma árvore. Isso ajudará a equilibrar seu espaço áurico com essa cor.

Corpo mental inferior

Este corpo está relacionado com a razão, os pensamentos e a maneira como construímos nossa realidade individual. A maioria das pessoas passa as horas da vigília neste plano. Ele se expande quando nossa mente está ativa, quando estamos estudando e quando estamos concentradas em alguma tarefa. É aqui também que os nossos sistemas de crenças estão armazenados, bem como nossos valores e ideias. Quando o corpo mental inferior está desequilibrado, a pessoa fica excessivamente crítica, baixo astral e agitada.

Corpo mental superior

Esta camada está associada ao Corpo Mental Inferior, mas também inclui um elemento espiritual mais profundo. É nesse corpo que armazenamos nossas convicções da mente superior como o amor- -próprio, a gratidão, o altruísmo e o amor incondicional. Seu diálogo interior pode estar afetando suas vibrações — não apenas sua confiança, mas também a energia que você projeta no mundo. Desse modo, independentemente do que aquela pequena voz na sua cabeça possa estar dizendo, certifique-se de que seu corpo mental está lhe dizendo que você é bonita, amável e amorosa, porque, embora possa achar que se trata apenas de uma conversa interior que só você ouve, todos à sua volta conseguem sentir a conversa que você está travando consigo mesma. Eu a convido a aceitar isso como uma permissão oficial para ter um ego áurico imenso — isso a ajudará a nutrir sua energia e seu ambiente.

Corpo áurico espiritual

Este corpo tem a ver exclusivamente com nossa espiritualidade e nos conecta tanto com nosso ambiente imediato quanto com o Universo.

> **EXPLORE ISTO!**
>
> As camadas da nossa aura se modificam quando nosso humor muda. Assim como sorrir quando não estamos tão felizes pode elevar nosso estado de espírito, atitudes semelhantes podem ajudar nossos campos áuricos a recuperar a energia. Portanto, quando você estiver se sentindo desequilibrada, melancólica ou suscetível à negatividade, saiba que, para eliminar essas impressões da sua aura, às vezes basta fazer uma coisa simples como cultivar pensamentos saudáveis, positivos e amorosos. Experimente isso agora abrindo um sorriso interior e veja se você se sente melhor.

Quando temos consciência dessa camada áurica e estamos conectadas ao corpo espiritual das outras pessoas, conseguimos reconhecer as almas com ideias afins. Quando tiver uma aura espiritual livre de bloqueios, você poderá se conectar com outras pessoas que estão no mesmo caminho que você, descobrindo as mesmas coisas — basicamente, pessoas que você pode ensinar e com quem pode compartilhar e aprender muita coisa. As pessoas que ainda não se conectaram com seu Campo Áurico Espiritual tendem a ser excessivamente céticas, negativas e críticas, e podem até mesmo se sentir ameaçadas pelo crescimento espiritual das outras pessoas. Não se preocupe. Estão apenas com inveja da sua aura radiante. Na realidade, quando as pessoas reagem assim diante de você, é possível perceber que seu Corpo Áurico Espiritual está bombando! Elas vão conquistar esse mesmo brilho no tempo certo e, se não conquistarem, elas é que sairão perdendo, não você.

Corpo áurico intuitivo

É nesse corpo que armazenamos nossos sonhos, nossa intuição e nossa consciência espiritual. Também é nele que armazenamos o perdão e a aceitação. Quando você pensa numa pessoa iluminada, que características lhe vêm à cabeça? Eu tendo a imaginar que ela seja serena, calma, amável e paciente. Você pode sentir um Corpo Áurico Intuitivo saudável, que está completamente no nirvana, quando está perto de pessoas assim. E você também começa a se sentir mais centrada na presença delas. As almas iluminadas, às vezes chamadas de "personalidades índigo", vivem no Plano Áurico Intuitivo — almas sensíveis, não raro, excêntricas e intensas. São criativas, intuitivas e talentosas. Quando você tem um desses momentos "eureca" ou uma "sacada" grandiosa, depois de estar se sentindo bloqueada há uma eternidade, trata-se do seu Corpo Áurico Intuitivo liberando a pista de decolagem para um importante crescimento espiritual.

Corpo áurico absoluto

Este corpo trabalha para equilibrar e harmonizar as outras camadas. Ele abriga todas as experiências da jornada da sua alma e é o plano da jornada espiritual de cada um. Pense nele como o grande laço vermelho áurico ou o toque final no topo do seu campo de energia![9]

Você já entrou numa sala e ficou instantaneamente arrepiada — uma sensação profunda lhe dizendo que algo estava prestes a acontecer ou que o clima emocional da sala estava tenso ou descontraído? Essas experiências são seus campos áuricos protegendo-a, ativando sua intuição, para que possa captar o estado de espírito das pessoas à sua volta, ajudando-a a prever comportamentos. Aqueles que são competentes em ler a energia das pessoas e se adaptar a diferentes situações, ou rápidos em captar a inquietação emocional nos outros, estão geralmente bem sintonizados com o sistema energético do corpo – a alma, os chakras e a aura. Alguns estão até mesmo sintonizados a ponto de ver ou sentir a aura com todas as suas camadas e cores.

> "Às vezes eu pergunto às pessoas: 'Você consegue ter consciência da sua própria presença? Não estou me referindo aos pensamentos que está cultivando, nem às emoções que está nutrindo, e sim à presença do seu ser'. Você fica consciente da sua própria presença sentindo todo o campo de energia do seu corpo, que está vivo. E essa é a totalidade da sua presença."
>
> ➤Eckhart Tolle

Saiba mais sobre a aura

As cores da aura são geralmente o que vêm à mente dos buscadores espirituais que ainda precisam aprender o seu significado mais profundo e como a aura se relaciona com o espírito. (Sempre vou me lembrar da tiete drogada no filme *Quase Famosos*,[10] agarrando Patrick Fugit e gritando alegremente: "Sua aura é roxa!") No entanto, a aura traz consigo muito mais que isso. Vamos então desvendar um pouco mais dos segredos da aura, ok? Você encontrará nas páginas seguintes um diagrama com as cores da aura e o seu significado.[11]

Assim como realinhamos e purificamos nossos chakras, também podemos purificar e realinhar nossa aura. Existem muitas semelhaças entre as limpezas energéticas e as limpezas da aura; no entanto, os corpos áuricos respondem melhor ao seguinte: exponha-se à luz natural, reduza a exposição à eletricidade e evite os desequilíbrios de humor.

Explore isto!

Você pode ver as cores da sua aura juntando a ponta dos dedos indicadores. Fique em pé diante de uma parede pintada com uma cor uniforme ou branca, estenda os braços à sua frente, com os indicadores se tocando. Afaste-os lentamente, relaxando a sua visão quase como se estivesse querendo pegar no sono, e você provavelmente verá uma luz azul-clara/acinzentada contornando seus dedos. Quanto mais você praticar, mais verá e mais vívidas se tornarão as cores.

Explore isto!!

Busque no YouTube vídeos sobre o significado das cores da aura e procure também algumas dicas rápidas sobre como descobrir qual é sua cor áurica.

AURA VERMELHA

Está relacionada com o corpo físico em geral, com o coração e a circulação. Quanto mais densa a cor, mais conflitos contém a aura. A aura vermelha geralmente está associada a preocupações financeiras, obsessões, raiva, ansiedade ou nervosismo. No entanto, a energia vermelha equilibrada pode indicar um ego saudável e uma grande dose de amor-próprio.

Vermelho intenso: prática, realista, ativa, com grande força de vontade, ou teimosa e egoísta

Vermelho turvo: raiva

Vermelho límpido: poderosa, ardente, vigorosa, sexual

Vermelho-escuro: imatura, desonesta ou manipuladora

Vermelho-alaranjado: criativa, cheia de ideias

AURA LARANJA

Está relacionada com os órgãos reprodutivos e as emoções. É a cor da vitalidade, da saúde e do entusiasmo. Uma grande dose de energia e resistência, criatividade, produtividade, espírito de aventura, coragem, sociabilidade; por outro lado, pode estar enfrentando o estresse relacionado a vícios.

Amarelo-alaranjado: criativa, inteligente, detalhista, perfeccionista, mentalidade científica

AURA BRANCA

Centelhas brancas ou lampejos de luz branca: anjos estão por perto; pode indicar que a pessoa está grávida ou que ficará em breve.

AURA AMARELA

Está relacionada com o baço e a energia vital; o despertar espiritual, inspiração, inteligência e ação; compartilhamento, criatividade; jovialidade, otimismo e uma natureza maleável.

Amarelo-claro: percepção psíquica e espiritual emergente; otimismo e esperança; entusiasmo positivo a respeito de novas ideias

Amarelo-limão vivo: esforço para manter o poder e o controle num relacionamento pessoal ou profissional; medo de perder o controle, o prestígio, o respeito ou o poder

Dourado metálico límpido, reluzente: energia espiritual, pessoa poderosa, desperta, inspirada

Amarelo-escuro ou dourado-amarronzado: estudante ou alguém que está se esforçando nos estudos; pessoa excessivamente analítica a ponto de se sentir cansada ou estressada; tentando compensar o "tempo perdido", aprendendo tudo ao mesmo tempo

AURA VERDE

Está relacionada com o coração e os pulmões. É uma cor saudável, muito confortável, relacionada com a natureza. Quando vista na aura, essa cor geralmente representa crescimento e equilíbrio, e, acima de tudo, algo que conduz à mudança; o verde também representa o amor às pessoas, aos animais, à natureza; um professor ou ser social.

Verde-esmeralda brilhante: agente de cura, também uma pessoa centrada no amor

Verde-amarelado: criativa com o coração, comunicativa

Verde-musgo: ciúme ou inveja, ressentimento, vitimismo; hábito de culpar a si mesma ou aos outros; insegurança e baixa autoestima; falta de entendimento e de responsabilidade pessoal; sensibilidade às críticas

Verde-azulado: relacionado com o sistema imunológico; sensível, compassiva, agente de cura, terapeuta

AURA ROXA

Esta cor de aura está relacionada à manifestação. Pense numa pessoa com imaginação, visionária. Geralmente os artistas, empreendedores e inovadores estarão cercados por uma luz roxa, seja ela mais violeta ou lilás.

AURA VIOLETA

Está relacionada com o chakra da Coroa, a glândula pineal (produz melatonina) e o sistema nervoso. É a mais sensível e sábia das cores. É a cor intuitiva na aura e revela o poder psíquico da harmonização com o Eu Superior. Representa uma pessoa intuitiva, visionária, futurista, idealista, artística e relacionada à magia.

AURA AZUL

Está relacionada com a garganta e a tireoide, e a uma natureza serena, calma e ponderada – também um pessoa atenciosa, amorosa, que adora ajudar os outros, sensível e intuitiva.

Azul-claro: quietude, clareza e comunicação; sincera, intuitiva

Azul vivo e brilhante: clarividente, natureza altamente espiritual, generosa, no caminho certo, novas oportunidades a caminho

Azul-escuro: medo do futuro, medo da autoexpressão, medo de enfrentar ou dizer a verdade

AURA PRATEADA

Esta é a cor da abundância, tanto espiritual quanto física. Uma grande quantidade de prateado brilhante pode refletir muito dinheiro ou o despertar da mente cósmica.

Prateado brilhante: receptiva a novas ideias, intuitiva, protetora

Prateado-escuro: o medo está se acumulando no corpo, com o risco de ocasionar problemas de saúde, especialmente se houver concentrações acinzentadas em áreas específicas do corpo

AURA DOURADA

A cor da iluminação e da proteção divina. Quando vista na aura, significa que a pessoa está sendo guiada pelo seu bem mais elevado. É a orientação divina e representa proteção, sabedoria, conhecimento interior, uma mente espiritual e uma pensadora intuitiva.

AURA CINZA

Bloqueando energias, conduta defensiva.

AURA NEGRA

Atrai ou puxa energia para ela e, ao fazer isso, se transforma. Capta a luz e a consome. Geralmente indica incapacidade persistente de perdoar (aos outros e a si mesma). Concentrada numa parte específica do corpo, conduz a problemas de saúde; mágoas de vidas passadas; pesar não liberado.

AURA DE CORES SUAVES

Uma combinação delicada de luz e cor, mais do que nas cores básicas. Demonstra sensibilidade e necessidade de serenidade.

AURA ÍNDIGO

Está relacionada com o Terceiro Olho, com a visão e com a glândula pituitária. Reflete a energia dos outros, um estado puro de luz. Não raro representa uma nova energia na aura, ainda não determinada; qualidades espirituais, etéricas e não físicas; dimensões transcendentes, mais elevadas; pureza e verdade; qualidades angelicais.

Exponha-se à luz natural

Se possível, passe pelo menos uma hora por dia na luz natural. Saia ao ar livre e, se estiver fazendo sol, fique de frente para ele (de olhos fechados, é claro) e deixe-se banhar pela luz solar. Pense em si mesma como um painel solar, que está absorvendo os raios para utilizar essa energia posteriormente.

Reduza a exposição à eletricidade

Ficar perto de computadores, celulares, aparelhos de TV e radiofrequências pode interferir em nossas frequências naturais. Sentimos essa influência quando não conseguimos dormir, e o sono é uma das melhores maneiras de purificar os chakras e a aura. Aproveite qualquer chance que tenha de passar algum tempo longe dos dispositivos eletrônicos. Desligue, tire da tomada e interrompa o funcionamento de aparelhos elétricos durante um intervalo de tempo todos os dias, ou então, caso não possa se dar ao luxo de fazer isso diariamente, tente fazê-lo por algumas horas no fim de semana.

> **EXPLORE ISTO!!**
>
> Você acha que precisa do seu celular na terra dos sonhos? Não precisa, não. Se possível, tire da tomada e desligue todos os seus dispositivos eletrônicos à noite antes de se deitar. Não desconecte apenas o telefone do carregador; tire o fio da tomada também! Conceda uma pausa muito necessária à sua aura.

Evite os desequilíbrios de humor

Essa é uma maneira educada de dizer: nada de bebidas ou drogas para você, queridona. Qualquer coisa que você use para alterar seu humor prejudicará o alinhamento natural dos seus centros energéticos e corpos áuricos. Meu hábito sórdido é comer chocolate quando, na verdade, deveria ouvir música ou fazer exercícios. Não se preocupe, um Martíni ou um chocolate de vez em quando não vão despedaçar a sua aura, mas não exagere.

△ △ △

Para ser sincera, as questões ligadas à aura e aos chakras foram as mais difíceis de entender durante minha busca espiritual. Houve ocasiões em que eu me convencia de que estava completamente maluca por ficar olhando para as pontas dos meus dedos, esperando que minhas cores áuricas se revelassem, ou visualizando sete rodas giratórias, vivamente coloridas, rodopiando no meu corpo. O truque é perseverar, porque, quando você relaxa e adota uma postura aberta, disposta a tentar, descobrirá que é exatamente nesse ponto que a mágica acontece.

Não está conseguindo fazer a mágica acontecer? Consigo escutá-la perfeitamente dizendo "Não!". Eu também sentia um bloqueio ao tentar ver a minha aura e foi muito frustrante. Eu a aconselho a procurar alguém que faça a leitura da sua aura e converse depois com um especialista em aura, para que ele possa ajudá-la com dicas sobre como entender as cores ou até mesmo ensinar a você, passo a passo, o que fazer. Uma alternativa, se toda essa coisa de chakras ainda parecer bizarra ou intimidante, é procurar (é sério) seu massoterapeuta ou agente de cura holístico – aposto meu pêndulo de cristal mais bonito como eles estarão dispostos a ficar ao seu lado para ajudá-la a compreender sua aura, dominar a arte de vê-la e até mesmo (espero) se divertir com isso. Prometa a si mesma uma coisa no que diz respeito à sua aura e aos seus chakras: permaneça positiva e aberta, e deixe a energia divina fluir.

O FENG SHUI E VOCÊ

Na primeira vez que uma pessoa mencionou "Feng Shui" para mim, eu me senti insultada. Por que essa pessoa estava me xingando? O que eu tinha feito? Foi mal...

Acontece que, como descobri, não se trata de um palavrão, mas sim de uma maneira poderosa de equilibrar a energia do nosso ambiente, mais ou menos como equilibramos nossos chakras. Enquanto escrevia este capítulo, levei meu parceiro à loucura – mudei toda a mobília de lugar e consegui reorganizar completamente a casa. Inúmeras vezes. Acho que ele nunca mais quer ouvir falar de "Feng Shui".

Este capítulo trata da energia que nos envolve diariamente nos ambientes que frequentamos – o que inclui a nossa casa, o local de trabalho e outros lugares –, para que possamos entender como influenciamos tudo ao redor e como podemos usar a energia para criar espaços agradáveis para o nosso eu mais elevado.

Durante anos, os princípios do Feng Shui vêm sendo usados em muitas culturas, desde o Feng Shui indiano, chamado *Vastu Shastra*, que foi usado em toda a antiga Era Védica, e no qual cada elemento da vida era considerado uma arte, até o antigo Feng Shui chinês, segundo o qual tudo no nosso ambiente contém uma energia, um simbolismo e uma conexão conosco.[1]

Embora a maioria das pessoas esteja familiarizada com o Feng Shui chinês, vale a pena dar uma olhada nas tradições de diferentes culturas se o Feng Shui faz com que você tenha vontade de começar a mudar a mobília de lugar. Na cultura indiana, por exemplo, dormir com a cabeça voltada para o norte ou para o oeste é muito ruim. Os indianos acreditam que a direção para a qual sua cabeça está voltada tem um forte efeito no seu bem-estar físico e mental, bem como no que você atrai para sua vida no estado de vigília. As palavras "Feng Shui" são uma combinação de dois elementos em chinês: o vento e a água. Os dois elementos são vitais para nossa sobrevivência – o vento ou ar para respirar, e a água para hidratar e purificar. Combinados, esses dois elementos determinam o clima e podem criar um dia belo e plácido ou uma forte tempestade, dependendo de como se reúnem. Há muito tempo esses dois elementos determinam como os seres humanos vivem e evoluem, e ainda desempenham um papel central ao equilibrar a energia de qualquer ambiente. O Feng Shui, como é compreendido através da lente da filosofia chinesa, é um conjunto de técnicas para usar o *chi* (energia) a fim de determinar o clima de um espaço, como a casa, o local de trabalho ou um lugar público. Assim como a água ou o vento podem circular livremente, o mesmo precisa acontecer quando o *chi* se desloca através de um espaço. Você pode direcionar o *chi* de um cômodo para atrair sucesso, romance ou prosperidade.

Experimente o seguinte: pense na sua casa se comportando da mesma maneira que seu corpo se comporta com seu espírito – abrigando energia vital. Assim como é importante que seu corpo esteja em equilíbrio para que sua alma viceje, a energia dos espaços que habitamos precisa estar adequada e funcionando bem para que nos sintamos felizes, seguros, vibrantes e em paz. Quando você transforma um espaço num refúgio equilibrado – seja acrescentando um vaso de planta na sala ou fazendo uma completa mudança na decoração –, você realmente sente que tem uma maneira de se refugiar do mundo lá fora, um lugar aonde poderá ir quando precisar fugir da loucura do dia a dia.

O refúgio de uma buscadora espiritual é o segredo da sua sanidade num mundo onde a sanidade é artigo raro, de modo que não subestime o poder de se cercar por um *chi* equilibrado. Depois que modificar a energia da sua casa, você pensará: "Nossa! Por que não fiz isso antes?". Assim sendo, arregace as mangas e avise sua colega de apartamento, parceiro ou familiares de que alguma coisa vai mudar!

Como o Feng Shui efetivamente funciona? Vamos começar com informações sobre um assunto que já tratamos no capítulo anterior: as cores. As cores representam os cinco elementos do Feng Shui: fogo, terra, metal, água e madeira. Em seguida, os Baguás, também conhecidos como mapas de energia, podem ser usados para aplicar o Feng Shui num cômodo, ativando aspectos da vida de quem reside nele, como fama, fortuna, família – o que quer que você queira. As nove seções do Baguá são explicadas a seguir.

Quando um Baguá[2] é colocado sobre a planta baixa de um prédio, ele identifica as áreas específicas que influenciam os nove aspectos da vida. Você pode então colocar itens simbólicos nos locais relevantes para ativar essas áreas, quase transformando sua casa num santuário de energia que atrai elementos positivos para sua carreira, vida amorosa, vida familiar e outras áreas.

Os Baguás podem revelar se o dinheiro está descendo pelo ralo, se portas estão fechadas e bloqueando novas oportunidades ou se existem progressos e bloqueios no amor. A energia pode ser bloqueada, ativada ou eliminada de um ambiente por uma variedade de situações e por meio de uma variedade de elementos, entre eles portas,

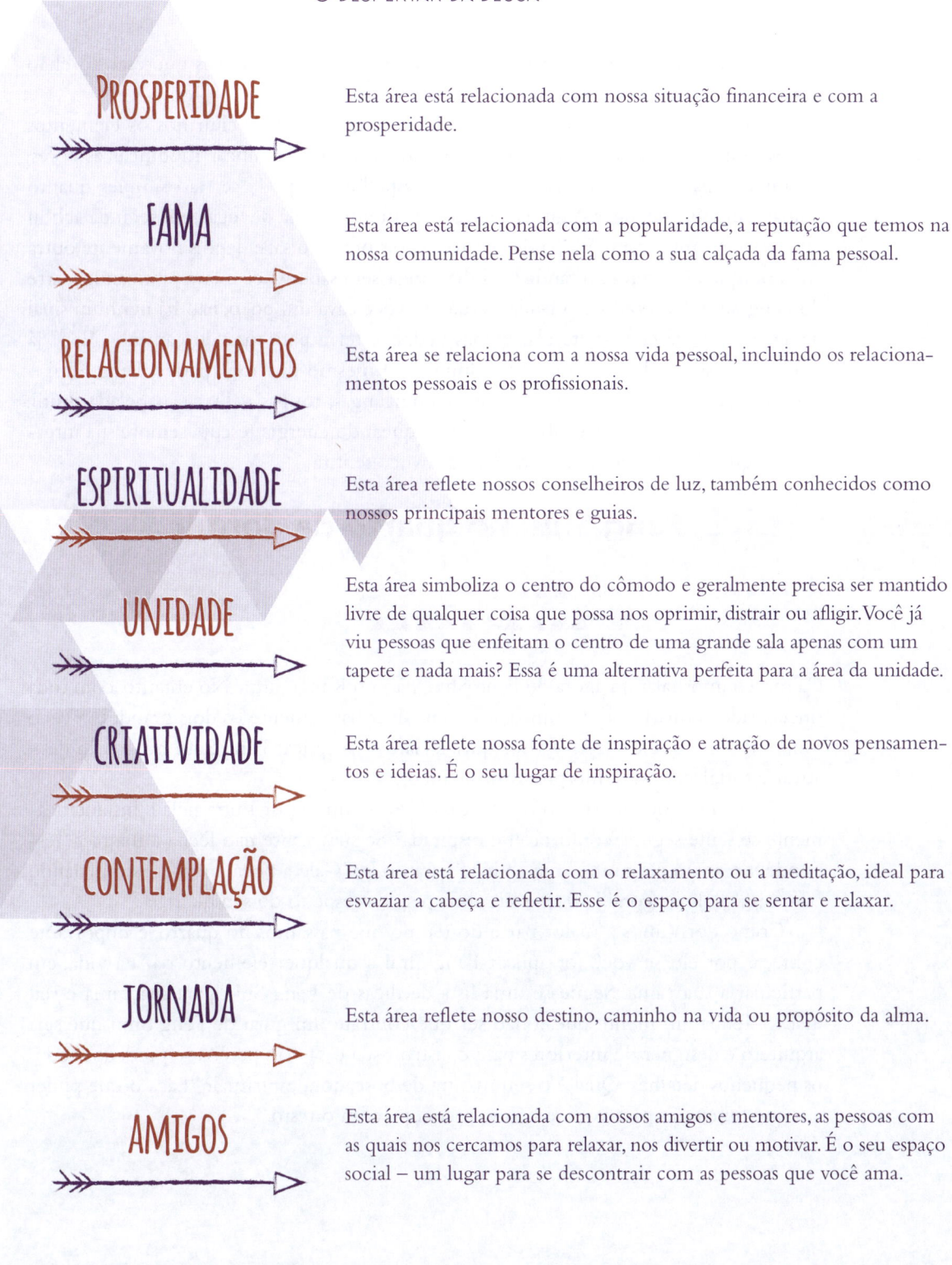

PROSPERIDADE
Esta área está relacionada com nossa situação financeira e com a prosperidade.

FAMA
Esta área está relacionada com a popularidade, a reputação que temos na nossa comunidade. Pense nela como a sua calçada da fama pessoal.

RELACIONAMENTOS
Esta área se relaciona com a nossa vida pessoal, incluindo os relacionamentos pessoais e os profissionais.

ESPIRITUALIDADE
Esta área reflete nossos conselheiros de luz, também conhecidos como nossos principais mentores e guias.

UNIDADE
Esta área simboliza o centro do cômodo e geralmente precisa ser mantido livre de qualquer coisa que possa nos oprimir, distrair ou afligir. Você já viu pessoas que enfeitam o centro de uma grande sala apenas com um tapete e nada mais? Essa é uma alternativa perfeita para a área da unidade.

CRIATIVIDADE
Esta área reflete nossa fonte de inspiração e atração de novos pensamentos e ideias. É o seu lugar de inspiração.

CONTEMPLAÇÃO
Esta área está relacionada com o relaxamento ou a meditação, ideal para esvaziar a cabeça e refletir. Esse é o espaço para se sentar e relaxar.

JORNADA
Esta área reflete nosso destino, caminho na vida ou propósito da alma.

AMIGOS
Esta área está relacionada com nossos amigos e mentores, as pessoas com as quais nos cercamos para relaxar, nos divertir ou motivar. É o seu espaço social – um lugar para se descontrair com as pessoas que você ama.

janelas, água, espelhos e até mesmo aquela enorme pilha de roupas que está no chão desde a semana passada e que você ainda não dobrou!

O bom Feng Shui pode ser alcançado se simplesmente incluirmos os elementos certos num espaço e removermos os errados. Isso pode significar modificar as cores, incluir cristais (oba, mais cristais), relógios, espelhos ou pode ser tão simples quanto mudar a mobília de lugar. Alguma vez você já mudou o sofá de lugar, em seguida achou que precisava mudar a mesinha de centro, depois outra coisa, e depois novamente outra coisa porque não estava gostando? Minha amiga, sem saber você estava praticando a arte do Feng Shui. Como disse o Buda: "Quando você cava um poço, não há nenhum sinal de água até você chegar até ela, apenas pedras e terra para tirar do caminho. Você já retirou o bastante: logo a água pura fluirá".[3] O mesmo funciona para o Feng Shui – você precisa se livrar das quinquilharias, bugigangas, roupas velhas e papelada inútil. Jogue fora tudo o que você sabe que está bloqueando energia (escute sempre sua intuição!) e, quando ativar um fluxo de energia, você sentirá.

Feng Shui no quarto de dormir

ESCALA DE ESQUISITICE: ▲▲▲▲▲▲▲▲▲▲
ESCALA EXPLORE ISTO: ▲▲▲▲▲▲▲▲▲▲

Calma, estamos falando agora de Feng Shui, não no Kama Sutra. No entanto, com toda sinceridade, o quarto de dormir deveria envolver basicamente os dois grandes "S" – o sono e o sexo (quero dizer, se você quiser, claro) – e aplicar Feng Shui no quarto deve ativar e fortalecer esses dois propósitos básicos.

Você sente que seu quarto ou sua casa é como um oásis? Entra nela e instantaneamente se sente segura, confortável e inspirada? Se sua mente não fecha a matraca, respondendo a essa pergunta, sinta-se livre para dizer: "Cale a boca, mente. Estou falando com minha alma agora!". O que sua alma pensa a respeito do seu quarto?

Como dormimos a maior parte do tempo que passamos no quarto, é importante começar por ele, se você for aplicar Feng Shui a qualquer elemento da sua vida, em particular à sua cama. Segue-se uma lista de dicas de Feng Shui para sua cama e seu quarto. Tenha em mente que, a não ser que contrate um guru de Feng Shui que seja arquiteto e designer de interiores para construir sua casa, não precisa se preocupar com os pequenos detalhes. Qual é o seu mantra de buscadora espiritual? "Faça o que puder e o que funcionar para você, e não se preocupe com o resto."

Cabeceira da cama

Certifique-se de que a cabeceira da sua cama é sólida, seja ela de madeira ou de tecido. Pense nela como sua coroa enquanto dorme, seu halo, seu turbante – o que quer que se harmonize com você. Você precisa de algo que o apoie e proteja enquanto seu corpo descansa e se recarrega.

Parede sólida

Semelhante à cabeceira, uma parede sólida atrás da cama é importante para proteger sua energia. Sua cama não deve ficar debaixo de uma janela ou encostada a uma.

Colchão novo e limpo

> **EXPLORE ISTO!**
>
> Acrescente, mude de posição ou remova uma coisa daquela mesa lá adiante e veja se isso modifica a maneira como você se sente a respeito da sala. Desloque sua cama de uma parede para outra. Você está dormindo melhor? Pior? Com o tempo, você passará a olhar para seu quarto como um refúgio construído apenas para você e o remodelará para servir às necessidades da sua alma. Se você divide o quarto com um parceiro, não deixe de incluí-lo no processo e verifique se ele acha aceitável que você modifique o espaço de vocês (aprendam aqui com meus erros!), afinal de contas há duas almas na reorganização particular do seu hábitat, não apenas uma.

Você está começando a se sentir como a Princesa e a Ervilha naquela coisa velha e bolorenta que vem arrastando desde a faculdade? Eu realmente entendo essas manchas ao estilo Jackson Pollock que seu colchão também tem – elas realmente contribuem para o *chi* do quarto? Eca. Duas regras simples quando se trata de um colchão: ele precisa ser confortável para que você possa dormir da melhor forma possível e estar livre de qualquer energia antiga, de modo que o ideal é que seja novo.

Acima do chão

A energia precisa circular livremente debaixo da cama, de modo que você deve eliminar qualquer bagunça que possa haver embaixo dela (exato, até mesmo aquela caixa de fotos embaraçosas da sua festa de despedida de solteira e aquela sacola com roupas que você vem pretendendo doar há, digamos, mais ou menos dez anos). E o que é ainda mais importante: não guarde nada debaixo da cama se possível, a não ser que você more num lugar muito pequeno e essa seja uma das suas únicas opções. Além disso, se sua cama estiver encostada no chão, eleve-a com pés de madeira ou até mesmo blocos de concreto. Dormir um pouco mais perto do céu nunca é ruim; além disso, possibilita que a energia circule livremente debaixo de você, enquanto dorme.

Distância da porta

Posicione sua cama o mais longe possível da porta da entrada principal, tentando não alinhar a cama com um guarda-roupa, outra peça de mobília grande ou portas visíveis. É benéfico, contudo, ter uma visão clara da porta para quando você acordar. Por exemplo, se sua cama estiver alinhada diagonalmente com a porta, a visão será facilitada naturalmente. Com uma visão clara da porta, nos sentimos no controle da nossa vida. Entrada desimpedida, saída desimpedida, certo?

Equilibre as coisas

Certifique-se de que tudo perto da sua cama esteja o mais equilibrado possível. Por exemplo, duplique em ambos os lados da cama mesas, abajures e fotos emolduradas. Quanto mais uniformes os objetos estiverem, mais equilibrada você se sentirá. Isso, de início, poderá parecer um pouco obsessivo para você (pareceu para mim – eu estava até mesmo endireitando os meus porta-retratos para que os ângulos fossem exatamente iguais em ambos os lados da cama), mas o equilíbrio visual logo começará a se mostrar relaxante em vez de obsessivo.

Decoração

Conheça algumas regras importantes para decorar as paredes do quarto que descobri que funcionam às mil maravilhas:

▷ Restrinja-se a um único trabalho artístico que a acalme ou motive.
▷ Procure evitar qualquer imagem de água. (A tradição do Feng Shui afirma que manter imagens relacionadas à água no quarto de dormir atrai problemas financeiros.)
▷ Experimente ter imagens de membros da família ou figuras religiosas zelando por você enquanto dorme e depois retire as fotos. Com qual dessas situações você se sente melhor energeticamente? Na minha experiência, ter fotos de entes queridos no quarto afeta as pessoas de maneiras diferentes.

Concentre-se no descanso

Certifique-se de que o principal foco do seu quarto é o descanso (também o sexo, caso ele faça parte da sua vida), de modo que o ideal é descartar quaisquer distrações... Exatamente: o computador e a televisão precisam ir embora, querida; trata-se de um ponto pacífico no Feng Shui. Confie em mim, quando você não se distrai com séries madrugada adentro, a qualidade dos sonhos, do sono e da sua vida sexual aumenta vertiginosamente.

Elimine a energia negativa

Os espelhos são os principais culpados por noites insones e sonhos agitados, e acredita-se que até mesmo abram a porta para a infidelidade, se você compartilha o quarto com seu parceiro. (Não se preocupe. Eles foram o primeiro elemento do Feng Shui a captar minha atenção também.) Se você tiver um espelho fixo, coloque um pano sobre ele quando for para a cama, mas, se puder, leve-o para outro cômodo (eu pendurei o meu na porta do nosso banheiro), eu recomendo.

Zona livre de água

O quarto de dormir não deve ter nenhuma imagem relacionada com a água, aquários ou mesmo coisas às quais a água esteja associada, já que dizem que isso causa problemas financeiros e até mesmo atrai assaltos. Eu sou um pouco paranoica, de modo que não gosto nem mesmo de ter copos d'água no meu quarto! Sei que estou sendo um pouco exagerada aqui, pois um copo de água ao lado da cama é aceitável para a maioria das pessoas.

Zona livre de plantas

As plantas podem ter um excesso de energia yang, o que também pode desequilibrar seu espaço de dormir. Leve-as para fora do quarto ou, se não tiver outro lugar para colocá-las, mantenha-as fora de vista quando estiver na cama.

Não seja bagunceira

Quantas vezes sua mãe gritou com você mandando que arrumasse o quarto na sua infância e adolescência? Esse era um refrão constante na minha casa quando eu era criança. Bem, nossas mães estavam certas – ninguém quer ficar com uma pessoa bagunceira e displicente, nem mesmo seu *chi*! Um quarto atulhado ou bagunçado impede a circulação de energia e, se você divide o quarto com um parceiro, pode até mesmo fazer a pessoa se sentir aprisionada e infeliz no local. Dê uma trégua a si mesma e ao seu parceiro ou colega de quarto, dedicando um dia por semana à arrumação do quarto.

Escolha sua cor

Sim, estamos de volta às cores! Pense no capítulo sobre cristais e pedras, e nas cores que mais se harmonizam com você. Deixe que essas cores influenciem as tonalidades com as quais se cerca em casa, no escritório e em qualquer outro espaço que você ocupe regularmente. Famílias de cores específicas também são particularmente benéficas quando realçadas em diferentes cômodos e espaços. Eis o que essas famílias de cores podem significar no seu quarto de dormir:

Fogo: vermelho, laranja, roxo, rosa, amarelo-ouro
As cores do fogo representam paixão e energia. Elas podem ajudar sua carreira a fluir com mais facilidade e ajudá-la a obter mais reconhecimento nos seus empreendimentos profissionais. As cores do fogo também podem despertar a paixão no quarto de dormir com a pessoa amada. Eu mantenho por perto alguns detalhes vermelhos e laranja para me lembrar de nunca deixar a paixão se ausentar do quarto.

Terra: bege, cores neutras, amarelo-claro
As cores da terra simbolizam a firmeza e a estabilidade, e são excelentes cores para a estrutura, a proteção e alicerces fortes. As cores neutras são as cores das paredes, do chão e das portas no meu quarto.

Cores Metálicas: branco, cinza, prateado
As cores metálicas simbolizam a leveza, a clareza e a eficiência. As cores metálicas são perfeitas num quarto onde você se descontrai no fim do dia ou onde precisa se concentrar e relaxar. Gosto que essa família de cores seja representada na roupa de cama e sobre a minha penteadeira, no quarto de dormir.

Cores Pastel: verde-claro, azul-claro, lilás, cor-de-rosa
As cores suaves e delicadas como as cores claras ou pastel podem ajudar a criar um ambiente calmo e sereno – perfeito para descansar e recarregar as energias. As cortinas do meu quarto, por exemplo, são azul-claro.[4]

"Vivemos como ondas de energia no vasto oceano de energia."
➤ **Deepak Chopra**

Feng Shui na casa

ESCALA DE ESQUISITICE: ▲▲▲▲▲△△△△△
ESCALA EXPLORE ISTO: ▲▲▲▲▲▲▲▲▲△

É claro que um fluxo de energia espetacular não é apenas para o quarto de dormir. Seguem-se algumas regras para harmonizar a casa:

A entrada da casa

A porta da frente é considerada a boca do *chi* – o lugar por onde a energia entra na casa. Assim sendo, certifique-se de que ela seja convidativa. Qual é a mensagem que a entrada da sua casa transmite para o mundo: Entre? Seja bem-vindo? Somos orgulhosos, asseados, organizados, lindos? Ao acrescentar vasos de plantas, estender um capacho com uma frase de boas-vindas e arrumar um vaso bonito perto da porta da frente, mais energia positiva fluirá para a porta e passará por ela – e entrará na sua vida.

Móveis e enfeites demais

Aquela mesa na qual você sempre dá uma topada ou o tapete que nunca está no lugar certo são um sinal de que esses objetos estão bloqueando seu *chi* ou atraindo um *chi* negativo. Mude-os de lugar ou livre-se deles! Já pensou em fazer um bazar de artigos usados?

Traga elementos naturais para dentro de casa

Introduza a natureza na sua casa com plantas, água, cristais ou pedras semipreciosas, luz natural e correntes de ar onde quer que seja possível (exceto água e plantas no quarto de dormir; isso é um passo em falso no Feng Shui, como já mencionei).

Apague o fogo na cozinha

A cozinha é repleta de elementos do Fogo, de modo que é importante não aumentar a energia do Fogo com uma luz muito forte. Use o máximo de luz natural na cozinha.

Coloque água perto da porta da frente

Água corrente, numa fonte de água de algum tipo perto da porta da frente, representa o fluxo de riqueza na casa, atraindo positivamente novas oportunidades financeiras.

Isole os ralos

Ao fechar a porta do banheiro, você está bloqueando qualquer ralo que possa escoar energia positiva ou riqueza material da sua vida.[5]

Adicione um sino dos ventos

Um sino dos ventos pendurado à direita da região dianteira da casa atrairá mais ajuda e assistência para sua vida. Quem não precisa de alguma ajuda dos amigos de vez em quando?

Feng Shui no local de trabalho

ESCALA DE ESQUISITICE: ▲▲▲▲▲▲▲▲▲▲
ESCALA EXPLORE ISTO: ▲▲▲▲▲▲▲▲▲▲

Quase todos nós passamos um período significativo no trabalho, por que então nosso espaço de trabalho não deveria ser tão planejado quanto o espaço da nossa casa? Eis algumas dicas para otimizar seu espaço de trabalho por meio dos princípios e práticas do Feng Shui.

Positividade nas paredes

Cerque-se de trabalhos artísticos, imagens, cores e mensagens motivadores, inspiradores e edificantes. Procure não manter nada no seu espaço de trabalho que a faça se lembrar de obrigações ou impedimentos. Eu sei, eu sei: *Mas é trabalho*, consigo ouvir você pensando. Não há como tornar nosso espaço de trabalho totalmente perfeito, mas existem coisas que você pode fazer para tornar seu espaço um pouco mais acolhedor e menos hostil à energia positiva. Você tem um relógio de parede que faz tique-taque o dia inteiro, lembrando-a constantemente de quanto tempo ainda falta para que possa ir embora? Tire-o da parede e use o relógio do seu celular quando precisar checar a hora.

Coloque cordões de contas coloridas e faixas de pano de várias cores na porta ou nas janelas para levar mais cor e vitalidade ao seu ambiente. Brinque com seu espaço; afinal de contas, ele é seu!

Fique de frente para a entrada

Desloque sua mesa ou estação de trabalho de maneira a ficar de frente para a entrada em vez de ficar de costas para a porta. Ao fazer isso, você elimina quaisquer sentimentos de vulnerabilidade e fica preparada para lidar com as pessoas que entram para tratar de assuntos profissionais com você.

Introduza plantas

Coloque plantas fáceis de cuidar no seu local de trabalho – plantas suculentas ou bambu podem ajudar a purificar o ar, ajudando-a a respirar com mais facilidade, relaxar e equilibrar a energia na sala. Tenho uma amiga que tem uma coleção de pequenas plantas suculentas no escritório que ela jura que baixam sua pressão sanguínea. Elas são como um pequeno exército vegetal de positividade!

Viva de acordo com um mantra

Escolha um mantra que a inspire, motive e estabilize, e emoldure-o, pinte-o ou pregue-o na parede onde possa vê-lo da sua mesa. Outra excelente maneira de usar um mantra no seu trabalho é colando um *post-it* na tela do computador com dizeres para o mês, semana ou dia.[6] Fato: meu chefe tem um mantra no seu computador que diz "Não seja idiota", juro!

Feng Shui para o ambiente

ESCALA DE ESQUISITICE: ▲▲▲▲▲▲▲▲▲▲
ESCALA EXPLORE ISTO: ▲▲▲▲▲▲▲▲

Embora não possamos controlar a natureza, temos a capacidade de influenciar a maneira como interagimos com suas energias, tanto positivas quanto negativas. A maneira como utilizamos combustível, gás, eletricidade, alimentos e as empresas nas quais decidimos comprar produtos devem apresentar características sustentáveis.

É fácil acusar as grandes companhias de petróleo ou as confecções internacionais pelas péssimas condições de trabalho, mas você já deu uma boa olhada no seu consumo no dia a dia? Você faz reciclagem? Compostagem? Usa o transporte público quando está disponível? Planta árvores? O fato é que a contribuição de todas as pessoas – por menor que seja – causa um impacto na natureza.

> "Na condição de pessoas vivas hoje em dia, precisamos pensar nas gerações futuras; um ambiente limpo é um direito humano como qualquer outro. Por conseguinte, faz parte da nossa responsabilidade para com os outros garantir que o mundo que deixamos para as gerações futuras seja tão saudável quanto o que encontramos, ou até mesmo mais saudável."
> ➤Sua Santidade o Dalai Lama

O *chi*, afinal de contas, se baseia nos elementos naturais do vento e da água, duas maneiras básicas pelas quais a energia é gerada no mundo. Quando pensamos no *yin* e no *yang*, pensamos em equilíbrio – energia que entra, energia que sai –, uma escala cósmica que reflete a energia fornecida e recebida. Quando você analisa os recursos que consome, diria que existe um equilíbrio no que você tira da terra e devolve a ela? Consumimos alimentos, água e energia da natureza, mas equilibramos a balança e devolvemos o que podemos? Isso também é Feng Shui.

Segue-se uma lista de atitudes simples, porém poderosas que você pode incluir ao seu estilo de vida como uma buscadora espiritual com consciência ecológica:

Recicle mais

Quando evitamos desperdício, reduzimos instantaneamente nosso impacto ambiental. A maneira como tratamos nosso lixo pode melhorar nosso impacto sobre a natureza. Ter lixeiras diferentes para diferentes tipos de lixo pode tornar a reciclagem mais fácil. Separe seu lixo em três lixeiras de maneira que uma possa ir para a compostagem, outra para a reciclagem e a terceira para os aterros sanitários.

Apague a luz

Reduza a energia que você desperdiça apagando a luz quando sai de um cômodo, desligando aparelhos elétricos que não estão sendo usados e desconectando-os da tomada. Além de economizar dinheiro, você também está reduzindo seu impacto ambiental. Todos ganham com isso!

Plante mais

Cultive um jardim ou plante árvores para ajudar a contribuir para um ar mais limpo. Se você mora numa densa área urbana, pode aproveitar ao máximo os vasos com plantas e os vasos suspensos, ou entre na internet e aprenda a construir um jardim urbano ou seu oásis para ambientes fechados. Se você tiver espaço, um jardim (mesmo que seja pequeno) também é um excelente lugar para fazer a compostagem dos seus restos de comida – sem mencionar que será extremamente beneficiada por morar num lugar com um ar mais limpo. Uma vez mais, todos ganham.

Modifique a maneira como você se desloca

O trânsito está ficando pior no mundo inteiro; mais carros vão para as ruas a cada ano e isso equivale a mais poluição. Você ainda precisa ir de *A* até *B*, mas procure repensar a maneira como se desloca: participe do transporte solidário, use transporte público, ou até mesmo caminhe ou alugue uma bicicleta, se possível. Você não apenas chegará ao seu destino mais rápido se estiver trafegando nos horários de pico, como também pode gastar menos! Detesto parecer um disco quebrado, mas essa também é uma situação em que todos ganham.

Faça melhores escolhas

Na condição de consumidora, você escolhe os produtos que compra e, ao fazer isso, apoia as empresas. Opte por empresas da sua região. Procure empresas que assumem a responsabilidade pelo seu impacto ambiental e, em particular, compre ovos, pescados e carnes, bem como roupas, de empresas que não prejudicam o meio ambiente e se preocupam com o bem-estar dos animais.

Mude seu ambiente de trabalho, mude o meio ambiente

Muitas de nós não têm nenhuma influência sobre o impacto que as empresas para as quais trabalhamos causam no ambiente, mas, se tiver a liberdade de escolher, opte por uma empresa que reflita suas metas ambientais, que esteja aberta a ouvir ideias a respeito de como mudar para melhor o impacto ambiental. Ouse.

Troque suas lâmpadas

Fazer escolhas melhores na iluminação pode ser a maneira mais rápida de reduzir sua conta de luz e sua utilização de energia elétrica. Procure substituir as lâmpadas queimadas por lâmpadas que consomem menos, porque você não apenas economizará energia, mas também notará que sobrará um pouco mais de dinheiro no final do mês. (*Não devo comprar mais cristais, não devo comprar mais cristais, não devo comprar mais cristais, não devo — oh, céus, quem estou enganando?*)

Use menos plásticos

Use sacolas reutilizáveis quando fizer suas compras no supermercado, até parar completamente de contribuir para o desperdício de plásticos.

Faça Feng Shui no seu carro

Certifique-se de que os pneus do seu carro estejam com a calibragem correta e remova qualquer peso excessivo do porta-malas. Isso reduzirá seu consumo de combustível e a ajudará a economizar algum dinheiro. Ao dirigir mais harmoniosamente, você também pode reduzir seu gasto com combustível, procure não acelerar e frear com tanta frequência, avançando lenta e suavemente para não sobrecarregar o motor.

Faça o isolamento térmico da sua casa

Você pode fazer um isolamento térmico barato usando um grande tapete solto ou acarpetando a casa inteira para evitar que o ar frio entre e o calor escape. Ao isolar o teto, as paredes e o chão, sua casa pode permanecer aquecida por mais tempo, o que significa que terá que gastar menos tempo e dinheiro com aquecedores.

A limpeza do carro

Se possível, localize um lava-jato que utilize água reciclada. Está ansiando por um pouco de vitamina D? Por que não malhar ao ar livre e lavar o carro ao mesmo tempo usando um balde, uma mangueira e sabão biodegradável, não tóxico, num gramado para que a água seja absorvida pela terra?

Reduza o consumo de água

Procure não deixar a torneira aberta enquanto escova os dentes. Tome banhos mais curtos e não descongele comida em água corrente. Certifique-se de que a lava-louça ou a máquina de lavar estejam cheias antes de colocá-las para funcionar, garantindo o melhor aproveitamento da água e da eletricidade.

Escolha produtos não tóxicos

Escolha produtos que sejam naturais ou não tóxicos, não apenas para você, mas também para o meio ambiente. Existem hoje vários produtos de limpeza biodegradáveis que não prejudicam o meio ambiente.

Garrafas de água

Procure não comprar garrafas plásticas de água; em vez disso, use uma garrafa de água reutilizável ou uma jarra para ajudar a reduzir a utilização de plásticos. Embalagens plásticas demoram uma eternidade para se decompor, o que é, no mínimo, muito ruim para o planeta.

Torne-se digital

Receba seus extratos bancários, boletos e notícias pela internet. Existem alguns excelentes aplicativos que lhe oferecem acesso instantâneo a todos esses recursos por meio de um clique no seu telefone, em vez desperdiçar papel e recursos recebendo as coisas pelo correio.

Recicle este livro

Estou falando sério: quando terminar a leitura, dê este livro de presente a uma amiga para que ela o leia e passe adiante, doe-o para uma biblioteca ou literalmente recicle-o! O que é ainda melhor: procure ler mais *e-books*!

O Feng Shui é um mapa complexo que leva em consideração a disposição de tudo no interior de um espaço, quer esse espaço seja no seu local de trabalho ou na sua casa. Se você realmente se interessa por Feng Shui, recomendo que procure mais livros que se concentram no Feng Shui e que podem lhe oferecer mais conhecimento e dicas, e ainda recomendar profissionais de Feng Shui com quem possa trabalhar. Você encontra até mesmo cursos de Feng Shui na internet.

Enquanto isso, continue a mudar as coisas de lugar, a experimentar e sempre escutar o que sua intuição está lhe dizendo sobre cada espaço. Sua intuição sabe o que está errado com o espaço que você habita.

PARTE II

A MENTE DESPERTA

Você já ouviu alguém dizer algo como: "Não se preocupe, querida, isso é só coisa da sua cabeça". Ouço esse tipo de coisa quase todos os dias. E daí *se for coisa da minha cabeça*?, tenho vontade de perguntar. Por acaso isso torna, de algum modo, o que estou pensando, sentindo ou acreditando menos importante ou menos real?

Estamos tão acostumadas a dividir nossa mente, nosso corpo e nossa alma em compartimentos que nunca se misturam, nunca entram em contato uns com os outros, nunca nem mesmo têm permissão para coexistir em harmonia, que frequentemente nos esquecemos de que, assim como os organismos biológicos trabalham em simbiose com o mundo à volta deles, o mesmo acontece com os componentes básicos que nos constituem. (O osso do seu pé não funcionaria se não estivesse conectado com o osso do seu tornozelo, que está ligado ao osso da sua perna... Está me entendendo?)

Precisamos nutrir nossa mente tanto quanto precisamos nutrir nosso corpo e nossa alma. É por intermédio dela que assimilamos, processamos e depois usamos todas as informações que a vida nos oferece. Nossa mente armazena nossas memórias, sonhos e nosso conhecimento, e é a base de como encaramos nosso mundo interior e exterior. A saúde mental é exatamente como a saúde física, porque – notícia de última hora! – a mente faz parte do corpo, de todos nós! Você só precisa dar uma olhada nos estudos sobre como os diferentes estados mentais e espirituais podem causar doenças e propiciar a cura para constatar como a influência da mente sobre o nosso bem-estar físico, emocional e espiritual pode ser poderosa – por exemplo, de acordo com a American Cancer Society, alguns defensores da espiritualidade no contexto da saúde afirmam que a prece pode diminuir os efeitos negativos da doença, acelerar a recuperação e aumentar a eficácia dos tratamentos médicos.[1]

Eu rezo, embora não seja religiosa. As pessoas me perguntam para quem estou rezando e eu respondo: "Para quem quer que esteja ouvindo". Vejo a coisa como "energia que entra, energia que sai", *yin-yang*, equilíbrio. Sou eu irradiando positividade, bons pensamentos e esperança para qualquer deus, qualquer guia, qualquer ser no Universo que possa me curar ou ajudar. Para mim, enviar uma prece é como fazer meu pedido universal. "Por favor, que eu tenha saúde, prosperidade e alegria!"

Agora, quer saber se eu acho que isso significa que você deve sair correndo e se converter? Não – a não ser que esse seja o desejo da sua alma. O que quero realçar aqui é que, quando a mente tem bons pensamentos, que estão em sincronia com a saúde do corpo e o propósito da alma, coisas boas provavelmente vão acontecer em maior quantidade do que se a mente estiver conturbada. Boas vibrações atraem coisas boas! É simples assim.

Para nutrir a mente e honrá-la como um elemento do pacote completo da saúde mental e espiritual, é preciso principalmente reconhecer os processos que ocorrem dentro dela: seus sonhos e memórias, sua identidade e seus sistemas de crenças. Nesta parte do livro, vamos examinar o território espiritual da mente, descobrindo tanto o significado mundano quanto o psicológico dos seus sonhos, dando uma olhada na sua autoimagem por meio do significado por trás do seu nome e examinando quais sistemas de valores universais fazem mais sentido para você. Prepare-se para refletir profundamente – estamos prestes a abrir o olho da sua mente. Ou então, como um homem sábio certa vez me disse: "Vamos dar um passeio com nosso sábio guia interior".

SEUS SONHOS

Você se lembra de John Lennon cantando, na sua famosa música de 1971, *Imagine,* que não é o único sonhador que existe por aí? Ele certamente acertou.[1] A maioria das pessoas sonha, quer estejamos falando a respeito dos sonhos que nós temos quando estamos dormindo, dos devaneios ou dos sonhos de natureza mais ampla, mais voltados para metas, como sonhar com a "casa dos nossos sonhos", o "emprego dos nossos sonhos" ou talvez sonhar em participar de uma grande aventura.

Muitas de nós temos sonhos proféticos e importantes nos quais sentimos que nos foi transmitido algum ensinamento de uma sabedoria antiga e transcendental enquanto dormíamos – também temos sonhos bizarros, nos quais estamos nuas diante de uma multidão, acompanhadas por um antigo colega de trabalho, nossa avó já falecida e um quarteto tocando banjo.

Sejam proféticos ou mundanos, os sonhos com frequência têm a chave de uma variedade de verdades espirituais, e podem ter ramificações muito práticas para nossa vida cotidiana. Pessoalmente, sinto que a maioria de nós nem mesmo tem tempo para pensar de uma maneira profunda ou significativa a respeito dos nossos sonhos ou do que eles podem significar – especialmente porque a maioria de nós dorme menos de oito horas por noite (às vezes bem menos) e os distúrbios relacionados ao sono são cada vez mais frequentes. Entre 1993 e 2006, por exemplo, o número de diagnósticos de insônia, nos Estados Unidos, aumentou de menos de um milhão para mais de cinco milhões, a cada ano.[2] Não é de causar surpresa que todo mundo esteja ficando mais rabugento – as pessoas precisam passar mais tempo dormindo! Além dos numerosos problemas com o sono e a falta de sono ao redor do mundo, recursos facilmente acessíveis, que poderiam nos ajudar a entender e revelar o que se passa na nossa cabeça enquanto nossa mente consciente se desliga e nosso eu sonhador assume o comando, são pouco usados.

Ter uma boa noite de sono já é um desafio, que dirá procurar significados ocultos e mensagens espirituais por meio dos sonhos? No entanto, aprender a respeito dos sonhos e da importância deles para nossa alma e saúde espiritual é exatamente como qualquer outra coisa na nossa jornada espiritual: algo que deve ser feito um passo de cada vez. Você está pronta para pegar protetores de ouvido e aquela máscara para os olhos aromatizada com lavanda e mergulhar num mundo de sonhos e descobertas?

Ressalva: é provável que esta seção a deixe empolgada para que chegue logo a hora de dormir. Por quê? Porque enquanto está dormindo, você está descansando, se revigorando, se reorganizando e fazendo o *download* de novas informações, o que torna o sono algo muito importante.

Tipos de sonhos

Para começar a descobrir a importância dos sonhos para uma buscadora espiritual, vamos dar uma olhada em algumas das numerosas formas e funções dos sonhos, inclusive alguns tipos de sonhos aos quais você talvez nunca tenha prestado atenção até este momento.

Sonhos lúcidos

Belisque-me, estou sonhando. Os sonhos lúcidos são simplesmente isso: você está lúcido – consciente de que está sonhando. Provavelmente você já teve um desses momentos "Espere um minuto... isto é apenas um sonho!". Bem, quase todas as pessoas que sonham acordam a si mesmas quando se dão conta de que estão "apenas" sonhando – um fim natural para o ciclo de sono profundo que acabaram de experimentar. No entanto, algumas pessoas dominaram a capacidade de permanecer adormecidas no estado de sonho lúcido. Elas se tornam um participante ativo nos seus próprios sonhos, tomando decisões e influenciando o resultado do sonho, sem acordar. Ah, se ao menos eu pudesse provocar sonhos com meu astro de cinema favorito...

Pesadelos

O pesadelo é um sonho que geralmente faz com que a pessoa que está sonhando se agite e acorde se sentindo ansiosa e assustada. Frequentemente desencadeados por traumas, estresse ou conflitos do estado de vigília, os pesadelos podem ser recorrentes ou não, mas todos têm em comum sua natureza perturbadora, que com frequência afeta o estado desperto. Os pesadelos também podem ocorrer porque a pessoa que sonha se recusa a reconhecer ou aceitar uma situação específica que esteja vivenciando. Estudos realizados pela escola de medicina da Universidade de Colorado descobriram que a maioria das pessoas que têm pesadelos regulares também têm uma história familiar de problemas psiquiátricos ou sofrem elas próprias de uma doença mental, já tiveram experiências negativas com drogas ou têm relacionamentos problemáticos e instáveis.[3] Os estudos também mostraram que muitas pessoas que se consideram criativas tendem a ter pesadelos. Posso atestar pessoalmente essa última parte; coisas bastante tortuosas já aconteceram nos meus sonhos. Independentemente de qual seja o motivo de estresse em nossa vida, armazenamos bagagem emocional nos chakras e centros energéticos, o que pode se propagar para os estados de sonho e causar – você adivinhou – um estresse ainda pior. Os pesadelos indicam uma mágoa ou medo que precisa ser reconhecido, enfrentado e superado. Os sonhos são maneiras de a nossa alma nos fazer prestar atenção a lições que precisam ser aprendidas e questões que precisam ser resolvidas.

Sonhos recorrentes

Os sonhos recorrentes se repetem muitas vezes de uma maneira quase idêntica. Esses sonhos podem ser positivos, mas na maioria das vezes têm um conteúdo aterrorizante. Os sonhos podem se repetir porque um conflito retratado no sonho permanece sem solução ou é ignorado por nós. Uma vez que se tenha encontrado uma solução para o problema, os sonhos recorrentes provavelmente desaparecem.

Sonhos de cura

Já experimentei uma montanha-russa de sonhos de cura. Com o tempo, eles deixaram de ser experiências semelhantes a pesadelos e se transformaram em momentos de aprendizagem, nos quais eu não apenas recebi conhecimento, mas também conforto e cura. Quando tinha 16 anos, por exemplo, minha mãe morreu de câncer. Qualquer pessoa que tenha visto o pai ou a mãe ficar doente ou se sentado na cabeceira deles quando morreram poderá lhe dizer que essa pode ser uma experiência muito traumática. Depois que faleceu, minha mãe frequentemente chorava, vomitava, gemia e suspirava tristemente nos meus sonhos, e eu constantemente acordava com um terrível sentimento de desamparo. Com o tempo, contudo, os sonhos mudaram – ela passou a sorrir, a se sentar em silêncio comigo, observando e apenas estando presente. Gradualmente, comecei a me sentir melhor, aceitando a provação à qual a doença nos tinha submetido, e mais em paz por saber que minha mãe não estava mais sofrendo. Eu sentia que podia ver como ela estava por meio dos meus sonhos. O que começara como um receio de pegar no sono por medo de receber uma visita da minha mãe doente, logo se transformou em entusiasmo, com a esperança de que ela pudesse me fazer uma visita.

Os sonhos de cura são mensagens da alma a respeito da nossa saúde e bem-estar. Muitos especialistas em sonhos acreditam que sonhos como esses podem nos ajudar a evitar possíveis problemas de saúde e a nos curar quando estamos doentes. Sonhos dessa natureza podem estar nos dizendo que precisamos ir ao dentista ou ao médico, que temos um desequilíbrio num dos nossos centros de energia, que precisamos começar a comer de maneira mais saudável ou que precisamos apenas cuidar melhor de nós mesmas.

Sonhos proféticos

Os sonhos proféticos, também chamados de sonhos premonitórios, são sonhos que aparentemente predizem o futuro. Uma teoria que explica esse fenômeno, teoria com a qual particularmente me identifico, diz que nossa mente quando sonha é capaz de reunir informações simplesmente fazendo, a partir da nossa vida no estado desperto, conexões e observações lógicas que nossa mente consciente não pode ou se recusa a fazer enquanto estamos acordados. Em outras palavras, nossa mente inconsciente sabe o que está por vir antes que nossa mente consciente junte as mesmas informações. Ela liga os pontos para nós!

Explore isto!

Paulo Coelho disse, em *O Diário de um Mago*, "O homem nunca pode parar de sonhar. O sonho alimenta a alma, assim como a comida é o alimento do corpo".[4] Você pode começar a treinar a mente para recordar os sonhos em vez de esquecê-los instantaneamente assim que abre os olhos pela manhã. A melhor maneira de fazer isso é se imaginar recordando o seu sonho antes de adormecer. Pense em deixar papel e caneta ao lado da cama para que possa rapidamente anotar as coisas de que se lembra. As principais lembranças que lhe vierem à mente serão as mais importantes. Pense em cores, sentimentos, objetos, pessoas, animais e ações.

Sonhos com sinais

Assim como os sonhos proféticos e os de cura, os sonhos com sinais nos ajudam a resolver problemas ou tomar decisões no estado de vigília. Muitas de nós não prestamos atenção ao nosso subconsciente ou costumamos simplesmente acordar ao som do alarme do celular e instantaneamente esquecer as noites da nossa alma, repletas de aventura. No entanto, nosso subconsciente está sempre falando conosco. Na realidade, você provavelmente já notou que ele simplesmente se recusa a calar a boca mesmo quando você quer que ele faça isso! Ele nos ajuda a relacionar nossos pensamentos e emoções a situações da nossa vida, por meio de símbolos, pistas e sinais. Temos apenas que reconhecê-los e depois aprender a decifrá-los.

O simbolismo dos sonhos

Agora que já conhecemos vários tipos diferentes de sonhos, o próximo passo lógico para desfazer o enigma do que acontece entre o momento em que fechamos os olhos e o momento em que os abrimos é investigar o que nossos sonhos poderiam significar para nós. Você já sonhou que estava voando, caindo ou lutando com alguém? E repetindo a mesma coisa um sem-número de vezes? E já teve aquele sonho que todo mundo parece já ter tido no qual os dentes caem? Cruzes!

Não importa quanto seja deslumbrante ou repulsiva, interessante ou maçante, cada emoção, pensamento e ação num sonho contém chaves que revelam importantes aspectos da nossa vida. O subconsciente, que se expressa por intermédio dos sonhos, é um reflexo direto da saúde da nossa alma. Quando despertamos para a mente subconsciente por meio do simbolismo dos sonhos, começamos a ser capazes de prestar mais atenção à vida consciente. A seguir, conheça alguns sonhos comuns e seus significados.[5]

Dez sonhos comuns e seu significado

Animais

Você está canalizando seu lado animal, as suas partes mais primitivas, que a conectam à natureza e à sobrevivência. O reino animal diz respeito à sobrevivência do mais apto. Ser perseguida por um predador indica que você está refreando suas emoções, como o medo, em vez de enfrentar seja qual for a situação da qual está tentando escapar ou se esconder. Preste atenção aos animais que você vir nos seus sonhos, pense a respeito das pessoas ou situações que eles podem representar e pergunte a si mesma como os animais fazem você se sentir. Pense na sua vida e em como ela pode estar relacionada com o animal ou animais com os quais você tende a sonhar. Cada animal tem um significado exclusivo,

> **EXPLORE ISTO!**
>
> Dê mais uma utilidade para o papel e a caneta: comece a escrever um diário. É incrível como você passa a se lembrar bem dos sonhos quando os anota. Deixe o diário e a caneta ou um lápis na mesinha de cabeceira e, quando acordar e se lembrar de um sonho – mesmo que sejam apenas fragmentos incoerentes –, anote-o! Você nunca saberá o que seu subconsciente está tentando comunicar à sua alma se não se lembrar do que ele disse nos seus sonhos. Pouco tempo atrás, dei uma olhada nas minhas primeiras tentativas de anotar meus sonhos – "Roda-gigante", "tomates demais para colher" e "MERYL STREET (estou certa de que eu queria dizer Streep) ESTAVA LÁ" são alguns dos meus rabiscos desses primeiros dias. Hoje, estou tão acostumada a anotar meus sonhos que meus registros se parecem mais com pequenas histórias do que com as listas de supermercado malucas e quase indecifráveis do início do meu diário.

de modo que você deve pensar em fazer alguma pesquisa sobre o simbolismo dos sonhos, na internet ou numa livraria.

Bebês

Sonhar com bebês em geral está mais relacionado à sua criança interior do que à sua própria prole. Esses sonhos representam a necessidade de amor incondicional, proteção e apoio. Os bebês também podem representar o nascimento de novas ideias e novos inícios – um novo capítulo na sua vida, seja ele um relacionamento, uma mudança na sua carreira ou uma nova experiência.

Ser perseguido

Qualquer pessoa com quem você conversar a respeito de sonhos admitirá ter tido pelo menos um sonho em que era perseguida. Esses sonhos são apavorantes! Os sonhos nos quais estamos sendo perseguidas por alguém ou alguma coisa estão radicados nos nossos instintos de lutar ou fugir. Pode significar que você está se sentindo ameaçada por alguém ou alguma coisa. Reflita sobre quem ou o que a está perseguindo no sonho, e se seu perseguidor poderia ser uma possível ameaça na vida real.

Morte

A morte nos sonhos, ironicamente, pode, na verdade representar o nascimento na sua vida. A morte de um amigo ou ente querido representa a mudança – a transição entre um fim e um recomeço. Se você perdeu recentemente um ente querido, sonhar com a morte pode ser uma tentativa da mente subconsciente de se conformar com a dor por meio dos sonhos, para que você possa alcançar a serenidade também no estado desperto. Assim como os meus sonhos a respeito da minha mãe, esses sonhos podem ser muito terapêuticos.

Queda

Você já acordou com um solavanco, como se tivesse, de repente, despencado sobre sua cama? Aposto como isso é sempre um susto para quem dorme na mesma cama que você. Sonhar que estamos caindo é um sonho comum que pode estar relacionado com nossas ansiedades e receios a respeito daquilo a que somos apegados na nossa vida.

Podemos sentir que estamos perdendo o controle de uma situação, de uma pessoa ou de uma convicção ou preconceito arraigado, e vivenciamos essa perda como uma queda nos nossos sonhos.

Comida

Quer você sonhe que está se empanturrando ou vagando por um lugar deserto, ansiando por uma sobremesa, sonhar com comida (ou com a falta dela) simboliza um anseio por conhecimento, porque a comida nutre o corpo assim como a informação nutre o cérebro.

Matar

Matar nos sonhos não faz de você uma assassina; representa apenas seu desejo de matar parte da sua personalidade. É provável que tenha se conscientizado de alguma coisa a seu respeito da qual não se orgulha muito e esteja se esforçando para aniquilar essa parte sua. Também pode simbolizar hostilidade com relação a uma pessoa em particular e o desejo de vê-la sofrer ou ter dificuldades.

Sexo

Quando a maioria das pessoas pensa em sonhos eróticos, acha que eles são um território predominantemente masculino, mas as mulheres também têm esse tipo de sonho! O significado por trás dos sonhos eróticos, tanto para os homens quanto para as mulheres, é bastante direto e objetivo: você está em busca de intimidade e está sentindo literalmente o desejo de fazer sexo por meio dos seus sonhos. Os sonhos nos quais aparecem imagens sexuais ou eróticas também podem apontar para o desejo de vivenciar novas experiências na vida.

Dentes

Você já sonhou que todos os seus dentes tinham caído e, quando acordou, correu para o banheiro e olhou no espelho para ter certeza de que eles ainda estavam na sua boca? Dentes moles, extraídos ou quebrados são um tema muito comum nos sonhos, que aponta para a preocupação de perder o controle na vida, mas também pode apontar para um receio oculto de envelhecer e ficar sem atrativos para parceiros sexuais.

Água

Sonhar com água pode simbolizar o estado geral da mente subconsciente. Laguinhos tranquilos refletem a paz interior, ao passo que um mar agitado sugere intranquilidade e perturbação. Na noite da véspera do meu curso de meditação transcendental, sonhei que estava, à noite, no meio de um oceano. O mar estava tranquilo quando, de repente, uma onda enorme se formou diante de mim. Inspirei profundamente e mergulhei o mais fundo que pude, enterrando as mãos na areia para me segurar enquanto a onda passava por cima de mim. Voltei à tona num oceano que estava novamente calmo. No dia seguinte, o professor desenhou a imagem de um oceano com ondas, e depois explicou que, à medida que nos aprofundamos na meditação transcendental, o processo se assemelharia a mergulhar mais profundamente no oceano – ele fica mais mais calmo quando mergulhamos nas suas profundezas, encontrando ali paz e estabilidade. O sonho acertou em cheio do ponto de vista de prever a expansão da paz interior que estava prestes a invadir meu subconsciente.

Cores comuns nos sonhos e seu significado

Exatamente como os símbolos que acabo de mostrar, as cores podem ter uma história tremendamente importante para contar quando você se deita para tirar um cochilo ou dormir a noite inteira. Você sonha constantemente com um campo ou flores vermelhas, ou com o azul do mar profundo? Ou você se vê perdida num campo coberto de neve noite após noite, ou sonha com uma criança de olhos verdes radiantes, que está eternamente pedindo para que a pegue no colo e a carregue? Você encontrará algumas das respostas a seguir.[6]

Preto

O preto simboliza o desconhecido, o inconsciente, o perigo, o mistério, a escuridão, a morte, o luto, a rejeição e até mesmo o ódio. O negrume nos convida a

> **Explore isto!**
>
> Não deixe de mencionar temas comuns (cores, objetos, pessoas) quando registrar seus sonhos no diário. Depois de algum tempo – uma ou duas semanas, um mês, você é quem sabe –, releia suas anotações (mesmo que sejam ridículas, quase incompreensíveis ou embaraçosas) e veja se consegue perceber quaisquer padrões surgindo. O que esses padrões poderiam significar? Leve isso ainda mais longe e convença uma amiga e buscadora espiritual a também começar a escrever num diário de sonhos e depois compare as suas anotações com as dela!

mergulhar mais profundamente no inconsciente a fim de obter um melhor entendimento de nós mesmos. Ele pode nos fornecer pistas a respeito de uma carência ou falta de apoio na vida. Sob um aspecto mais positivo, o preto representa potencial e possibilidades. Ele é como uma *tabula rasa*. Se o sentimento no sonho for de alegria, então a escuridão pode implicar uma espiritualidade oculta e qualidades divinas. Assim como meu sonho do mar profundo, você tem profundidade. A escuridão nem sempre diz respeito ao mal – ela também pode estar relacionada à luz.

Azul

O azul representa a verdade, a sabedoria, o céu, a eternidade, a devoção, a tranquilidade, a lealdade e a abertura. Talvez você esteja expressando o desejo de buscar algo maior, de fugir e explorar novos horizontes ou viver uma nova experiência. A presença dessa cor no seu sonho pode simbolizar uma conexão com seus guias espirituais e seu otimismo sobre o futuro. Você tem clareza mental, como um céu sem nuvens ou um lago calmo e tranquilo.

Marrom

O marrom nos sonhos expressa que você tem um sentimento de sofisticação, praticidade, felicidade doméstica, conforto físico ou conservadorismo. O marrom também representa a terra, e pode ser um sinal de que você precisa voltar às suas origens. As mulheres, em particular, que veem muito marrom nos sonhos – pense no chão debaixo dos seus pés enquanto caminha por uma trilha na floresta ou no tom castanho dos olhos de um amante – podem estar nutrindo sentimentos maternais e se preparando para começar uma família e se dedicar à vida doméstica.

Fúcsia

Minha cor favorita! Apesar da sua tonalidade exuberante, a cor fúcsia (um cor-de-rosa vivo) representa a meditação e sua conexão com a espiritualidade. Se você estiver sonhando em tons fúcsia, é extremamente provável que esteja abandonando pensamentos e ensinamentos velhos e obsoletos da sua infância, com os quais você talvez não concorde mais, e acolhendo favoravelmente uma mudança. Essa cor também está associada à estabilidade emocional.

Cinza

O cinza indica medo, pavor, depressão, saúde deficiente, ambivalência e confusão – nossa! Você pode simplesmente estar se sentindo emocionalmente distante, isolada ou desligada. No lado positivo das coisas, a cor cinza pode simbolizar seu individualismo, e pode significar uma encruzilhada na sua vida que tenha a ver com quem você é, quem você deseja se tornar e aonde deseja ir.

Verde

O verde representa uma mudança positiva, saúde, crescimento, fertilidade, cura, esperança, vigor, vitalidade, paz e serenidade. O surgimento dessa cor também pode ser uma maneira de lhe dizer para seguir em frente, para fazer alguma coisa. Por outro lado, o verde é uma metáfora para a falta de experiência em alguma área da sua vida. O verde também simboliza um esforço para obter reconhecimento e estabelecer sua independência. No lado mais sombrio, essa cor está frequentemente associada à ganância, ao ciúme e à inveja. O verde-escuro indica materialismo, traição, engano ou dificuldades em compartilhar. Se estiver sonhando em verde-escuro, fique atenta ao modo como você está gastando e quem e o que você está cobiçando.

Cor-de-rosa

Os sonhos cor-de-rosa representam o amor, a alegria, a doçura, a felicidade, o afeto e a bondade. Estar apaixonado ou ser curado por meio do amor também é sugerido por essa cor. Essa cor também indica imaturidade ou fraqueza, especialmente quando se trata de amor. Acordar confusa depois de ter tido sonhos repletos da cor rosa pode indicar que você está se debatendo com questões de dependência ou problemas com seus pais.

Vermelho

O vermelho é uma indicação de energia bruta, força, vigor, agressividade, poder, coragem, impulsividade e intensa paixão – isso parece um pouco como uma poderosa receita para o desastre, não é mesmo? O vermelho possui profundas conotações emocionais e espirituais, tanto positivas quanto negativas – tudo depende do contexto. Você está sonhando com um mar vermelho agitado durante uma tempestade? Talvez tenha algumas questões de raiva oculta para examinar. E as ondulações de lençóis de cetim vermelho acariciando a sua pele? É bom que seu parceiro se prepare para ser assediado no minuto que chegar em casa do trabalho. O vermelho no seu sonho também pode indicar falta de energia, assinalando que você está se sentindo cansada ou apática. Uma coisa é certa: se estiver vendo a cor vermelha enquanto dorme, está na hora de fazer uma pausa e realmente processar o que esses sonhos podem significar antes de seguir em frente.

Amarelo

O amarelo, assim como a maioria das cores, possui conotações positivas e negativas. Se o sonho for agradável, então o amarelo simboliza o intelecto, energia, agilidade, felicidade, harmonia e sabedoria. Por outro lado, se o sonho for desagradável, então a cor representa trapaça, infortúnio, traição, covardia e doença. Você pode ter medo de tomar decisões ou ter dificuldade em tomar iniciativas. Seu desejo de agradar aos outros significa que coloca as necessidades deles na frente das suas. Como resultado, pode estar passando por contratempos. Sonhar com um ambiente amarelo indica que você precisa usar a mente para resolver um problema. O amarelo é a cor da criatividade, de modo que pode haver uma ideia ou projeto criativo em você esperando para se revelar.

> "O sono é a melhor meditação."
> ➤ Sua Santidade o Dalai Lama

Como dormimos, como sonhamos

Até mesmo a maneira como dormimos diz alguma coisa a respeito da nossa vida. Diferentes posições podem refletir nossa personalidade, conflitos e relacionamento com nosso parceiro de cama, caso tenhamos um. A posição na qual dormimos também pode ter um impacto direto sobre o nosso corpo e nos atrapalhar ou beneficiar.

Como você dorme? Na posição fetal? Toda espalhada pela cama? Deitada de bruços? Examine a tabela a seguir para descobrir o que cada posição pode lhe dizer a respeito do estado da sua mente adormecida e do impacto que causa em você.[7]

Durma para sonhar

Eu realmente aguardo com prazer a hora de dormir. Você pode me chamar de preguiçosa, eu não ligo. Adoro dormir porque minha alma sempre dá um jeito de se envolver numa aventura; aprendo coisas, vivencio coisas e obtenho pistas a respeito de situações que, de outra maneira, talvez eu não compreendesse. Acordei antigos parceiros com risinhos travessos e gargalhadas no meu sono por causa de alguma grandiosa aventura. Já entrei em contato com entes queridos que morreram e almas que estão prestes a entrar na minha vida. Dizem que os guias nos instruem por intermédio dos nossos

Posição	Efeito sobre o Corpo	Reflexo sobre o Eu
Dormir de lado com os joelhos dobrados perto do peito, com o corpo em forma de bola.	Essa posição comprime nossas passagens de ar e pode dificultar nossa respiração e comprimir nossos pulmões. Também tensiona as costas e o pescoço. Dizem que também contribui para a formação de rugas. No lado positivo, ela é ideal durante a gravidez e no caso de pessoas que roncam.	As pessoas que apreciam a posição fetal tendem a ser pessoas que gostam de estar o tempo todo no controle da própria vida; elas gostam de planejar e querem que as coisas funcionem bem, e não raro analisam excessivamente as coisas, se preocupam e são sensíveis demais. As pessoas que dormem na posição fetal também são amáveis e ponderadas. Com frequência, as pessoas que estão sofrendo estresse ou pressão dormem nessa posição, porque ela transmite uma sensação de segurança e se assemelha à criança que está no útero.
Dormir de lado com as pernas e os braços estendidos (como uma tora).	Dormir de lado, estendido dessa maneira, é a melhor posição natural de descanso para sua coluna, e pode ajudar a aliviar a dor nas costas e no pescoço. No entanto, dormir de lado pode acelerar o impacto da gravidade no corpo, causando rugas e flacidez nos seios.	Esse tipo de pessoa tende a ser inflexível e rígida; gosta de regras e não raro pode ser considerada autoritária, obstinada ou teimosa. No entanto, as pessoas que dormem nessa posição também apreciam um desafio e não têm medo de assumir o controle de qualquer situação.
Dormir de lado com as pernas e os braços estendidos diante de você.	Essa posição tem os mesmos prós e contras da posição anterior.	Essa posição é para as pessoas que perseguem seus sonhos – aproveitam as oportunidades e gostam de ser desafiadas na vida. Também podem ser suas piores críticas, e tendem a ser muito duras consigo mesmas.
Dormir de costas, braços ao longo do corpo, pernas estendidas (como um soldado em posição de sentido).	Dormir de costas é considerada uma das melhores posições para o fluxo natural do sangue para os órgãos, e pode ajudar as pessoas que têm problemas digestivos. No entanto, essa posição pode ser uma má ideia, caso você costume roncar!	As pessoas que dormem nessa posição tendem a apresentar uma fachada confiante para o mundo, mesmo quando não estão se sentindo tão confiantes assim. Podem ter uma mente fechada; no entanto, no lado positivo, elas são determinadas, centradas e tendem a ser leais. Elas se mostram resolutas no estado de vigília.
Dormir de costas, braços estendidos para cima e pernas estendidas para os lados, de modo que seu corpo fica parecendo uma estrela.	Essa posição tem os mesmos prós e contras da posição anterior. Dormir de costas também pode beneficiar a pele e ajudar a combater o processo de envelhecimento.	As pessoas que dormem nessa posição são abertas, progressivas, liberais e vibrantes. São confiantes e abertas a todos os estilos de vida e modos de pensar.
Dormir de bruços com a cabeça enterrada no travesseiro ou com o pescoço virado para um dos lados.	Essa posição também pode favorecer a digestão; no entanto, como é comum virar o pescoço para poder respirar livremente, ela pode pressionar a medula espinhal, já que vai contra a curva natural das costas.	As pessoas que dormem de bruços tendem a ser confiantes, sociáveis e cordiais, e se sentem no seu ambiente ideal quando estão no meio de uma multidão ou em evidência. Também tendem a ser mais sensíveis aos pensamentos e opiniões dos outros quando estão sozinhas, na intimidade.

sonhos. Vamos aprender mais a respeito dos guias espirituais, e como eles interagem conosco nos nossos estados de vigília e onírico, no Capítulo 10, mas, por ora, a pergunta principal que deve ser feita antes que continuemos a avaliar as inúmeras coisas que nossos sonhos nos oferecem é a seguinte: se você não consegue dormir, de que adianta saber qualquer coisa a respeito dos sonhos?

Como mencionei anteriormente, para alguns de nós, que vivemos neste mundo acelerado, o sono não acontece com facilidade. Na realidade, o Centro de Controle e Prevenção de Doenças norte-americano chegou a ponto de chamar a falta de sono de "epidemia de saúde pública",[9] e qualquer pessoa que já tenha passado pela privação de sono sabe que, sem ele, a mente e o corpo não funcionam no seu pleno potencial – estressando e poluindo também a saúde geral da alma. Uma vez que a mente, o corpo e o espírito estão conectados, e não podemos sofrer a dor de um e ao mesmo desfrutar a saúde dos outros, eis algumas dicas e truques para ajudar seu corpo a contribuir para uma mente saudável e serena e, por sua vez, preparar o terreno para uma alma que esteja pronta para receber os numerosos benefícios do sono e dos sonhos.

Explore isto!

Quando está na terra dos sonhos, você tem alguém dormindo ao seu lado na cama? Há também significados por trás da maneira como você e seu parceiro dormem que refletem seu relacionamento. Procure no nosso velho guru Google o que a posição em que vocês dois dormem revela sobre seu relacionamento.

Alimente-se mais cedo e faça uma refeição mais leve

Dar ao seu corpo menos para digerir pode ajudá-la a relaxar e descansar com mais facilidade. Procure não comer depois das sete horas da noite. Isso pode ajudar, pois seu corpo e sistema digestivo estarão mais descansados quando for se deitar. Procure também não consumir cafeína, refrigerantes ou outras bebidas com elevado teor de açúcar à noite; de vez em quando eu deixo de cumprir essa regra, mas uma Coca-Cola com comida mexicana apimentada às vezes é uma necessidade básica, certo? Chás de ervas como o de camomila são excelentes para relaxar os sentidos e são ótimos substitutos para o café à noite.

Deixe seu quarto escuro e silencioso

Garantir que seu quarto esteja o mais escuro e silencioso possível elimina as distrações. Para os seres humanos, é natural dormir no escuro e acordar quando fica claro. Se o seu quarto for muito claro e você tiver problemas para dormir por causa disso, compre algumas cortinas blackout ou uma máscara para os olhos macia e confortável. Se você morar numa rua movimentada ou perto de outra fonte de barulho, pense na possibilidade de comprar protetores auriculares. Se o silêncio total o deixa angustiado (tenho uma amiga que não consegue suportar o som da sua pulsação nos ouvidos quando usa protetores de ouvido), invista num aparelho de ruído branco para proporcionar um ruído ambiente reconfortante que a embale enquanto entra na terra dos sonhos.

> "O sono é como a escuridão. Não é por acaso que você tem dificuldade em dormir quando há luz. O escuro tem uma afinidade com o sono. É por isso que é fácil dormir à noite. A escuridão cria a atmosfera na qual você consegue adormecer com muita facilidade."
>
> **>Osho**

Cristais de sonho

ESCALA DE ESQUISITICE: ▲▲▲▲▲▲▲▲▲▲
ESCALA EXPLORE ISTO: ▲▲▲▲▲▲▲▲▲▲

Você sabia que em quase todo computador, relógio de pulso, rádio e até mesmo telefone celular há um cristal?[10] Trata-se de um cristal programado para trabalhar numa determinada frequência. Os cristais podem ser programados para ajudá-la com relação a qualquer elemento da sua vida, inclusive os sonhos. Além do que aprendemos no Capítulo 2 a respeito da interação dos cristais com nossos chakras e da capacidade que alguns deles têm de atrair diferentes tipos de energia para nossa vida, saiba que essas pedras podem ser usadas para promover um sono saudável e sonhos produtivos.

Explore isto!

Pouco antes da hora em que planeja ir para a cama, escolha um cristal com o qual você se identifique (e que também seja relativamente pequeno e liso, pois você não vai querer que um pedaço grande e pontudo de ametista fique cutucando sua cabeça a noite inteira) e segure-o nas mãos durante alguns instantes, concentrando-se até conseguir sentir uma suave pulsação entre as mãos. Visualize o cristal circundado por luz, e depois declare sua intenção de o que o cristal trará um sonho de cura do qual você se lembrará e que compreenderá ao acordar, uma noite de sono tranquila ou a visita de um guia espiritual. Depois peça para que você fique receptiva ao que ele trará enquanto estiver dormindo. Agora, coloque o cristal debaixo do travesseiro, e não se esqueça de ter seu diário de sonhos à mão quando acordar!

Cristais para ajudar a sonhar

▷ O jaspe vermelho e o amarelo são pedras excelentes se você tem dificuldade para se lembrar dos sonhos.
▷ O jaspe sanguíneo estimula os sonhos e desperta seu subconsciente quando está relaxada.
▷ A ametista ajuda a comunicação e a conexão, e pode estimular sonhos intuitivos. Uma ametista debaixo do travesseiro também pode ajudar a protegê-la de pensamentos negativos ou pesadelos.

Água quente

ESCALA DE ESQUISITICE: ▲▲▲▲▲▲▲▲▲▲
ESCALA EXPLORE ISTO: ▲▲▲▲▲▲▲▲▲▲

O banho quente, em particular, ajuda a reduzir a pressão sanguínea e é um relaxante muscular natural. Incluir no seu banho fragrâncias relaxantes como a lavanda (alfazema) e o ilangue-ilangue também pode ajudar a promover o relaxamento antes da hora de dormir. Você encontra mais dicas de aromaterapia no Capítulo 3.

Liberte sua mente

ESCALA DE ESQUISITICE: ▲▲▲▲▲▲▲▲▲▲
ESCALA EXPLORE ISTO: ▲▲▲▲▲▲▲▲▲▲

Pense a respeito da sua história favorita na infância, a que você ouvia antes de dormir. Você sabe do que estou falando; ela provavelmente terminava com "viveram felizes para sempre", certo? Agora, lembre-se do último pensamento que passa pela sua cabeça antes de você pegar no sono hoje em dia – contas... conflitos de relacionamento... preocupações com o trabalho... discussões familiares... Nosso cérebro é um verdadeiro *playground* de unicórnios, fadas, milagres, amor e finais felizes, não é? Isso mesmo, mas não é o que parece...

> **EXPLORE ISTO!**
>
> Está agitada demais para dormir? Reduza e ajuste sua vibração com essa antiga escala vibratória. A Escala de Solfejo dos Chakras usa frequências hertz variadas para equilibrá-los e expulsa uma gama de vibrações negativas, começando pela culpa e pelo medo, passando em seguida a promover a mudança e o crescimento, e depois, finalmente, seguindo em direção à transformação. Deite-se na cama e ouça a escala enquanto descansa, e deixe que sua vibração vá mudando suavemente.[8]

Embora seja quase instintivo para quase todos nós pegar no sono com emoções negativas rodopiando na nossa mente, como estresse, preocupação e medo, se você conseguir se empenhar para assumir um estado de espírito positivo, feliz e agradecido, toda a sua vida pode mudar. A maioria das pessoas passa de seis a oito horas dormindo – tempo suficiente para recarregar o corpo, a mente e o espírito. Não faz sentido, portanto, conceder a si mesma cinco minutos para melhorar seu humor antes de recarregar suas forças para o dia seguinte? Pense nisso como um discurso motivacional para si mesma antes de enviar o seu corpo para uma dimensão de sonhos e relaxamento.

Viva para sonhar

Embora tudo o que acabamos de examinar possa ser extremamente útil para que possamos pegar no sono, e assim abrir a porta para todos os tipos de sonhos, a busca por uma vida ativa e sonhos saudáveis não deve ficar restrita ao quarto de dormir. Eis algumas dicas que você pode experimentar durante o dia e que aprendi ao longo da minha jornada para ter um sono sereno, tranquilo e espiritualmente enaltecedor – um sono que produz sonhos que estimulam e nutrem a alma todas as vezes que minha cabeça toca o travesseiro.

Devaneios

ESCALA DE ESQUISITICE: ▲▲▲▲▲▲▲▲▲▲
ESCALA EXPLORE ISTO: ▲▲▲▲▲▲▲▲▲▲

Sonhar acordado é uma das melhores maneiras de relaxar a mente e pensar a respeito das coisas positivas que gostaria de receber na vida. Assim sendo, deixe sua mente voar! Tenha fantasias a respeito de coisas belas, das suas metas, da vida que você está buscando e de todas as coisas que alcançará. Crie a vida dos seus sonhos na sua cabeça. E, se você preferir ter fantasias a respeito de um surfista louro e bronzeado ensinando-a a surfar ou de uma morena maravilhosa tropeçando na sua frente e caindo diretamente nos seus braços, vá em frente. Pegar no sono enquanto temos fantasias é uma excelente maneira não apenas de manifestar coisas positivas na vida, mas também de fazer com que a energia positiva circule.

EXPLORE ISTO!

Volte ao Capítulo 1 e experimente fazer cinco minutos (isso mesmo, apenas cinco minutos bastam, mas é claro que você pode ir além, se quiser) de yoga relaxante ou meditação. Descobri que o fato de eu simplesmente me concentrar na maneira como minha respiração entra e sai do meu corpo durante alguns minutos é suficiente para acalmar minha frequência cardíaca, acalmar minha mente e preparar minha alma para receber o que quer que o sono tenha a oferecer.

As pessoas que sonham acordadas são geralmente criativas, imaginativas, intuitivas e visionárias; passam horas da sua vida divagando e imaginando coisas que desejam, entrando diariamente em outra dimensão do seu próprio encantamento. Ao fazer isso, essas pessoas estão, na realidade, acolhendo positivamente todas as coisas boas que desejam na sua vida. Ao concentrar dessa maneira sua energia e pensamentos, o subconsciente começa a tornar seus sonhos realidade. A arte de visualizar bênçãos como amor, prosperidade e saúde é uma poderosa ferramenta para materializá-las em sua vida.

> ### Explore isto!
>
> Crie uma *playlist* para servir de fundo para seus devaneios. Descobri que a música realmente me ajuda a divagar; no entanto, também sou muito sensível à maneira como a música me afeta, de modo que crio uma *playlist* com músicas agradáveis, que me inspiram ou me trazem à memória momentos bons. Ao criar a sua lista, procure letras de música, refrãos e temas musicais com os quais se identifique. Você talvez possa experimentar criar duas *playlists*: uma para quando quiser divagar a respeito de ser uma destemida aventureira ou quando desejar visualizar metas ou ações específicas, e outra para quando quiser sonhar acordada num mar mais tranquilo de infinitas possibilidades e prazeres.

Afirmações

ESCALA DE ESQUISITICE: ▲▲▲▲▲▲△△△△
ESCALA EXPLORE ISTO: ▲▲▲▲▲▲▲▲△△

Antes de ir para a cama à noite, lembre a si mesma de tudo que é especial a seu respeito e do que você sente orgulho. Ofereça a si mesma algum estímulo! Pode ser alguma coisa que tenha conseguido nesse dia, uma reação boa que tenha tido, uma medida que tenha tomado ou até mesmo um único pensamento ou sentimento do qual você se sente orgulhosa. Quando dizemos a nós mesmas, antes de dormir, que somos interessantes, amorosas, inteligentes e bem-sucedidas, essa mensagem se fixa no nosso subconsciente, ajudando-nos a acreditar nisso cada vez mais e a alimentar a nossa autoimagem positiva. Algumas pessoas optam por adormecer ouvindo afirmações em forma de audiolivro, outras escolhem pegar no sono pensando em coisas positivas a respeito de si mesmas e outras ainda as anotam e leem antes de dormir. Escolha a opção com a qual você mais se identifica.

Contos de fadas

ESCALA DE ESQUISITICE: ▲▲▲▲▲▲△△△△
ESCALA EXPLORE ISTO: ▲▲▲▲▲▲▲▲△△

Leia seu livro favorito da infância ou assista ao filme que você adorava quando era criança. Estou falando sério! As histórias preenchem o coração, estimulam a mente e alimentam o espírito. Walt Disney conhecia esse segredo da alma… e você também conhecia quando era pequena! Conceda tempo a si mesma para se conectar com sua criança interior e sinta-se despreocupada e feliz enquanto desfruta esse pequeno portal para o passado. Esse é um exercício pré-sono particularmente positivo caso você carregue bagagem emocional de uma infância problemática.

Lista de realizações

ESCALA DE ESQUISITICE: ▲▲▲▲▲▲▲▲▲▲
ESCALA EXPLORE ISTO: ▲▲▲▲▲▲▲▲▲▲

Faça uma lista de coisas que você ama, de coisas das quais você se sente orgulhosa, de coisas que você conseguiu e de que ainda vai realizar. Ao elaborar essa lista, você pode direcionar suas energias às coisas que deseja atrair para sua vida, em vez de gastar energia com o que deseja eliminar. Mantenha essa lista ao lado da cama ou afixada no espelho do banheiro, de maneira que possa vê-la quando escovar os dentes ou antes de se deitar.

Irradie boas vibrações

ESCALA DE ESQUISITICE: ▲▲▲▲▲▲▲▲▲▲
ESCALA EXPLORE ISTO: ▲▲▲▲▲▲▲▲▲▲

Envie para alguém uma mensagem de texto ou e-mail positivo, ou escreva uma carta para essa pessoa, descrevendo todas as coisas que você admira nela. Se você se sentir acanhada de fazer isso, não precisa, de fato, enviar o e-mail ou a mensagem para o destinatário – o Universo entregará a mensagem por você. No entanto, eu a desafio a ser corajosa e enviá-la. Você nunca sabe quando alguém na sua vida pode estar precisando exatamente desse tipo de delicadeza inesperada.

Treinamento para momentos felizes

ESCALA DE ESQUISITICE: ▲▲▲▲▲▲▲▲▲▲
ESCALA EXPLORE ISTO: ▲▲▲▲▲▲▲▲▲▲

Sabe quando estamos nos sentindo por baixo e sua mente surge com uma avalanche de todos os seus piores momentos na vida? Situações embaraçosas e coisas não tão corretas que você aprontou com um amigo no colégio, o comentário malicioso que você fez a respeito de um colega de trabalho que ele ouviu por acaso, aquela mentira inofensiva que você contou ao seu marido que você sabia que não deveria ter contado naquela ocasião... Isso é basicamente o pior que você fez, certo? Faz com que você se sinta uma grande idiota.

Eu a desafio a reverter seu cérebro e tentar o oposto – fazer com que sua vida passe diante dos seus olhos, mas enfatizando apenas as partes positivas. Imagine que você está assistindo à sua vida como o trailer de um filme e fazendo uma edição dos seus melhores momentos. Relaxe e deixe que sua alma a guie ao longo dos destaques da sua vida. Aproveite; afinal de contas, você é a roteirista, a diretora e a estrela do filme!

Tenha gratidão

ESCALA DE ESQUISITICE: ▲▲△△△△△△△△
ESCALA EXPLORE ISTO: ▲▲▲▲▲▲▲▲▲△

> **EXPLORE ISTO!**
>
> Em vez de esperar para ver o que o amanhã trará, diga para si mesma o tipo de dia que você quer. E acredite no que você disser. O mais importante é que fique empolgada com isso. Você ficará impressionada com o quanto essa atitude mental pode influenciar a maneira como você se sente ao dormir à noite e ao acordar.

Feche os olhos e pense a respeito das pessoas, lições e experiências de vida pelas quais você é grata. Agradeça pelas boas e más lições, pelas pessoas positivas e negativas que cruzaram seu caminho. Veja as lições que extraiu do que viveu. Perdoe qualquer pessoa que a tenha prejudicado, aceite as coisas a respeito de si mesma que a perturbam e agradeça à sua alma pelo amor e orientação. Se encerrar cada dia com esses simples exercícios de gratidão, aceitação e amor, você preparará sua alma para receber as maravilhas do sono e do sonho.

△ △ △

A arte do sono e o mistério dos sonhos têm interessado os buscadores espirituais de todas as procedências ao longo da História. Registros da análise de sonhos remontam a aproximadamente 3500 a.C. e existem evidências de que eles eram estudados no Antigo Egito, Grécia, Babilônia, Fenícia, Japão e nas Américas, citando apenas alguns lugares.[11]

Um dos símbolos do sono e dos sonhos que sempre me cativou é o apanhador de sonhos. *Bawaajige nagwaagan,* que na língua dos ojíbuas, povo indígena da América do Norte, significa "armadilha de sonhos", é um antigo símbolo da busca espiritual, e perdura até hoje em muitas culturas além das suas raízes nos índios norte-americanos.

Contadores de histórias nas tribos ojíbuas falavam de uma "Avó-Aranha" chamada *Asibikaashi,* que era guia e protetora da tribo. Quando a nação Ojíbua se espalhou pela terra, o alcance e a influência de *Asibikaashi* diminuíram. Para ajudar a proteger o povo (e suas crianças adormecidas e, portanto, indefesas), as mães e avós teceram redes mágicas usando aros de salgueiro e tendões de animais para fabricar apanhadores de sonhos, que guardavam a cama das crianças e eliminavam os maus sonhos, deixando apenas que pensamentos positivos entrassem nas mentes em desenvolvimento. Quando o sol nascia, seus raios atingiam a rede do apanhador de sonhos, vaporizando os maus sonhos e pensamentos negativos ali capturados. Talvez, com todos os desafios que enfrentamos enquanto espécie nesta nossa vida moderna e incrível, porém desafiante, um pouco de proteção para afastar os maus sonhos não seja nada ruim.

> "Quem olha para fora, sonha; quem olha para dentro, desperta."
> ▶**Carl Jung**

Assim como o apanhador de sonhos captura pesadelos, é sua função agora começar a apanhar todos os seus sonhos, tanto bons quanto maus, e decodificá-los. Muitas pessoas dormem ao longo de toda a vida, alheias às numerosas oportunidades para buscar mais elementos para explicar o que acontece entre o momento em que fecham os olhos e o momento em que os abrem novamente. Mas não você. Do ponto de vista espiritual, você está tão desperta quanto uma criança de 3 anos estimulada por doces e mais doces. Você está desperta tanto para sua vida diária quanto durante o sonho, e está seguindo em frente com uma nova linguagem que a ajudará a interpretar os sinais e sintomas do seu espírito loquaz. Na condição de buscadora espiritual, o objetivo do jogo é ligar os pontos, seguir os sinais e farejar as trilhas espirituais traçadas pela sua alma. No entanto, não se esqueça de aproveitar ao máximo as pistas que lhe são fornecidas quando você está sonhando. O caminho pode ficar acidentado às vezes, mas não se preocupe – você não é a única a passar por isso.

EXPLORE ISTO!

É importante respeitar as origens do apanhador de sonhos e ter cuidado ao escolher um apanhador de sonhos para sua casa. Fuja dos industrializados e dos fabricados comercialmente, pois terão suas propriedades alteradas. Se você optar por fazer o seu (existem disponíveis muitos tutoriais excelentes na internet), recomendo que use cores e contas com as quais se identifique, e, enquanto estiver trabalhando nele, peça proteção de quaisquer guias espirituais em que você acredite, sejam eles seus ancestrais, uma divindade ou espírito, ou a própria Mãe Terra. Pense nos seus sonhos positivos e imagine que a blindagem que você está criando fará o bloqueio de quaisquer pensamentos ou sonhos que possam trabalhar contra você nos sonhos e ao despertar.

7

A NUMEROLOGIA E VOCÊ

Rótulos. Eles não são apenas para potes na sua despensa ou etiquetas nas suas roupas.

Começamos a encontrar significado no mundo à nossa volta quando somos pequenos em parte com a ajuda de rótulos: mamãe, papai, cachorro, bom, mau. Quando crescemos, os rótulos começam a nos definir: nossa idade, nosso sexo, nosso cargo, nossa opção religiosa. Quando nossos filhos apontam para uma rosa e perguntam, curiosos, como ela se chama, devemos dizer que é uma rosa? Ou deveríamos dizer que ela *se chama* rosa? Como Julieta diz para Romeu: "uma rosa com qualquer outro nome seria igualmente perfumada". Embora isso possa ter sido suficiente para Julieta demonstrar que ela amaria Romeu do mesmo jeito, independentemente de qual fosse seu sobrenome, não podemos negar que os nomes e rótulos que carregamos pela vida têm significados próprios, e esses significados possuem amplas ramificações na maneira como vivemos a nossa vida.

Fazemos muitas suposições – tanto positivas quanto negativas – a respeito dos outros com base nesses rótulos. Mas com que frequência fazemos essas suposições com relação ao nome das pessoas? Nosso nome é tratado apenas como outro rótulo para muitos de nós – ele pode significar, ou não, alguma coisa, mas geralmente um nome serve apenas para nos diferenciar das outras pessoas. Nunca pensamos realmente sobre nosso nome. Você já se deu ao trabalho de investigar o significado numerológico das letras do seu nome e da sua data de nascimento? Eu não tinha feito isso até pouco tempo atrás. Nosso nome é apenas a primeira pista a respeito das nossas vidas passadas e destinos. Ouvimos nosso nome todos os dias, respondemos quando o chamam, nós o assinamos, mas quanto realmente entendemos a respeito do nosso rótulo mais comum?

Os numerólogos acreditam que todos temos o nome "perfeito", e que nosso nome de nascimento reflete nossa personalidade e eu interior. Nosso nome é desmembrado em números que nos dizem ainda mais a respeito de quem realmente somos. A numerologia também se baseia na crença da reencarnação, que existimos antes da vida que estamos vivendo atualmente. Nossos números são escolhidos para esta vida, para o trajeto de vida estipulado para nós pela ordem cósmica das coisas, e para atender às lições e experiências desta vida.

Considere a numerologia um tipo especial de ciência. Ela é como a astrologia ao auxiliá-la no autoconhecimento – para a astrologia, as estrelas explicam nossa natureza; para a numerologia, são os números. Na numerologia, cada letra no nosso nome está associada a um valor numérico. Quando adicionamos esses valores à nossa data de nascimento ou à data atual, podemos ver padrões de números que determinam diferentes estágios da nossa vida. Esses estágios são conhecidos como números do caminho da vida, números da alma, números do ano pessoal e assim por diante.

Embora muitas pessoas mudem o nome por várias razões, o truque para dominar a numerologia e o verdadeiro significado por trás do seu nome é se concentrar no nome que lhe foi dado quando você nasceu. Por exemplo, quando eu nasci, minha família de origem me deu o belo nome de Renee, que significa "renascimento". Quando fui adotada, meus pais adotivos acreditaram que esse nome era importante para mim e para minha história, de modo que optaram por mantê-lo como meu nome do meio e me deram o primeiro nome de Emma, o que tornou meu nome completo na minha certidão de nascimento Emma Renee Mildon. Emma tem numerosos significados e traduções. Ele é originalmente uma forma abreviada de um nome germânico que começava com o elemento *ermen*, que significa "todo, inteiro, tudo ou universal".[1] A partir disso, entendo que meu nome significa totalidade por meio do renascimento – a combinação dos meus dois nomes e minhas duas origens.

As pessoas que usam a numerologia acreditam que os números e as letras governam grande parte do que acontece nos relacionamentos, na saúde, nas finanças e na vida em geral. Muitos nomes contêm pistas sobre profissões, vidas passadas e paixões. Ao compreender como funciona a numerologia, você pode trabalhar com seus números. Incluir simples práticas numerológicas à sua vida é, na verdade, prático e divertido, e pode ser feito de uma maneira harmoniosa. A numerologia pode ajudá-la a se concentrar nas coisas que estão destinadas a acontecer; depois, você pode observar as coisas fluírem de uma maneira livre e natural, em vez de lutar contra a ordem natural delas. Como acontece em muitas práticas holísticas e espirituais, não existe nenhuma prova científica de que essas afirmações sejam verdadeiras, mas isso não deve impedir que nós, buscadoras espirituais, curiosas, nos interessemos pelas luzes que a numerologia pode nos oferecer. Vamos começar a investigar!

> **EXPLORE ISTO!**
>
> Você conhece o significado, formas alternativas e origens do seu nome? Faça uma busca no Google e dê uma olhada nas origens e significados simbólicos do seu nome.

Os filósofos estudaram o relacionamento entre os números, as letras e os mundos natural e espiritual durante milhares de anos. Muitas culturas desenvolveram diferentes escalas e fórmulas para estudar os números de uma pessoa, mas todas, basicamente, usaram a numerologia para compreender melhor a jornada da vida. Pitágoras, o filósofo e matemático grego, talvez seja o numerólogo mais famoso, e os antigos chineses, egípcios, indianos e babilônios também enxergavam uma poderosa ligação entre os números e o destino. No mundo inteiro, civilizações têm estudado ao longo de muitos anos as conexões entre as letras, os números e o Universo, e buscadores espirituais em todo o planeta continuam a fazer isso. Embora a numerologia tenha adquirido uma reputação um tanto esotérica e não muito confiável ultimamente, você pode apostar que na época de Pitágoras falar sobre números não era considerado maluquice de uma *hippie* enlouquecida pelos números e sim uma linguagem universal por meio da qual alguns dos mistérios mais excitantes da existência podiam ser explorados. Ponha de lado sua calculadora, pegue papel de rascunho e prepare-se para somar o 2 com o 1...

Os sistemas numerológicos chineses e védicos: uma rápida espiada

A numerologia chinesa se concentra no som de um número e a que palavra esse som está conectado. Esse é o fator decisivo para definir se um número é auspicioso (tem a probabilidade de trazer boa sorte) ou inauspicioso (tem a probabilidade de trazer azar ou pelo menos de não propiciar a sorte). Há vários números e combinações de números de sorte e de azar na numerologia chinesa.[2]

A numerologia indiana – ou védica – acredita que os números têm certos significados vibracionais que estão relacionados com o mundo material e os nove planetas (bem, tecnicamente o *status* de planeta de Plutão ainda está em discussão, mas para fins astrológicos ele é um planeta), associando estreitamente essa forma de numerologia à astrologia. Os antigos buscadores espirituais indianos procuravam combinar toda a sabedoria e conhecimento para criar uma abordagem holística da vida. Usavam elementos da astrologia, da numerologia, do Feng Shui e da Ayurveda no cotidiano para atingir essa meta.

Quando uma criança nascia numa sociedade védica, todas as pistas disponíveis eram usadas desde o início para adivinhar o caminho provável da criança na vida: a data e a hora do nascimento da criança e até mesmo a posição dos planetas. Em seguida, as letras eram cuidadosamente analisadas, garantindo que o nome dado a criança estaria em harmonia com o destino, as características físicas e os números do nome dela. Na tradição hindu, os anciãos ofereciam à família uma seleção de letras que refletiam a vibração da data de nascimento daquela criança, e depois essas letras tinham que ser incorporadas ao nome dela.[3] A numerologia védica também usava os números e o mapa astral de uma pessoa para criar um *yantra*, uma ferramenta visual (para ajudar a energia do corpo), enquanto um mantra, por exemplo, ajuda a concentrar a energia da mente. Assim como um nome leva em consideração todos os elementos vibratórios e existenciais da pessoa, um yantra é designado pegando-se a vibração numérica dela e transformando-a num símbolo geométrico.

A numerologia ocidental: os conceitos básicos

Como foi examinado anteriormente, existem muitas tradições numerológicas. Hoje em dia, um dos tipos mais amplamente utilizados é o que frequentemente chamamos de numerologia ocidental. Ela se baseia na teoria de Pitágoras de que os números têm ligação com o alfabeto, e que essas ligações podem ser examinadas de várias maneiras para colher significado. Ela também leva em consideração as vibrações energéticas que associam o tempo, o espaço e a matéria viva e não viva para encontrar o número do propósito da vida de uma pessoa, e decodificar os significados por trás dos seus nomes de nascimento. Para nossos propósitos, vamos nos concentrar mais na numerologia ocidental a partir daqui; e para isso é importante usar a escala e o método numerológico com os quais você mais se identifica para obter os melhores resultados, de modo que deve permanecer aberta a todas as formas de numerologia quando estiver aprendendo e depois seguir a fórmula que melhor se associar a você.

Você encontrará em seguida alguns modelos para que possamos começar.[4]

Tabela de Numerologia Ocidental

1	2	3	4	5	6	7	8	9
A	B	C	D	E	F	G	H	I
J	K	L	M	N	O	P	Q	R
S	T	U	V	W	X	Y	Z	

Para melhores resultados, use o nome que consta na sua certidão de nascimento, e não nomes que você possa ter adotado posteriormente, ou apelidos. Se você for casada e tiver adotado o nome do seu parceiro, pode fazer os cálculos com seu nome de solteira e com o nome de casada.

Calcule seus números. Se no final você acabar com um número de dois algarismos, some os algarismos. Por exemplo, se você acabar com 34, seu número será 7 (3 + 4) e se você acabar com 26, seu número será 8 (2 + 6). As únicas exceções são 11, 22 e 33, pois esses são números mestres (vamos examiná-los um pouco mais adiante) e devem permanecer com dois dígitos.

Segue-se o exemplo do meu nome completo calculado por meio do sistema que acaba de ser descrito:

EMMA RENEE MILDON

$$5 + 4 + 4 + 1 +$$
$$9 + 5 + 5 + 5 + 5 +$$
$$4 + 9 + 3 + 4 + 6 + 5 = 74$$
$$7 + 4 = 11$$

Como eu termino com um número mestre, 11, não continuo a somar os algarismos.

É importante observar números repetitivos no seu nome. Por exemplo, se você examinar meu nome, poderá ver que tenho muitos números 5 repetidos. O cinco simboliza a mudança – geralmente uma mudança em casa, no trabalho ou nos relacionamentos. Além disso, qualquer número mestre está frequentemente associado a obstáculos e a uma infância difícil. Quando comparamos os números com minha adoção e depois com a morte da minha mãe na minha adolescência, é fácil enxergar a associação. E você? O que os números refletem sobre sua vida?

Agora que falamos rapidamente sobre os fundamentos da numerologia ocidental, vamos nos aprofundar. Eis alguns significados simples por trás dos seus números.[5] Cada um possui uma vibração única e traz diferentes elementos para sua vida.

> **EXPLORE ISTO!**
>
> Assim como existem astrólogos, aromaterapeutas e instrutores de yoga profissionais, também há numerólogos profissionais. Se você se sente especialmente atraída pela numerologia, pense na possibilidade de procurar um numerólogo profissional para ajudá-la a aprofundar os estudos. Estudei com Peter Vaughan, especialista em numerologia, e essa foi uma experiência muito esclarecedora para mim.

O significado dos números

1 Independência, liderança, inícios. As pessoas número um têm iniciativa, são proativas e corajosas. No entanto, também podem ser egoístas e excessivamente obstinadas.

2 Cooperação, harmonia, emoções. As pessoas número dois são apaziguadoras e almas sensíveis, e desfrutam de uma vida equilibrada.

3 Expressão, criatividade, comunicação. As pessoas número três são imaginativas, inspiradas e, com frequência, vivem uma vida criativa e artística.

4 Trabalho árduo, processo, estabilidade. As pessoas número quatro são disciplinadas, confiáveis e trabalhadores leais.

5 Mudança, liberdade, experiência. As pessoas número cinco são as sociáveis; são adaptáveis e mundanas.

6 Amor, responsabilidade, serviço. As pessoas número seis são as guardiãs e protetoras, sendo na maioria dos casos agentes de cura ou professores.

7 Contemplação, sabedoria, metafísica. Esse é o número dos buscadores espirituais; buscam conhecimento, respostas e experiências.

8 Poder, dinheiro, negócios. As pessoas número oito detêm o número do sucesso; sabem julgar como ninguém o caráter dos outros e são argutas, o que contribui para que sejam excelentes líderes nos negócios ou políticos.

9 Humanitarismo, transformação, finais. As pessoas número nove são as amantes do mundo; elas são atenciosas, protetoras e benevolentes.

O significado dos números mestres

11 — Inspiração, intuição, conscientização. As pessoas número onze estão na maioria dos casos associadas aos paranormais, clarividentes ou profetas.

22 — Ambição, disciplina, poder. As pessoas número vinte e dois costumam se expressar, fazer e acreditar nas coisas.

33 — Professor, humanitário e protetor. As pessoas número trinta e três são as que fazem as coisas acontecerem, combinando os atributos dos números mestres 11 e 22.

O seu número do caminho da vida

ESCALA DE ESQUISITICE: ▲▲▲▲▲▲▲▲▲▲
ESCALA EXPLORE ISTO: ▲▲▲▲▲▲▲▲▲

O seu número do caminho da vida é calculado a partir da sua data de nascimento e tem a chave da sua personalidade bem como das lições, desafios e oportunidades que lhe poderão ser apresentados ao longo da vida. Por exemplo, o número do caminho da vida do Dalai Lama é 22, o que indica liderança espiritual, e o número do caminho da vida de Gandhi é 9, o que aponta para o humanitarismo. Para começar, escreva no papel a sua data de nascimento. Incluí a minha a seguir como exemplo. Em seguida, some os números como fizemos no caso do nome de nascimento. Repita a adição se você terminar com um número de dois algarismos. A exceção, novamente, são os números mestres, 11, 22 e 33, que não são somados.

$$2 + 7 \,(dia) + 3 \,(mês) + 1 + 9 + 8 + 6 \,(ano) = 36$$
$$3 + 6 = 9$$

Meu número do caminho da vida é, portanto, 9 — estou destinada a percorrer o caminho do humanitarismo. (Não creio que eu consiga viver à altura de Gandhi, mas uma garota pode tentar, certo?) O que o seu número do caminho da vida diz a seu respeito? Descubra a seguir.[6]

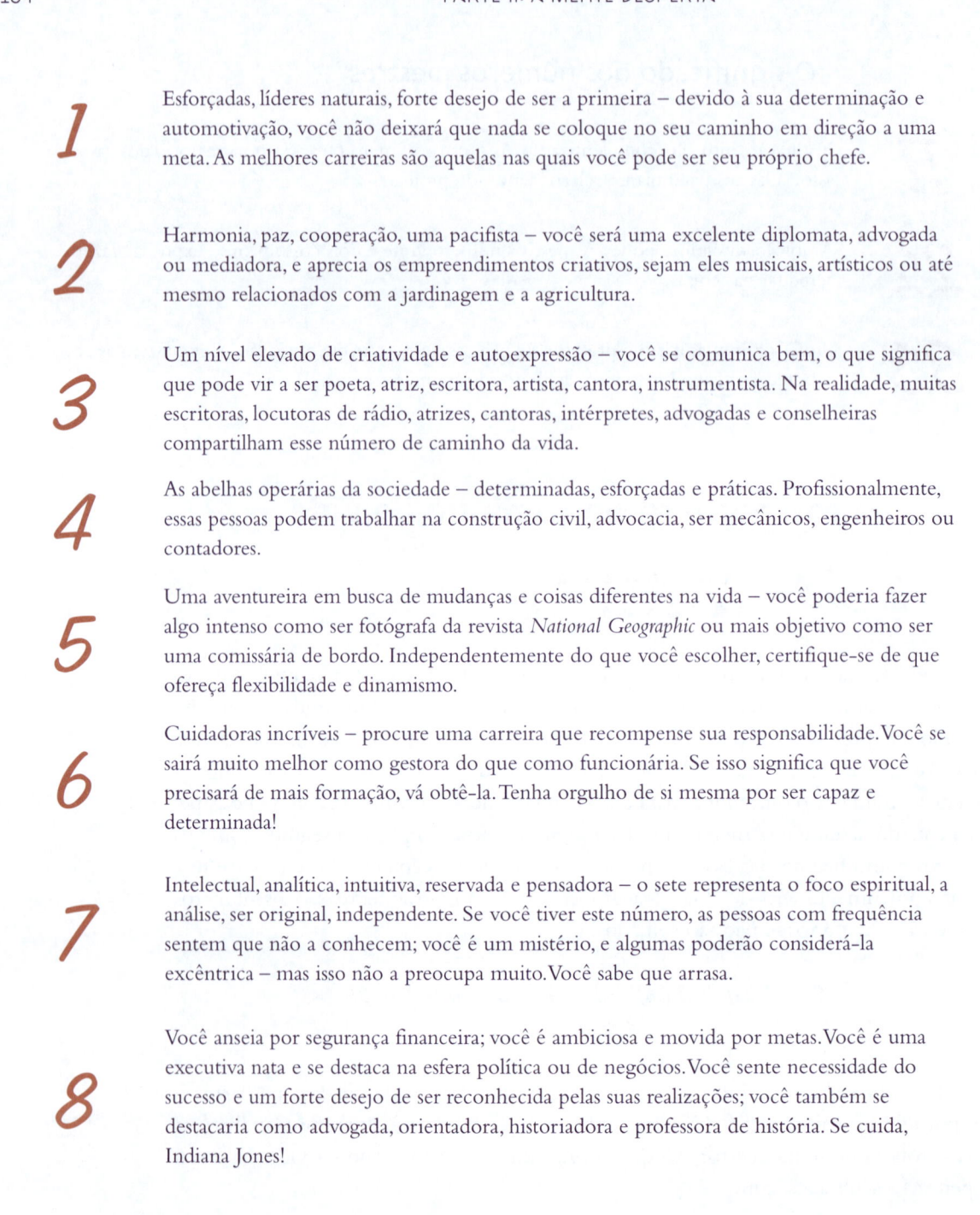

1   Esforçadas, líderes naturais, forte desejo de ser a primeira – devido à sua determinação e automotivação, você não deixará que nada se coloque no seu caminho em direção a uma meta. As melhores carreiras são aquelas nas quais você pode ser seu próprio chefe.

2   Harmonia, paz, cooperação, uma pacifista – você será uma excelente diplomata, advogada ou mediadora, e aprecia os empreendimentos criativos, sejam eles musicais, artísticos ou até mesmo relacionados com a jardinagem e a agricultura.

3   Um nível elevado de criatividade e autoexpressão – você se comunica bem, o que significa que pode vir a ser poeta, atriz, escritora, artista, cantora, instrumentista. Na realidade, muitas escritoras, locutoras de rádio, atrizes, cantoras, intérpretes, advogadas e conselheiras compartilham esse número de caminho da vida.

4   As abelhas operárias da sociedade – determinadas, esforçadas e práticas. Profissionalmente, essas pessoas podem trabalhar na construção civil, advocacia, ser mecânicos, engenheiros ou contadores.

5   Uma aventureira em busca de mudanças e coisas diferentes na vida – você poderia fazer algo intenso como ser fotógrafa da revista *National Geographic* ou mais objetivo como ser uma comissária de bordo. Independentemente do que você escolher, certifique-se de que ofereça flexibilidade e dinamismo.

6   Cuidadoras incríveis – procure uma carreira que recompense sua responsabilidade. Você se sairá muito melhor como gestora do que como funcionária. Se isso significa que você precisará de mais formação, vá obtê-la. Tenha orgulho de si mesma por ser capaz e determinada!

7   Intelectual, analítica, intuitiva, reservada e pensadora – o sete representa o foco espiritual, a análise, ser original, independente. Se você tiver este número, as pessoas com frequência sentem que não a conhecem; você é um mistério, e algumas poderão considerá-la excêntrica – mas isso não a preocupa muito. Você sabe que arrasa.

8   Você anseia por segurança financeira; você é ambiciosa e movida por metas. Você é uma executiva nata e se destaca na esfera política ou de negócios. Você sente necessidade do sucesso e um forte desejo de ser reconhecida pelas suas realizações; você também se destacaria como advogada, orientadora, historiadora e professora de história. Se cuida, Indiana Jones!

9 As pessoas número nove são completamente humanitárias. Com frequência sentem-se abandonadas ou desprezadas, e, portanto, responsáveis por fazer os outros felizes, corrigi-los ou curá-los. Você se beneficiaria de uma carreira na qual possa doar alguma coisa – ajudar ou curar os outros a deixaria realizada.

11 Você é sensível, compreensiva e intuitiva. Pode não ser uma líder, mas é uma visionária e uma pessoa com ideias muito talentosas. Sua capacidade de analisar as situações com rapidez e precisão é um ponto realmente forte no mundo dos negócios. Você provavelmente é a guru que todas as pessoas no seu grupo de amigos procuram para pedir conselhos.

22 As pessoas que têm o 22 como o número do caminho da vida possuem um grande entendimento espiritual e a capacidade de aplicar o conhecimento e alcançar um enorme sucesso. Você está aqui para ensinar os outros.

33 Este número é o Professor Mestre. Seu foco é entrar em contato com o mundo e elevar a energia amorosa da humanidade. Você não está preocupada com a ambição pessoal, e tem uma grande dedicação a uma causa ou missão. Você vai mudar o mundo.

Explore isto!

Há muitos outros números que podem ser calculados para descobrir mais sobre você: o número do ano pessoal, do mês e, até mesmo, do dia. Você pode calcular sua ligação com um amigo ou parceiro e comparar os números. Pode se aprofundar em diferentes caminhos e práticas quando se sentir interessada ou simplesmente calcular seu número pessoal e parar por aí. Independentemente de como você se entrosar com a numerologia, sugiro que a torne parte do seu aprendizado – dedique dez ou quinze minutos procurando no Google e na Amazon alguns livros, cursos e comunidades virtuais relacionados com a numerologia. A numerologia pode ser um assunto bastante complexo e seu aprendizado pode exigir alguma capacidade mental, e ela parece despertar interesse nos buscadores espirituais analíticos. Mais uma dica: não seja dura consigo mesma se você levar algum tempo para dominar a numerologia. Comece devagar com os ensinamentos básicos deste capítulo e prossiga a partir daí.

Seu número de aniversário

ESCALA DE ESQUISITICE: ▲▲▲▲▲▲▲▲▲▲
ESCALA EXPLORE ISTO: ▲▲▲▲▲▲▲▲▲▲

Para as buscadoras espirituais que gostam de coisas simples, tenho uma boa notícia: não é preciso somar nada neste caso! O número do dia do seu aniversário é um dos principais e é simplesmente a data que você escolheu para vir ao mundo. Encontre o seu nas páginas 169 e 170. Um breve comunicado: o número de aniversário pode ser semelhante aos números do caminho da vida que você calculou anteriormente, pois existe uma ligação entre os dois.

Seu número do dia

Quanto mais números você investigar, mais entenderá sua vida. Por exemplo, se você quiser saber qual a vibração que estará presente numa data específica, encontrará a seguir como calcular seu número do dia.

1. Some todos os números do seu aniversário. Por exemplo, 27 de março de 1986 seria: 2 + 7 + 3 + 1 + 9 + 8 + 6 = 1 + 8 = 9. Meu número de aniversário é 9.

2. Usando a tabela alfabética da numerologia ocidental, some os números do seu nome. Por exemplo, meu nome:

EMMA RENEE MILDON

$$5 + 4 + 4 + 1 +$$
$$9 + 5 + 5 + 5 + 5 +$$
$$4 + 9 + 3 + 4 + 6 + 5 = 74$$
$$7 + 4 = 11$$

3. Em seguida, adicione os números da data na qual você está interessada. Por exemplo, 6 de outubro de 2015 é 6 + 1 + 0 + 2 + 0 + 1 + 5 = 15, depois 1 + 5 = 6.

4. Agora, some todos os seus números. Aqui vamos nós: número de nascimento 9 + número do nome 11 + data especial 6 = 26, depois 2 + 6 = 8. O oito é um bom dia para empreendimentos de negócios, lucros financeiros e ainda é um dia para o sucesso em geral.[8]

Descubra a seguir o significado do número da sua data:

Dia 1:
Dia de Ação – hoje é um dia para fazer as coisas! Se você costuma procrastinar, o dia 1º é um bom dia para reservar como um dia de trabalho ou de organização.

Dia 2:
Dia do Equilíbrio – o dia de hoje diz respeito à ordem e à reflexão. Passe algum tempo revendo decisões, fazendo avaliações e planejando à frente. Nesses dias, você será capaz de antever desafios melhor do que habitualmente.

Dia 3:
Dia da Facilidade – hoje tudo simplesmente está em sintonia, flui e funciona. É um excelente dia para planejar compromissos sociais como festas ou eventos de *networking*.

Dia 4:
Dia de Execução de Tarefas – o dia de hoje envolve eliminar coisas da sua lista e ficar no controle das suas tarefas. Você vai descobrir que os dias 4 são produtivos e satisfatórios.

Dia 5:
Dia do Perigo – esse é seu dia de cautela. Procure não pular de um avião ou mergulhar com tubarões! Esse é um dia para permanecer atenta para não ser pega desprevenida ou de surpresa, de modo que nos dias 5 você deve ser muito cautelosa.

Dia 6:
Dia do Descanso – esse é seu dia de relaxar e uma ocasião na qual não deve tentar nadar contra a corrente. Precisa descansar, relaxar e recarregar as baterias em qualquer dia 6. Procure evitar encontros estressantes.

Dia 7:
Dia da Sabedoria – hoje você descobrirá que as novas informações chegam até você quer você medite, estude ou se exponha a novas situações ou experiências. Os dias 7 são dias de expandir tanto a mente quanto o espírito.

Dia 8:
Dia da Abundância – hoje é seu dia de vencer na vida! É um bom dia para ativar novas ideias, empreendimentos e parcerias de todos os tipos.

Dia 9:
Dia da Comunicação – o dia de hoje diz respeito a realizações. Os sinos estão repicando; multidões a estão aplaudindo. É um excelente dia para casamentos, pronunciamentos e celebrações em geral. Os dias 9 são dias de triunfo.

> "A matemática expressa valores que refletem o cosmos, inclusive a regularidade, o equilíbrio, a harmonia, a lógica e a beleza abstrata."
> ➤Deepak Chopra

A beleza da numerologia é que ela pode ser aplicada a qualquer data, o que significa que você pode usá-la para prever situações diferentes, como problemas pessoais, decisões de negócios e grandes desafios da vida. Em suma, se você tiver um número, pode aprender alguma coisa com ele. Assim como acontece com a maioria das coisas, quanto mais praticar, mais competente se tornará; portanto, calcule alguns números para seus amigos, colegas ou membros da família – isso a ajudará a se familiarizar com as características de cada número e com a energia de uma combinação deles. Não perca de vista a diversão por trás da matemática, e lembre-se de procurar ajuda por intermédio de mais pesquisas ou orientação profissional caso se sinta perdida ou confusa.

Agora que conhece seus números, você sempre contará com suas bênçãos.

Explore isto!

Você não é boa em matemática? Passo mal todas as vezes que preciso somar dois números e confio totalmente na calculadora do meu celular. Meu conselho? Baixe um dos excelentes aplicativos de cálculos numerológicos disponíveis – alguns são gratuitos – e poderão ser magníficos guias de bolso para ajudá-la a calcular os números dos seus amigos ou familiares e ajudá-la a escolher dias auspiciosos, incluindo a numerologia no seu cotidiano de maneira rápida e fácil, sem ter dor de cabeça de proporções exponenciais.

Seu número de nascimento

Primeiro
As pessoas nascidas no dia primeiro são as primeiras no grupo – líderes. Você nasceu para ter sucesso e está em constante atividade, em busca do seu próximo desafio, invenção e experiência. Você tem dons criativos e é determinada – uma empreendedora nata!

Dois
Harmonia, paz, cooperação, uma pacifista – você será uma excelente diplomata, advogada ou conselheira e aprecia os empreendimentos criativos, sejam eles musicais, artísticos ou até mesmo relacionados com a jardinagem e a agricultura. Em outras palavras, você consegue suportar muito bem os cheiros do curral. Se realmente consegue, você é uma alma mais intrépida do que eu!

Três
Um elevado nível de criatividade e autoexpressão – você se comunica bem, o que significa que pode vir a ser poeta, atriz, escritora, artista, cantora, instrumentista. É um número para escritoras, locutoras de rádio, atrizes, cantoras, intérpretes, advogadas e orientadoras.

Quatro
As abelhas operárias da sociedade – determinadas, esforçadas e práticas. Profissionalmente, essas pessoas podem trabalhar na construção civil, advocacia, ser mecânicos, engenheiros ou contadores.

Cinco
Uma aventureira em busca de mudanças e coisas diferentes na vida – independentemente do que você escolher, certifique-se de que ofereça flexibilidade e dinamismo.

Seis
Cuidadoras incríveis. Procure uma carreira que recompense sua responsabilidade. Você se sairá muito melhor como gestora do que como funcionária. Se isso significa que você precisará de mais formação, vá obtê-la. Tenha orgulho de si mesma por ser capaz e determinada!

Sete
Intelectual, analítica, intuitiva, reservada – o sete representa o foco espiritual, a análise, ser original, independente. Se você tiver este número, as pessoas com frequência sentem que não a conhecem; você é um mistério, e algumas poderão considerá-la excêntrica – mas não dê atenção.

Oito
Você anseia por segurança financeira; você é ambiciosa e movida por metas. Você é uma executiva nata e se destaca na esfera política ou de negócios. Você sente necessidade do sucesso e um forte desejo de ser reconhecida pelas suas realizações; você também se destacaria como advogada, orientadora, historiadora e professora de história.

Nove
As pessoas número nove são completamente humanitárias. Com frequência sentem-se abandonadas ou desprezadas, e, portanto, responsáveis por fazer os outros felizes, corrigi-los ou curá-los. Você se beneficiaria de uma carreira na qual possa doar alguma coisa – ajudar ou curar os outros a deixaria realizada.

Dez
Você é uma combinação de sonhadora e executora! Isso significa que tem grandes ambições e trabalha arduamente para vê-las transformadas em realidade. Você sabe como planejar o sucesso e colocar planos em prática – a combinação perfeita.

Onze
Assim como aqueles cujos números do nome de nascimento somam 11, você é intuitiva e inspiradora, e está mais talhada para atuar como agente de cura, ou professora. Você é uma visionária e idealista capaz de liderar, tocar e motivar os outros.

Doze
Você tem um talento criativo e artístico para adicionar brilho a cada elemento da sua vida. Você é uma borboleta social; as pessoas são atraídas pelo seu senso de humor aberto, caloroso e divertido.

Treze
Você é ancorada, estável e tem uma forte lealdade para com seus amigos e família, que são sua principal prioridade na vida. Você tem uma grande disciplina no trabalho, e todos os que estão por perto conseguem sentir seu elevado código de conduta, sua virtuosa ética de trabalho e valores essenciais.

Catorze
Você gosta de aventura; você é flexível, adaptável e adora a mudança. A ideia de fazer as malas e partir em direção ao desconhecido a estimula. Você adora viajar e tem o dom de atrair boa sorte.

Quinze
Você é uma alma bondosa, generosa, compreensiva e atenciosa, além de ser uma excelente ouvinte. Por causa disso, você também é uma agente de cura; as pessoas tendem a compartilhar os problemas com você e a se sentir leves depois.

Dezesseis
A suprema buscadora – você sente uma profunda necessidade de compreender o invisível, sabendo que existe mais, e você curiosamente questiona tudo. Às vezes, se sentirá mais atraída pelo mundo superior do que pelo mundo real, de modo que sua missão na vida é permanecer com os pés no chão e ter em mente que você é angelical, não um anjo de verdade!

Seu número de nascimento

Dezessete
Você tem vocação para o sucesso na sua carreira e será naturalmente acompanhada pela abundância. Você terá as coisas mais requintadas e desfrutará esse estilo de vida, aproveitando a vida ao máximo. Você enxerga a realidade mais ampla e gosta do que vê.

Dezoito
Pacifista e humanitária nata, você deseja melhorar a condição da vida. Doa generosamente seu conhecimento e energia aos outros e se sente mais satisfeita quando está ajudando. Na realidade, quanto mais fizer pelos outros, mais você receberá.

Dezenove
Você é uma pioneira e se orgulha da sua opinião independente, autoconfiante e original sobre a vida. Você lida tranquilamente com tudo e acredita tanto em si mesma que não tem medo de correr riscos. Sabe se defender, e isso é muito legal.

Vinte
Você é uma alma sensível que é imensamente afetada pelo seu ambiente, de modo que é importante que se cerque de pessoas animadas, positivas e amorosas, e ame bastante a si mesma.

Vinte e um
Você tem brilho, tanto para se socializar quanto para criar. Sua imaginação corre solta, o que faz de você uma excelente contadora de histórias, visionária e livre pensadora. Você pensa de uma maneira inovadora e nada convencional, e parece ser sempre a alma da festa.

Vinte e dois
Sua missão é construir uma base. Você tem a visão e a capacidade de criar uma organização, escritório ou negócio e funcionar como a força motriz.

Vinte e três
A vida é para ser vivida, e você quer ter certeza de que vai experimentar tudo o que a vida tem a oferecer. Você é adaptável, o que possibilita que modifique seu ambiente – tudo isso faz parte da sua jornada. Você é empática e sensível, o que significa que facilmente se conecta com as pessoas. Pode achar que tem dificuldade em fazer amigos quando, na verdade, com frequência está ativa demais para compreender que faz amigos com bastante facilidade.

Vinte e quatro
Você é muito prática, realista e firme, e suas raízes são muito importantes para você. Você coloca sua família e seus amigos em primeiro lugar, e gosta de viver a vida em equilíbrio – trabalhando duro e se divertindo bastante.

Vinte e cinco
Você é uma pessoa lógica e prática que segue sua intuição a respeito das coisas e é capaz de olhar para a realidade mais ampla da vida. Você gosta dos fatos, de modo que é muito competente em fazer pesquisas e resolver problemas, e sempre olha para a solução em vez de olhar para o problema.

Vinte e seis
O dinheiro flui naturalmente na sua direção, e você atrai bons negócios. Tem um estilo de vida agradável em decorrência desses sucessos. Você é realista e, às vezes, pode ser dura demais consigo mesma – examine o que você alcançou e reconheça mais seu próprio talento e competência de vez em quando.

Vinte e sete
Você é uma líder nata e seu propósito é liderar e inspirar as pessoas. Você é altamente criativa e tem uma grande conexão com causas humanitárias que combinam com atividades literárias, oratória e artes cênicas, que podem ser excelentes profissões para você.

Vinte e oito
Você é ambiciosa e gosta de agilizar as coisas, sempre incentivando as pessoas na sua vida para que sejam a melhor versão de si mesmas. Embora você seja confiante, também precisa de incentivo e gosta de liderar uma equipe solidária e grata.

Vinte e nove
Você é muito perspicaz e pensa de uma maneira mais criativa e imaginativa do que a maioria das pessoas. Gosta de cor e imagens, o que também significa que consegue prever, ver e interpretar situações de uma forma muito intuitiva.

Trinta
Você torna a vida mais bela; você se veste bem, tem orgulho da sua aparência, da sua casa e do trabalho que faz. Você é carismática, inspiradora e encantadora tanto na sua aparência quanto na sua essência.

Trinta e um
Por ser do tipo firme, estável e forte, suas raízes são importantes para você – você dá valor aos seus amigos e à sua família, sendo muito leal e racional quando se trata das suas prioridades na vida.

A ASTROLOGIA E VOCÊ

Algumas pessoas tentam alcançar o céu. Você e eu, querida buscadora espiritual, tentamos alcançar as estrelas – na realidade, somos guiadas por elas. Remontando pelo menos ao segundo milênio antes de Cristo, praticada pelos maias, chineses, babilônios, gregos, romanos, indianos e muitas outras culturas e povos, a astrologia é uma das mais antigas tradições da busca espiritual. A astrologia é o estudo das conexões entre os eventos cósmicos e os terrestres, e durante muitos anos foi tratada como uma ciência; ela até mesmo lançou a base para o campo da astronomia.[1] Quando Alexandre, o Grande atravessou a Ásia Menor, os gregos conheceram ideias da Síria, da Babilônia, da Pérsia e da Ásia Central. Os conceitos e as práticas astrológicas continuaram a se espalhar pelas culturas e pelos séculos, com o tempo resultando no que entendemos hoje como astrologia ocidental.[2] Antes de a astrologia abrir espaço para a astronomia, ela era amplamente empregada para prever o tempo e os eventos da vida, bem como para ajudar a orientar importantes figuras políticas nos seus reinos.

Hoje em dia, a astrologia é, em grande medida, considerada – você adivinhou – um tanto bizarra. Se você perguntar a uma pessoa qualquer se ela sabe o que é astrologia, ela provavelmente lhe dirá qual é o signo dela, quer ela acredite nisso ou não, e talvez acrescente que lê a seção de horóscopo do jornal todos os dias. O que muitas pessoas não compreendem é quanto são influenciadas diariamente pelos planetas e pelas estrelas.

Tomemos, por exemplo, os efeitos bastante reais e tangíveis das marés e das estações. Esses aspectos da vida cotidiana no nosso planeta podem parecer muito comuns e mundanos, mas são, na verdade, em grande medida, influenciados pelo movimento dos planetas e das estrelas à nossa volta. Nossos dias começam e terminam com a luz do sol e da lua. Os ciclos da lua podem até mesmo influenciar diretamente nosso estado de espírito, comportamento e padrões de sono.

Há milhares de anos, o sol representa a energia masculina e a lua, a energia feminina, um *yin* e *yang* de equilíbrio celestial. Ao longo da história espiritual, deuses e deusas junto com mortais comuns adoraram ou encontraram uma afinidade com a lua, o sol, os planetas e as estrelas. Minha mente é imediatamente atraída para imagens da Virgem Maria que vi repetidas vezes, retratada com uma lua nova, simbolizando fertilidade, nascimento, pureza e paz. Tomemos o deus egípcio Thoth como outro exemplo; dizem que ele usava a lua para fazer magia e buscar sabedoria. Kuan Yin, a deusa chinesa de bondade e pureza, ajuda a concepção, protege as almas errantes e os viajantes na sua jornada. Os druidas, os antigos egípcios, os maias, os essênios e os romanos posicionavam seus locais sagrados de maneira a que se alinhassem ao sol do verão, para celebrar a luz no crescimento, tanto terrestre quanto espiritual.[3]

Nas Grandes Pirâmides do Egito, o sol no solstício do verão coroa a cabeça da Esfinge; os druidas celebravam o casamento do céu e da terra, e a derrota de Seth, o deus das trevas, por Hórus, o sol; e em Roma, o festival da purificação é uma tradição romana associada à deusa Vesta. A palavra *solstício* na verdade significa "sol estacionário" e é uma ocasião de grande energia espiritual que indica quando o sol está no seu ponto mais alto (verão) e no seu ponto mais baixo (inverno) no céu.[4]

O solstício do inverno também é uma celebração de luz e tinha um enorme impacto na história espiritual com conexões pagãs, celtas, romanas e até mesmo cristãs com o nascimento de Cristo e o "mês sagrado". Os equinócios da primavera e do outono também têm vínculos com os calendários islâmico e hebraico. A palavra *equinócio* é traduzida como "equilíbrio" ou "luz e escuridão", e remonta a 45 a.C., quando Júlio César marcou o equinócio da primavera no seu calendário. No cristianismo, o equinócio da primavera é a ocasião da paixão, crucificação e ressurreição por meio da narração da Bíblia das provações e da jornada de Jesus. No antigo Egito, é a época da ressurreição do antigo deus egípcio Osíris, e nas Américas, da ressurreição do deus maia do milho, Hun Hunahpu. A Grande Esfinge de Gizé no Egito é um símbolo de ressurreição, e ela contempla exatamente o nascimento do sol no equinócio da primavera. (Vamos lá, buscadora espiritual, a esta altura, você já deve ter competência para detectar uma tendência espiritual! A ressurreição — o sol nascendo todos os dias. Todos os dias nós renascemos. Amadurecemos. Florescemos.)

O templo de Angkor Wat no Camboja se alinha com o equinócio da primavera e retrata a cena da "agitação do oceano de leite" — a luta entre as forças da luz e das trevas.[5] No templo da serpente emplumada em Chichén Itzá no México, a serpente emplumada Quetzalcoatl sobe os nove patamares da pirâmide no equinócio da primavera.

Ao longo da história, o equinócio do outono tem sido com frequência interpretado equivocadamente por causa das suas associações com a escuridão; as pessoas tendem a tirar conclusões precipitadas e considerá-lo uma ocasião negativa ou maléfica. No entanto, tudo precisa ser equilibrado, e não podemos ter luz sem escuridão — isso contraria não apenas a ordem da natureza, como também nosso crescimento espiritual.[6] O equinócio do outono é tradicionalmente associado à colheita, mas também representa uma época de crescente escuridão, já que depois que o equinócio termina, o sol continua a descer e diminuir (como acontece depois do solstício do verão), de modo que as noites são mais longas do que os dias, trazendo a mudança das estações, o frio e a morte do inverno, o qual, por sua vez, dá origem novamente à primavera.

"Nem mesmo uma vida feliz pode existir sem um pouco de escuridão, e a palavra 'feliz' perderia seu significado se não fosse equilibrada pela tristeza. É bem melhor aceitar com paciência e equanimidade as coisas como elas aparecem."
➤Carl Jung

As tradições dos solstícios e equinócios sempre envolvem o equilíbrio, a luz e a escuridão, e a ordem terrena e celestial da natureza e da vida, nascimento e morte, inícios e fins. As representações humanas e divinas do sol (Apolo, Rá e até mesmo Jesus) e da lua (Ártemis, Diana e a Virgem Maria), e figuras que representam as forças e padrões tanto terrenos quanto celestiais, são parte de como os seres humanos percebem seu lugar no universo. Elas nos representam na concepção mais ampla da existência, marcando nosso caminho através das estrelas à medida que viajamos juntos.

Hoje, é fácil descartar os antigos espiritualistas e acólitos das estrelas e estações como adoradores da natureza simplórios e ignorantes. Mas existe uma razão pela qual os princípios naturais são sistematicamente encontrados ao longo de muitos textos sagrados, antigos sítios arqueológicos e práticas culturais e religiosas — isso acontece porque somos regidos pelas forças naturais do universo e pelo movimento celeste que nos une a todos, enquanto rodopiamos pelo cosmos.

Os solstícios, equinócios, fases da lua e você

Assim sendo, de que maneira os solstícios e os equinócios a afetam? Há muitos anos a humanidade tem consciência dos efeitos da lua sobre a terra e sobre o corpo humano, a alma e a mente. Por exemplo, a lua é responsável por outras coisas além do subir e descer das marés dos oceanos — como somos constituídos em grande medida por água, nosso corpo também vivencia uma mudança, uma atração, um subir e descer semelhante ao das marés, de modo que é natural que sintamos os efeitos das fases da lua. Na realidade, é uma antiga prática descansar, ou até mesmo desintoxicar o corpo com base nos movimentos da lua.

Procure ficar em sintonia com esses calendários e verifique o que está acontecendo na sua vida durante o ciclo da lua e em cada equinócio e solstício.[7] Observe as ocasiões em que se sente oprimida, os momentos em que as coisas fluem facilmente ou as épocas nas quais quer apenas ficar sozinha e refletir.

Tenho uma confissão embaraçosa a fazer: eu tento não sair na lua cheia. Não porque eu me transforme num lobisomem ou algo assim, mas porque fico tão sensível que tenho a tendência de explodir emocionalmente como uma panela de pressão que ficou no fogo tempo demais. Quando estou num relacionamento, tendo a ficar atenta à lua cheia e observar como nós dois nos comportamos ou o que nossas almas almejam. Quando duas pessoas estão conscientes da influência dos corpos celestes, elas podem tomar atitudes que as favoreçam e não o contrário.

Examine as ilustrações nas próximas páginas para saber como cada solstício, equinócio e ciclo lunar pode influenciar sua vida.

Solstícios e equinócios

ESCALA DE ESQUISITICE: ▲▲▲▲▲▲△△△△
ESCALA EXPLORE ISTO: ▲▲▲▲▲▲▲▲△△

Consulte o diagrama na página 175.

Ciclos da lua

ESCALA DE ESQUISITICE: ▲▲▲△△△△△△△
ESCALA EXPLORE ISTO: ▲▲▲▲▲▲▲▲▲△

Consulte o diagrama na página 176.

Sua identidade astrológica e seu destino

Na condição de buscadoras espirituais, adoramos descobrir coisas novas a respeito de nós mesmas, da nossa jornada e dos nossos propósitos. A astrologia pode ser uma ferramenta fantástica para fazer exatamente isso. Seu mapa astral e posição dentro do zodíaco é sua assinatura energética criada na data e hora exatas da sua chegada ao mundo, e pode rastrear sua identidade, valores, família, parceiros, experiências, redes de contatos, habilidades e dons. Seu mapa astral é um projeto para sua vida, e ele contém pistas que

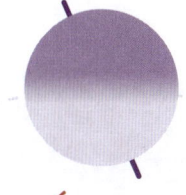

EQUINÓCIO DO OUTONO

Hemisfério Norte
Setembro
Hemisfério Sul
Março

O final de um ciclo que reflete a conclusão orgânica, a morte e a abertura para novos começos. Essa é, com frequência, uma época de sacrifícios e conflitos para ajudar a determinar o fim natural de coisas que não nos servem mais na nossa jornada espiritual.

Você se sentirá mais animada durante o solstício do verão; é uma boa ocasião para estimular ideias. Também é uma época de despertar, de modo que você deve se concentrar em alguma coisa que deseje alcançar ou com a qual queira se conectar. Também é uma ocasião para criar e para a fertilidade.

SOLSTÍCIO DO INVERNO

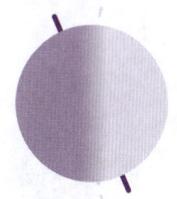

Hemisfério Norte
21/22 de Dezembro
Hemisfério Sul
21/22 de Junho

SOLSTÍCIO DO VERÃO

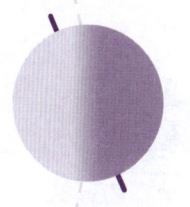

Hemisfério Norte
21/22 de Junho
Hemisfério Sul
21/22 de Dezembro

EQUINÓCIO DA PRIMAVERA

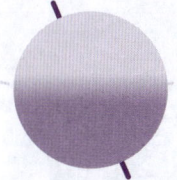

Hemisfério Norte
Março
Hemisfério Sul
Setembro

O *yin-yang* da luz e da escuridão, do bom o do mau, esse é um período para refletir, descansar e abraçar o lado mais sombrio da vida enquanto somos lembrados de que a luz sempre retorna. É uma época de refúgio e hibernação, como uma criança no útero que se prepara para nascer e renascer na fase seguinte de vida e luz.

Essa é considerada uma ocasião de desafio e crescimento por meio de lições – muitas vezes difíceis. É uma época de luta e é geralmente um período em que estamos sob pressão ou estresse, ou somos confrontadas por alguma coisa que resultará no crescimento espiritual.

PARTE II: A MENTE DESPERTA

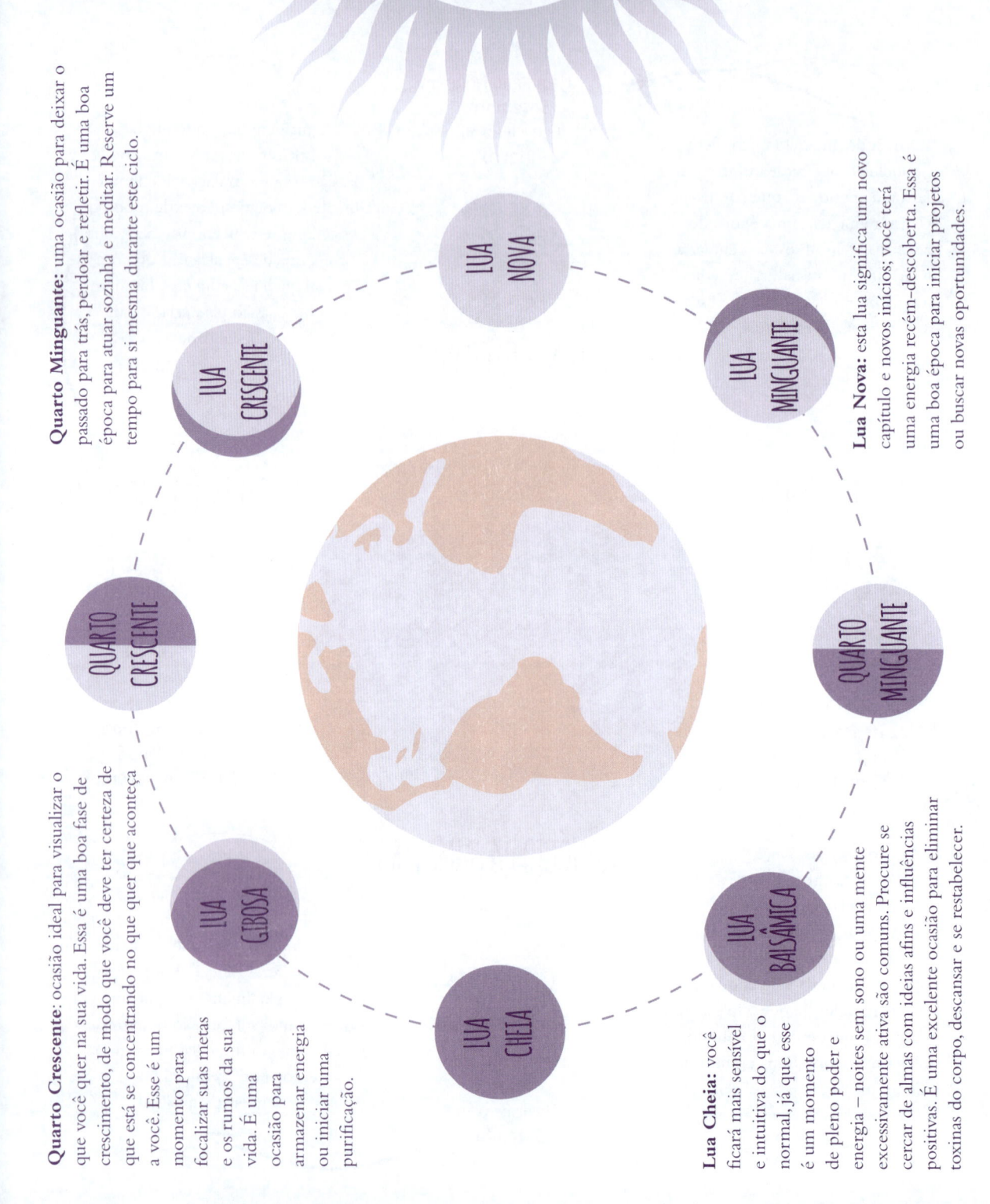

Quarto Minguante: uma ocasião para deixar o passado para trás, perdoar e refletir. É uma boa época para atuar sozinha e meditar. Reserve um tempo para si mesma durante este ciclo.

Quarto Crescente: ocasião ideal para visualizar o que você quer na sua vida. Essa é uma boa fase de crescimento, de modo que você deve ter certeza de que está se concentrando no que quer que aconteça a você. Esse é um momento para focalizar suas metas e os rumos da sua vida. É uma ocasião para armazenar energia ou iniciar uma purificação.

Lua Cheia: você ficará mais sensível e intuitiva do que o normal, já que esse é um momento de pleno poder e energia – noites sem sono ou uma mente excessivamente ativa são comuns. Procure se cercar de almas com ideias afins e influências positivas. É uma excelente ocasião para eliminar toxinas do corpo, descansar e se restabelecer.

Lua Nova: esta lua significa um novo capítulo e novos inícios; você terá uma energia recém-descoberta. Essa é uma boa época para iniciar projetos ou buscar novas oportunidades.

podem ajudar a guiá-la, mostrando a você qual é o seu verdadeiro propósito e qual será a melhor maneira de torná-lo real. A astrologia pode ajudá-la a entender melhor os desafios, adverti-la de obstáculos iminentes na sua vida e até mesmo guiá-la para que encontre sua alma gêmea.

Por exemplo, existe uma grande chance de você estar lendo este capítulo no final da casa dos 20 anos ou no final da casa dos 50 anos. Essas fases na nossa vida são chamadas de Retorno de Saturno – épocas de trânsito em que sua vida passará por grandes mudanças e vivenciará um momento em que olhará de uma maneira abrangente para tudo o que realizou ou deixou de realizar na vida até completar 29 ou 59 anos. Nessas ocasiões você pode refletir, analisar, fazer escolhas e avançar para a nova fase da sua vida, e o ano pode, com frequência, ser estressante ou desafiador para as pessoas à medida que elas fazem mudanças e atravessam essa fase. Pense em Saturno como um velho sábio que tem a capacidade de enxergar através das suas desculpas e justificativas. Procure ao máximo viver de acordo com sua verdade durante esse período, descarte o que não lhe serve, mude, cresça e não tenha medo de abandonar seus antigos hábitos.

A astrologia e você

A astrologia usa combinações do sistema solar, de pontos de energia, das estrelas, dos planetas, das luas, da sua hora, local e data de nascimento para identificar seu lugar no universo. A astrologia se aprofunda muito mais do que os signos zodiacais que muitas de nós lemos nas revistas de fofocas e nos jornais.

Se você é uma daquelas pessoas que têm uma afinidade por observar as estrelas, que constatam que ficam mais emotivas durante a lua cheia ou que, de um modo geral, gostam de adivinhar o signo das pessoas, você está prestes a entrar em contato com um nível de conhecimento astrológico inteiramente novo!

> "Três coisas não podem ficar ocultas por muito tempo: o sol, a lua e a verdade."
> ›Buda

Ao observar as estrelas, há ocasiões em que o olho humano só consegue avistar um punhado de luzes cintilantes no céu noturno, especialmente quando estamos nas grandes cidades ou nos bairros. Em outras ocasiões e em diferentes locais – geralmente quando nos encontramos num lugar mais tranquilo na natureza, sem tantas luzes –,

---

EXPLORE ISTO!

Há muitas informações por aí sobre o Retorno de Saturno, de modo que, se você já passou por isso ou está prestes a mergulhar de cabeça no seu vigésimo nono ou quinquagésimo nono aniversário, recomendo que procure um livro com o qual se identifique e deixe que ele o guie ao longo dessa fase. Quando fiz meu mapa astral enquanto escrevia este livro, eu estava prestes a entrar no meu Retorno de Saturno, e foi uma experiência e tanto!

a complexidade das constelações pode manter nossos olhos inquietos e ocupados durante horas, localizando estrelas cadentes, planetas e outros corpos celestes.

A astrologia é complexa e leva em consideração que sua alma atravessa diferentes trânsitos e pontos de energia ao longo da sua vida neste pálido ponto azul.[8] A astrologia é uma excelente ferramenta para revelar as complexidades da alma e um bom lembrete de como somos influenciadas pelos movimentos no nosso sistema solar. Afinal de contas, vivemos em função do céu todos os dias, mesmo que estejamos presas num recinto fechado trabalhando, ou ocupadas demais para ao menos dar uma espiada nas estrelas. Mesmo que não acreditemos nas influências das estrelas, da lua e do sol, ainda podemos escolher como usar suas informações. Você pode usar o sol para saber que horas são... ou pode usar todo o sistema solar para contar sua vida.

> "A ciência tradicional pressupõe, na maioria dos casos, que existe uma realidade independente do observador objetivo; o universo, as estrelas, as galáxias, o sol, a lua e a terra ainda estariam lá se ninguém estivesse olhando."
> ➤**Deepak Chopra**

Assim como em muitos dos outros capítulos deste livro, quando comecei a escrever este, um mestre cruzou minha trajetória para ajudar a iluminar o caminho. Meu guru para esta seção foi o astrólogo e autor Philip Young, cujas palavras e ensinamentos estão sendo agora passados a você, pequena observadora das estrelas. Philip foi muito gentil ao fazer um mapa pessoal para mim e me orientar na jornada da minha vida pessoal usando conceitos astrológicos. Philip é um homem amável, intuitivo e aberto, que transmitiu generosamente sua sabedoria para ajudar a beneficiar tanto minha jornada quanto, agora, a sua. A interpretação dele me deixou maravilhada e refletiu as mesmas coisas que meus números e leituras do tarô. Quaisquer dúvidas que eu pudesse ter a respeito da astrologia rapidamente desapareceram à medida que ele foi compartilhando comigo cada vez mais informações a respeito do Retorno de Saturno, do meu propósito na vida e até mesmo das possibilidades de eu encontrar o meu amor. Quem não desejaria se informar a respeito de todas essas coisas e obter uma pequena amostra de como tudo isso se desenvolve? Assim como no seu caso, descobrir mais pistas a respeito da minha jornada só fez estimular meu desejo de continuar minha busca.

Como dissemos no início, toda jornada sempre começa com um único passo. Nosso primeiro passo aqui é descobrir mais a respeito do seu signo. Tenha em mente que, se você nasceu numa cúspide – uma data próxima à mudança de um signo –, não é incomum que tenha características dos dois signos vizinhos.

Signo do Zodíaco	Datas	Elemento/Planeta	Características do Signo
Áries	21 de março – 20 de abril	Fogo Marte, Lilith	Independente, resoluto, determinado, líder e ambicioso
Touro	21 de abril – 20 de maio	Terra Vênus, Vulcano, Vesta	Paciente, forte, confiável, humilde e estável
Gêmeos	21 de maio – 20 de junho	Ar Mercúrio, Urânia	Sociável, curioso, bom comunicador e flexível
Câncer	21 de junho – 21 de julho	Água A lua	Sensível, protetor, diplomático, emotivo e impulsivo
Leão	22 de julho – 22 de agosto	Fogo O sol	Leal, caloroso, criativo, romântico e generoso
Virgem	23 de agosto – 22 de setembro	Terra Mercúrio, Quíron, Hígia	Lógico, ponderado, organizado, meticuloso e prático
Libra	23 de setembro – 22 de outubro	Ar Vênus, Zeus, Palas	Equilibrado, justo, natural, diplomático e disciplinado
Escorpião	23 de outubro – 21 de novembro	Água Plutão, Éris	Forte, estável, intenso e resoluto
Sagitário	22 de novembro – 21 de dezembro	Fogo Júpiter, Juno	Progressista, positivo, investigativo e culto
Capricórnio	22 de dezembro – 20 de janeiro	Terra Saturno, Ceres	Determinado, obstinado, responsável e talentoso
Aquário	21 de janeiro – 19 de fevereiro	Ar Urano, Astrea	Focado, perspicaz, idealista, original e sábio
Peixes	20 de fevereiro – 20 de março	Água Netuno, Vênus	Indeciso, espiritualista, imaginativo e sensível

Signos zodiacais[9]

ESCALA DE ESQUISITICE: ▲▲▲▲▲▲▲▲▲▲
ESCALA EXPLORE ISTO: ▲▲▲▲▲▲▲▲▲▲

Um elemento menos conhecido, porém igualmente importante na astrologia, que muitas buscadoras espirituais familiarizadas com os doze signos do zodíaco talvez queiram explorar é o das doze casas astrológicas. Cada casa tem suas próprias características e influências sobre as experiências, desafios e lições de cada um. Você encontrará uma descrição de cada casa no quadro a seguir.[10] Usando a hora e a data do seu nascimento, você poderá analisar sua casa nas estrelas, o que efetivamente a ajudará a delinear sua jornada espiritual. Para descobrir como cada casa a influencia, pense na possibilidade de pedir a um astrólogo profissional que elabore seu mapa astral.

As casas astrológicas

ESCALA DE ESQUISITICE: ▲▲▲▲▲▲▲▲▲▲
ESCALA EXPLORE ISTO: ▲▲▲▲▲▲▲▲▲▲

É além deste ponto que a complexidade se manifesta, portanto, agora conte com a sorte. Para avançar, você tem duas opções: entrar em contato com um astrólogo profissional que elaborará um mapa para você e explicará suas casas, pontos de energia e regências, ou estudar as estrelas sozinha, lendo livros ou se matriculando num curso. Independentemente da maneira como escolha pesquisar, siga seus instintos para saber o que é melhor para sua alma neste momento. Não tem tempo para fazer um curso? Compre alguns livros ou procure-os na biblioteca. Não sabe onde começar a procurar um astrólogo profissional? O Google é seu amigo, minha querida; apenas se certifique de que a pessoa que você encontrou seja competente e íntegra.

Tenho algo a assinalar antes de prosseguirmos: todos os símbolos, tabelas, linhas e números do seu mapa pessoal podem confundir um pouco sua mente; eu tive a sorte de ter alguém que me guiou pelos meus mapas astrológicos e recomendo o mesmo a você. Consulte um astrólogo e evite uma dor de cabeça astronômica!

Vamos começar pela camada externa do círculo e ir avançando em direção ao seu interior. O círculo mais externo do quadro contém os símbolos do zodíaco (como Áries, Touro e assim por diante). A segunda camada contém os números que representam as doze casas. Dentro de cada casa, você encontrará diferentes símbolos que representam diferentes corpos astrológicos e pontos de energia que correspondem à sua vida

Décima Primeira Casa

A décima primeira casa diz respeito aos amigos e à comunidade, e é movida pela visão de que somos todos um. A décima primeira casa a impele a trazer seus sonhos para a realidade e a coloca para trabalhar.

Décima Casa

A décima casa traz objetividade para a carreira e o propósito, e resulta em sucesso, popularidade e, às vezes, até mesmo na fama. A décima casa tem uma forte influência no seu papel de mãe.

Nona Casa

A nona casa é maravilhosa! Envolve longas jornadas, aventuras, a busca espiritual e a conscientização da espiritualidade e da religiosidade.

Oitava Casa

A oitava casa influencia novos começos, a transformação e a transição da desistência para o recomeço. Essa casa diz respeito ao crescimento.

Décima Segunda Casa

A décima segunda casa diz respeito à jornada para cumprir as metas da sua vida, abarca os desafios e sacrifícios. A décima segunda casa pode estar relacionada à solitude.

Sétima Casa

Esta casa influencia todas as parcerias, inclusive o casamento, as sociedades e as amizades. Ah, e o yoga. Sim! Yoga significa união, e as pessoas que são influenciadas pela sétima casa tendem a ser espiritualmente abertas. Vamos ser flexíveis, pessoal!

Primeira Casa
Signo Ascendente

Esta casa influencia sua personalidade e a maneira como você se projeta para os outros. A primeira casa amplifica nosso verdadeiro eu e as impressões que deixamos naqueles que estão na nossa companhia

Sexta Casa

Esta casa influencia sua vida cotidiana, inclusive sua saúde, seu trabalho e seu estilo de vida. As influências na sexta casa podem abarcar um interesse pelo exercício e pela nutrição. Essa é a casa do amor-próprio.

Segunda Casa

Esta casa rege como nos lidamos com nosso dinheiro, sucesso e posses. Aqueles influenciados pela segunda casa são fortemente governados pelas leis universais, como as leis da atração.

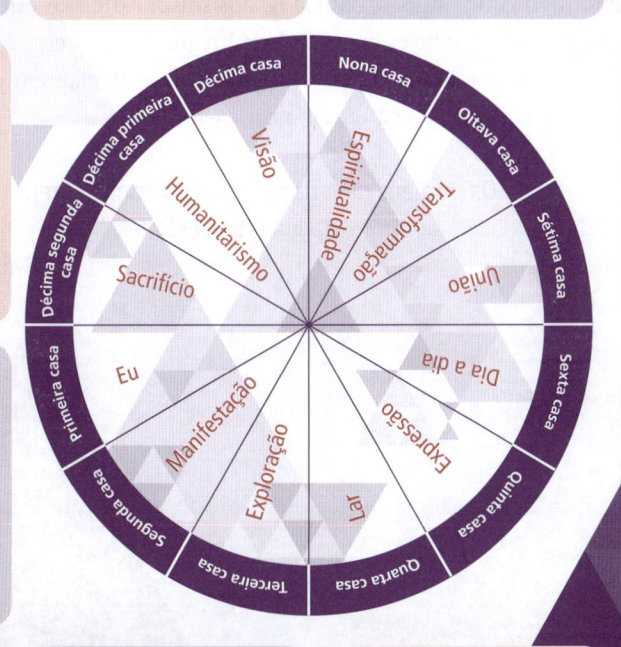

Terceira Casa

Esta casa influencia aqueles que estão na sua companhia imediata, incluindo seus irmãos, colegas de trabalho e amigos. A terceira casa influencia o amor e os relacionamentos, especialmente as lições que aprendemos com eles.

Quarta Casa

Esta casa influencia suas raízes, sua criação, seu lar e seus pais. As influências nessa casa dizem respeito à questão de se estabelecer – deixando os que estão prontos saberem que aprenderam todas suas lições, e não vão se tornar mais ancorados.

Quinta Casa

Esta casa influencia todos os elementos da expressão, inclusive o amor, os filhos, a criatividade e os animais. As influências da quinta casa tendem a envolver um sentimento de direção a partir da posse.

e aos eventos dentro dela. Está entendendo? Se não está, relaxe. Foi nesse ponto que minha mente começou a se encher de estática, mais ou menos como quando a professora fala nos desenhos do Charlie Brown. A partir daí você passa a precisar de um especialista que possa lhe ensinar o significado dos símbolos, como interpretar dados astrológicos e como descobrir intuitivamente o significado por trás do seu signo, planetas e experiências de vida, o que é uma jornada complexa e uma coisa que precisa ser aprendida ao longo do tempo. Considere isso seu ponto de partida, e que ele a conduza a outros livros que se aprofundam nos detalhes, cursos virtuais ou astrólogos.

Cabe a você decidir quanto vai se elevar, com o intuito de tocar as estrelas e ampliar seu entendimento dos signos, das casas, dos solstícios e dos equinócios, do sol, da lua e de onde seu mundo gira entre eles. Lembre-se de que esta é apenas outra pista para ajudá-la a se conectar com as lições da sua alma e revelar seu propósito. Suas respostas estão escritas nas estrelas – vá tentar alcançá-las!

> "Os homens deveriam obter seu conhecimento do sol,
> da lua e das estrelas."
> ➤Ralph Waldo Emerson

SUAS LEIS UNIVERSAIS

"O significado da vida é encontrar nosso dom; o propósito da vida é oferecê-lo ao mundo."
➤ Provérbio

Todos vivemos a vida de acordo com certos conjuntos de leis. Podemos não as chamar de leis, mas sem dúvida é isso que são. Você acorda numa determinada hora todos os dias? Você só se permite comer sobremesa nos fins de semana? Procura sair do escritório a uma certa hora no fim do dia, independentemente de quanto trabalho ainda precise ser feito? Esses são exemplos das inúmeras pequenas leis que estabelecemos para nós mesmas. Mas e as grandes leis? Aquelas de que todas as pessoas ouviram falar, mesmo que não tenham vivido de acordo com elas? Essas são as leis que moldam e governam a entidade viva que é a Humanidade – as leis da vida –, quer por meio da religião, da filosofia ou da sociedade, ou de uma combinação de todas essas coisas.

Por que nós, buscadoras espirituais, deveríamos nos importar? O que as leis universais têm a ver com nossos chakras, signos astrológicos e Feng Shui? Eis a breve resposta: tudo.

Vou configurar isso da seguinte maneira: estamos na parte deste livro que se concentra na *mente*, na nossa jornada espiritual do corpo-mente-espírito (lembre-se de que tudo está conectado). É na mente que tudo o que o corpo e a alma vivenciam e aprendem se reúne e você forma opiniões a respeito de si mesma e de como você vê o mundo. Nossas leis universais – os Dez Mandamentos no cristianismo, as leis da física, o karma, a lei da atração – são o resultado da nossa mente sintetizando todas as experiências do nosso corpo e do nosso espírito, e encontrando universalmente significado neles. Podemos não endossar as mesmas leis universais, mas não é isso realmente que "universal" significa nesse contexto. Significa que, não importa a nossa formação ou sistema de crenças, existe pelo menos uma semente de verdade universal a ser encontrada em todos esses sistemas, que todas nós poderemos utilizar e com a qual nos identificamos. Além disso, na condição de buscadoras espirituais, é importante que reconheçamos, valorizemos e tornemos nosso esse fato, da maneira que julgarmos conveniente. Afinal de contas, nosso lar é dentro do universo – vamos ficar aqui durante algum tempo, de modo que faz sentido trabalhar com ele e não contra ele, certo?

Tomemos as religiões do mundo, por exemplo. Independentemente das suas diferenças por vezes significativas, todas as religiões, de certa maneira, promovem uma coisa: a bondade. Todas procuram coletivamente incentivar a fé, esperança e direção na vida. Bondade, benevolência, amor, caridade – não importa a palavra que queira atribuir, esse é o elemento universal básico, independentemente da religião na qual você possa ou não acreditar. Não importa qual o nosso deus, cultura, formação ou história, a necessidade fundamental, a força motriz por trás da nossa vida é esta necessidade universal: integração, bondade, amor.

Os Dez Mandamentos? Sem dúvida, alguns deles são bastante restritivos – "Amar a Deus sobre todas as coisas" – e um pouco triviais na visão mais abrangente das coisas, como "Não desejarás a mulher do próximo" – um excelente conselho, mas talvez não absolutamente imprescindível para nosso bem-estar espiritual como outros mandamentos, como "não matarás" e "honrarás pai e mãe". Há uma razão pela qual alguns mandamentos são mais amplamente adotados do que outros – os mais importantes para as pessoas de todas as crenças são aqueles que têm a ver com a bondade para com nós mesmos e nossos semelhantes. Essas são as leis que se dirigem a nós a partir da nossa mente, corpo e espírito, aquelas que foram programadas antes de qualquer formação religiosa e cultural ou assimilação de uma sabedoria espiritual.

E o hinduísmo? Sendo ao mesmo tempo uma religião e um modo de vida, o hinduísmo é uma das bases da cultura indiana e é composto de muitas tradições, uma delas sendo o conceito do karma. Esse conceito, que também pode ser encontrado no taoismo, jainismo e outras religiões e caminhos espirituais do mundo, é a crença de que nossas ações negativas têm consequências tanto nesta vida quanto em vidas futuras; isso quer dizer, na sua forma mais básica, que as ações negativas terão consequências negativas, e as ações positivas terão resultados positivos. Esse conceito, portanto, determina como uma pessoa passa pela vida – ela vai criar uma energia negativa e, por conseguinte, uma marca negativa no mundo, e na sua alma, por ser um idiota, ou ela vai trabalhar para tornar o mundo (e sua alma) um lugar melhor, tanto nesta vida quanto em todas as próximas vidas? Uma vez mais, isso retorna ao nosso ponto central enquanto buscadoras espirituais: a bondade. Essa é a lei a que obedecemos.

Então, quais são as leis da sua vida? Que filosofia você endossa? As crenças filosóficas podem variar drasticamente entre as culturas, continentes e séculos, mas muitas filosofias também convergem em certos pontos, ou leis, centrais, e essas leis frequentemente têm a ver com a busca do equilíbrio, da totalidade e da felicidade. Tomemos o utilitarismo, por exemplo.[1] É uma forma de filosofia ética que teoriza que nossas ações devem sempre ser empreendidas com o objetivo de causar o que há de melhor para o maior número possível de pessoas. Uma lei universal de parar para pensar antes de agir, de perguntar: "Isto está beneficiando apenas a mim ou vai beneficiar outras pessoas?". Uma visão do mundo como um todo, de todas as pessoas como uma única tribo, e de como levar o que há de melhor para o maior número possível de pessoas, não apenas para aquelas que estão próximas de você. Uma filosofia semelhante é a deontologia, que se concentra na obrigação moral de viver e agir a partir de uma posição de dever para com nós mesmos e com nossos semelhantes, independentemente de se as consequências são boas ou más, e que tem um foco em como essas escolhas poderão afetar os outros. Acredita-se que as teorias de Immanuel Kant tenham uma natureza deontológica porque falam de agir em função do dever e defendem que a verdadeira ética reside na motivação das ações das pessoas, e não nas consequências.[2]

E a ciência? A ciência é frequentemente retratada sob uma espécie de luz fria e impassível, porque diz respeito aos fatos (o que é correto), mas isso não significa que não haja um importante tesouro espiritual nas disciplinas da biologia, da física, da matemática, da astronomia e de muitas outras. Você já olhou de perto para uma íris humana e notou a estonteante semelhança que ela tem com uma constelação ou uma nebulosa? A beleza precisa da sequência de Fibonacci; as "milagrosas espirais" refletidas nos dois braços de galáxias distantes e em coisas como os furacões e as conchas de algumas criaturas marinhas aqui na terra, como o náutilo. E a poesia (sim, é poética!) da primeira lei da termodinâmica (toda a energia no universo pode se modificar e assumir diferentes formas, mas não pode ser criada ou destruída) — essas coisas nos sensibilizam num profundo nível espiritual, que ultrapassa as fronteiras da linguagem, da cultura e do tempo.[3]

E os chamados movimentos do "Novo Pensamento", como a lei da atração, por exemplo? Embora esteja muito na moda hoje em dia, a lei da atração, na verdade, é conhecida há muito tempo e já foi discutida por alguns dos pensadores mais venerados do mundo, de Platão a Einstein, e por autores como Esther Hicks e Rhonda Byrne. A ideia de que existe uma lei universal na qual "os semelhantes se atraem" — em outras palavras, o que você pensa, deseja, irradia para o mundo volta para você na mesma medida — se estende pelos planos filosófico, científico e experiencial. Tomemos o conceito do "quadro de visualização" do *best-seller O Segredo*, de Rhonda Byrne, no qual os leitores recebem a tarefa de criar um tipo de colagem que represente tudo o que gostariam de receber na vida, como relacionamentos, metas profissionais, desejos pessoais e muitas outras coisas.[4] Isso, em poucas palavras, é uma representação visual da lei da atração; a colagem está dizendo: "Recebo essas coisas/pessoas/ideias na minha vida visualizando-as ativamente diante de mim como se eu já as possuísse". O que sua alma mais deseja, aquilo em que sua mente mais pensa, a nutrição pela qual o corpo anseia, é o que você atrairá para sua vida. Esther Hicks diz isso da seguinte maneira: "Se você deseja algo e o tem como certo, ele será seu muito em breve".[5]

Com base em que leis universais você vive? Você acredita em karma? Acredita num deus ou outra forma de ser espiritual superior? Sejam quais forem as leis que você segue na vida, não há como voltar atrás! Mesmo que tenha apenas iniciado a sua jornada como buscadora espiritual, você já está mais sábia, mais amorosa e mais consciente do que antes de absorver essas informações.

Eis meu desafio para você: descubra três pequenas maneiras de reconhecer e incluir suas leis e crenças universais à sua rotina. Pare um momento, olhe para o céu e agradeça ao caos cósmico por permitir que você viva nesta pequena rocha que rodopia através do espaço, contra todas as probabilidades. Faça alguma coisa boa para alguém que você não conhece — pague o café para a pessoa que está atrás de você na fila ou cumprimente ou converse com alguém no metrô — e observe a energia kármica positiva voltar para você. Cabe a você decidir como fazer suas leis universais serem importantes — apenas não deixe de fazer isso.

À medida que você avançar, vai alternar entre estados de intolerância e tolerância, enquanto conhece as opiniões de outras pessoas sobre a espiritualidade. Lembre-se de que você não precisa aceitar o que elas pensam e no que acreditam, e tampouco elas precisam aceitar o que você pensa e em que acredita. Dessa maneira, constatamos que a jornada de cada pessoa é individual.

> **Explore isto!**
>
> Faça uma lista das pessoas que você admira e que você sente que são boas, amáveis e éticas. Em seguida, escreva quais as leis universais ou leis de ética segundo as quais elas atuam. As pessoas que você admira lhe darão grandes pistas a respeito dos seus pontos de vista éticos e a ajudarão a compreender melhor seus valores.

"Conhecer nossa missão pessoal realça ainda mais o fluxo de misteriosas coincidências à medida que somos guiados em direção ao nosso destino. Primeiro, temos uma pergunta, e depois os sonhos, devaneios e intuições nos levam em direção às respostas, que geralmente são providenciadas sincronisticamente pela sabedoria de outro ser humano.
> ▶James Redfield

Pessoalmente, sinto que tenho a responsabilidade de compartilhar e aprender a respeito da sabedoria, pensamentos e inspiração com outras almas afins, e sempre constatei que essas pessoas entram na minha vida nos momentos perfeitos. Para aquelas que estão curiosas, com frequência penso em mim mesma como uma mensageira, apontando para diferentes caminhos potenciais, apresentando mestres ou guias, e emprestando para elas livros, objetos e fragmentos de filosofia que sinto que as agradarão. A coisa que eu mais evito é ser, de alguma maneira, uma pregadora. Eu me considero mais uma orientadora com tendência a personalizar e recomendar diferentes elementos da espiritualidade e das leis universais para as pessoas, quando parecem estar abertas e prontas.

Poucos escutam a própria alma e um número menor de pessoas ainda aprende com ela. Cara amiga, viva em sintonia com sua alma; ela a torna mais esclarecida do que a maioria das pessoas. Você opera em função de uma lei universal, uma lei presente em todas as religiões, é praticada por todos os grandes líderes, de modo que procure avançar pela vida com um mantra de aceitação, compreensão, bondade e amor; sorria para desconhecidos e doe sua energia ouvindo, ajudando e amando os que estão à sua volta.

"Claro, claro, Emma", você poderá dizer. "A gentileza é uma coisa muito boa, mas sou apenas humana!" Bem, naturalmente. Todos nós somos. Ser humano significa que você tropeçará às vezes. Mas ser uma buscadora espiritual significa que você tem consciência de quando fala rispidamente ou fica mal-humorada, zangada ou ressentida, mas tem as ferramentas e o conhecimento necessários para superar os obstáculos, liberar sua energia negativa e voltar a um estado de positividade.

> *"Inclua o coração, a mente e a alma até mesmo nas menores ações. Esse é o segredo do sucesso."*
> ➤**Swami Sivananda**

Se eu pudesse oferecer uma lei mais universal antes de prosseguirmos, ela seria a seguinte: ria diariamente e de preferência bem alto. Você ficará mais feliz e a felicidade atrai a magia; portanto, ria! Quando se trata de nutrir a alma, nosso amigo Buda tem algumas lições valiosas para nós – esse cara sabia mesmo rir! A alegria era seu passatempo predileto. Pense em quantas estátuas ou estatuetas de Budas risonhos você já viu na vida. Que grande maneira de ser lembrado. À medida que você avança para a Parte III, quero desafiá-la a ser a sua própria versão de um Buda jovial. Pode ser passando mais tempo com sua família ou com crianças; pode ser passando algum tempo na natureza; pode ser lendo, rindo ou assistindo ao seu programa favorito na televisão. Não importa o que seja, busque isso regularmente, priorize-o, arranje tempo para isso. Pense nisso da seguinte maneira: assim como você se alimenta quando seu estômago ronca, quando se sentir deprimida e sua alma clamar por atenção, alimente-a – alimente-a com alegria e risadas. Essa é uma lei que eu acho que todos podemos seguir.

> **EXPLORE ISTO!**
>
> Pegue uma folha de papel ou faça algumas anotações na sua agenda que resumam suas leis universais e sirvam de lembretes ao longo do dia. Podem ser simples como "Seja amável", "Aja com amor" ou "Esforce-se por compreender antes de julgar". Deixe que atuem como toques delicados, especialmente durante seus dias mais agitados, quando seu código de ética pode às vezes se ausentar da sua lista de prioridades.

Parte III

Espírito vibrante

Bem, minha amiga, aqui estamos nós: na "alma" de todo esse negócio de busca espiritual! A escalada foi empolgante e agora você pode se preparar para um orgasmo da alma. Um orgasmo da alma é aquele sentimento fluido de júbilo que a atinge quando sua mente, seu coração e sua alma entram em sintonia.

Como mencionei no início da nossa jornada, podemos definir a *alma* de muitas maneiras diferentes. Algumas pessoas a chamam de essência vital; outras a definem como a manifestação de um poder superior dentro de nós; para outras ainda, a *alma* é apenas o mais próximo que conseguimos chegar da descrição de o que significa estar verdadeiramente vivos. Algumas pessoas acreditam que a alma vive depois da morte, ou que a alma é repetidamente transferida para diferentes corpos até que finalmente ascende à iluminação. Praticamente todas as culturas do planeta ao longo da história têm alguma forma de crença naquilo que chamamos de alma – trata-se de uma parte universal e inegável da condição humana.

Sim, esta seção é decididamente a respeito da alma, mas também trata do espírito. Às vezes, a palavra *espírito* é usada como sinônimo de *alma*, e eu acho que isso faz sentido. Mas *espírito*, neste contexto, também significa inteligência, graça e energia vital – é um convite para explorar além das fronteiras da mente e do corpo e abarcar o lado etéreo da existência.

Isso significa que você provavelmente terá que alongar um pouquinho mais aquele músculo da esquisitice. Coloque seu ceticismo em banho-maria e abra o coração para o mundo estranho e maravilhoso dos guias espirituais e da regressão às vidas passadas, além de também dar alguns passos no que pode ser um território mais descontraído, como a astrologia, as almas gêmeas e até mesmo a simples alegria de levantar os braços num show e cantar com todo mundo. Todas essas coisas são espirituais e todas podem contribuir para a saúde e o bem-estar da sua alma; então, continue a ler, buscadora espiritual. Sua busca continua.

10

SEUS GUIAS

Você não entraria numa floresta sem levar pelo menos um mapa, entraria? Espero que responda que não, pois eu fiz isso uma vez – depois de sete horas, um sem-número de arranhões e picadas de insetos, uma garrafa de água vazia e uma fome voraz, voltei cambaleando para meu acampamento, muito mais mal-humorada e um pouco mais esperta... assim espero.

Da mesma forma que um mapa, um guia pode representar a diferença entre uma grande aventura e uma péssima experiência quando estamos explorando o mundo maior e aprendendo sobre os amigos espirituais, anjos, anciãos e ancestrais. Na minha busca espiritual, ter a ajuda dos guias foi por si só uma das experiências mais reconfortantes da minha vida. Eu sei, eu sei, um pouco excêntrico, certo? Compreendo. Mas lembre-se: explorar e manter a mente, o coração e a alma abertos é quase tão saudável quanto um pouquinho de ceticismo. Com isso em mente, vou contar algumas histórias a respeito dos guias.

Eu desenvolvi enormes problemas de abandono e confiança quando criança, que ficaram ainda piores quando minha mãe adotiva morreu de câncer, no início da minha adolescência. Eu estava entrando na idade adulta sem uma figura materna e me sentia perdida, zangada, revoltada e mais sozinha do que nunca. Foi então, nos meus dias mais vazios, que comecei a notar certas coisas ao meu redor. Vivenciei sinais, mensagens e coincidências que me fizeram sentir que alguém ou alguma coisa estava comigo. Até hoje, vejo dentes-de-leão sempre que sinto saudades da minha mãe e, todas as vezes que vejo um, sorrio e agradeço a ela por me fazer uma visita.

Não tenho a menor ideia da razão por que vejo dentes-de-leão; não tenho nenhuma lembrança de dentes-de-leão associada à minha mãe, e eles não têm nenhum significado simbólico que eu conheça, embora me lembrem de soprar as sementes e fazer um pedido. Gosto de pensar que talvez representem a jornada na qual encontro novamente o caminho em direção à minha mãe. Assim como uma semente de dente-de-leão, minha adoção me proporcionou um lar amoroso onde pude crescer e os desejos da minha mãe de ter uma família puderam se realizar.

Não tive uma criação religiosa. Meu pai era católico e minha mãe, ateia. Desde pequena, eu tinha curiosidade a respeito de coisas que nunca tinham me ensinado, como tarô, velas e apanhadores de sonhos. Colecionava pequenas estatuetas de anjos. Eu sentia uma familiaridade com coisas que deveriam ser inteiramente novas para mim. Assim como minha espiritualidade hoje em dia, eu não associava as coisas nas quais estava interessada a nenhuma religião, e sim a uma verdade ou verdades espirituais mais profundas que eu ainda não compreendia. Essa é uma das razões pelas quais tenho afinidade com os anjos, porque, de muitas maneiras, eles também não têm uma ligação rígida com nenhuma religião. Muitas religiões falam dos anjos e até mesmo pessoas que não se classificam como religiosas ou espirituais acreditam em anjos. Na realidade, numa pesquisa de opinião conduzida pela CBS em 2011, oito em dez norte-americanos declararam que acreditavam em anjos.[1]

Muitos buscadores espirituais têm diferentes designações para seus guias – alguns são deuses; outros são anjos; alguns os chamam de anciãos, ancestrais, guias espirituais; e alguns são até mesmo animais. Também nos conectamos com os guias por meio de diferentes veículos – alguns seguem meditações orientadas, outros usam baralhos de anjos ou o tarô, alguns usam pêndulos de cristal e outros apenas procuram sinais no dia a dia, como os meus dentes-de-leão. Também recebo mensagens por meio das músicas – quando isso acontece, a letra é sempre tão ressonante que chega a ser ensurdecedora. Quando faço meditações orientadas que me conectam com meus guias, sinto calafrios, fico arrepiada e sou dominada por um sentimento de amor tão intenso que tenho vontade de chorar. No que diz respeito aos meus guias, gosto de usar uma combinação dessas coisas, porque sinto então que é bem provável que eu ouça a mensagem em alto e bom som, não importa o que esteja sendo comunicado – e, na maioria das vezes, meus guias têm que praticamente gritar para transmitir suas mensagens para mim!

Esta é uma característica dos guias: embora estejam sempre conosco, eles não se manifestam enquanto não forem convidados a fazer isso. Sabe aquelas vezes em que você estava passando por um grande apuro, sem saber o que fazer e desesperada por alguma ajuda do Universo, talvez gritando "Por que isso está acontecendo"? E então, talvez, apenas talvez, quando você pediu uma ajuda, um sinal ou uma solução, você recebeu? Esses foram momentos em que seus guias vieram em seu socorro. Como você discou a linha direta de emergência espiritual, eles sabiam que você estava aceitando a ajuda deles. Uma das coisas mais revolucionárias que aprendi na minha permanente busca é

> **Explore isto!**
>
> Não há regras quando você se conecta com seus guias. Qualquer coisa que imagine, o que quer que combine melhor com você, aceite e siga em frente. Dizem que os guias espirituais geralmente se conectam conosco de um jeito com o qual nos sentimos à vontade; portanto, fique aberta a qualquer coisa que sensibilize sua alma.

como pedir ajuda. Irradie seu pedido. E agradeça a eles quando a ajudarem. E o mais importante: fique atento aos sinais dos seus guias para não passar direto pela corda de resgate que eles estão lançando na sua direção.

> "Você não precisa de uma prece ou invocação formal para atrair os Anjos. Você só precisa pensar: 'Anjos, por favor, me circundem', e lá estarão eles."
> ➤Doreen Virtue

Certa vez, tive uma conexão com meus guias que me deixou assustada e impressionada. Isso jogou pela janela qualquer dúvida que eu pudesse ter. Até hoje, essa ainda é a mensagem mais poderosa que jamais recebi dos meus guias.

Eu tinha voltado para a Nova Zelândia, depois de morar na Espanha e nos Estados Unidos, e estava me sentindo deslocada e um pouco perdida (problemas no chakra da Raiz). Eu tinha decidido investir o pouco dinheiro disponível que eu tinha num *coach* que pudesse me ajudar a definir a direção que eu queria seguir na vida e me dar um empurrão. O Universo me apontou Jasmine Platt, uma *coach* de vida espiritual que não apenas injetou muita inspiração na minha vida, como também compartilhou comigo sua sabedoria. Nós nos identificamos imediatamente, e não demorou muito para que eu estivesse usando métodos espirituais para me proteger de vampiros energéticos, me cercasse de outras pessoas que trabalhavam com a luz e começasse a me comunicar com meus guias e com os espíritos. Com frequência, eu me despedia dela me sentindo renovada, como se tivesse acabado de fazer uma desintoxicação com suco verde ou tivesse acabado de acordar depois de dez horas de sono!

Certa noite, voltei para casa depois de uma sessão de duas horas com Jasmine e encontrei a casa vazia; meu parceiro tinha saído. Meu incrível sentimento de calma e estabilidade foi deixado para trás enquanto eu caminhava em direção à casa vazia e escura, e, a cada passo, eu ia ficando cada vez mais irritada. Meu parceiro era muito divertido, descontraído e bagunceiro. Eu era um pouco mais careta ou "chata", como diriam alguns. Amava as pessoas e adorava me divertir, mas detestava não ter um planejamento, e as coisas que não seguiam um cronograma me deixavam maluca. Portanto, o fato de ele não estar em casa e eu não saber onde ele estava realmente me deixou furiosa.

Eu ainda conseguia me sentir incrivelmente energizada por causa da minha sessão com Jasmine, mas agora estava contaminada pela frustração, pela ansiedade e pelo estresse. Entrei em casa, joguei a bolsa no chão e caminhei a passos duros até o telefone. Digitei, zangada, o número do celular dele, mas bati com força o fone no gancho quando ninguém atendeu. Levantei os braços formando um círculo em volta de mim, praticando minha recém-aprendida habilidade de proteção energética, terminando com as mãos sobre a cabeça, as palmas voltadas uma para a outra, fechando o selo de proteção. (Vamos tratar desse assunto da proteção energética posteriormente, no Capítulo 13.)

Naquele momento, todas as luzes se apagaram na casa e me vi em pé, na mais completa escuridão. Desliguei o telefone e fiquei paralisada. Fui até a janela para ver se as luzes da rua ainda estavam acesas, para ver se a vizinhança estava sem energia. As luzes da rua brilhavam reluzentes; fui até outra janela para verificar os vizinhos e vi que todas as outras casas da rua continuavam acesas. Fiquei parada no escuro, em silêncio, calma, durante alguns momentos. Era um estranho sentimento – eu não estava assustada; eu me sentia como se estivesse precisando parar e reajustar o foco.

A porta da frente rangeu e meu parceiro entrou em casa. Eu ainda estava um pouco irritada. Ele me olhou de um jeito esquisito por eu estar de pé na porta e no escuro, tentou ligar o interruptor e depois usou o telefone como lanterna e se encaminhou para a caixa de fusíveis. Eu, por outro lado, peguei meu iPod, pulei na cama e repassei minhas músicas, o tempo todo pedindo aos meus guias que por favor escolhessem uma música para mim. Coloquei meu iPod em *random*. Um baixo sonoro pulsou de repente nos meus fones de ouvido e ouvi Britney Spears começar a cantar a letra de *I Wanna Go*, me dizendo para "extravasar" "quando a luz estiver apagada".[2]

Eu tive que rir; meus guias claramente tinham senso de humor, primeiro, eles tinham escolhido a única música de Britney Spears em todo o meu iPod – o que em si já é hilário. Meus parabéns, guias. Quero dizer, que guia pensaria, "Bem, vamos sugerir para ela uma música de Britney?". Aparentemente os meus pensam. Em segundo lugar, eles estavam me dizendo para extravasar, relaxar e me divertir – para parar de me estressar com coisas sem importância e me soltar. Eles estavam certos. A espiritualidade é uma aventura. A busca espiritual está destinada a ser divertida, e seus guias muitas vezes têm senso de humor, de modo que não se esqueça de ter também!

Depois de ouvir aquela música e ela mudar minha perspectiva com relação a um momento frustrante, eu me conscientizei de muitos outros pequenos sinais como aquele, e até mesmo rastreei outras mensagens dos meus guias por meio de músicas que tinham tocado em alguns dos maiores marcos da minha vida. Foi muito reconfortante saber que meus guias estavam comigo em todas essas ocasiões. Por exemplo, houve uma que aconteceu quando eu tinha 16 anos e minha mãe estava com uma doença terminal. Ela estava de cama e completamente exausta, a ponto de nem mesmo conseguir falar; ela estava usando toda a energia que tinha para não pegar no sono. Lembro-me de ter pensado que isso era porque ela tinha medo de não acordar de novo, e talvez eu estivesse certa. Ela falava comigo com os olhos – seus olhos podiam rir e, com certeza, também tinham o poder de me repreender! Na manhã em que ela se despediu de nós, eu estava sentada ao lado dela, segurando sua mão, e perguntei: "Você me ama, não ama, mamãe?".

Ela respondeu revirando rapidamente os olhos e me olhando com intenso afeto, como se estivesse dizendo: "O que você acha? Claro que eu amo!". Minha mãe faleceu poucas horas depois. Todos saíram do quarto e eu fiquei ao lado dela. Eu me senti culpada por precisar que me dissesse que me amava quando isso era fisicamente impossível.

Estava zangada comigo mesma, sem mencionar que também estava muito transtornada por ter acabado de presenciar a morte dela. Eu me inclinei para lhe dar um abraço de despedida e dizer que eu lamentava muito. Quando me levantei para sair do quarto, ouvi uma música no rádio. Até esse momento, eu nem tinha notado que ele estava ligado. A música era *More than Words,* do Extreme, e ela me tranquilizou e me lembrou naquele momento que o amor envolve muito mais do que palavras. Envolve ações, sentimentos e não precisa ser expresso em palavras.

Somente um ano depois contei o ocorrido para minha irmã, que é muito cética quando se trata de espiritualidade. Na vez seguinte em que minha irmã, meu pai e eu estávamos reunidos, a música tocou novamente no rádio e minha irmã olhou para mim e sorriu. Acredito que tenham sido meus guias, inclusive minha mãe, nos fazendo saber que estavam conosco. Afinal de contas, um ente querido que faleceu é simplesmente outro guia espiritual, só que você sabe o nome desse guia.

Como mencionei anteriormente, os guias nem sempre falam diretamente conosco quando têm uma mensagem para nós, embora às vezes façam isso! Os guias se apresentam em muitas formas. Este capítulo tratará de alguns dos guias mais comuns que as pessoas encontram, e das maneiras mais usuais pelas quais eles tendem a entrar em contato conosco. À medida que você for lendo, eu a convido a absorver as informações com as quais mais se identificar e depois a seguir nesse caminho procurando os guias pelos quais sentir mais afinidade. Acredite em mim, eles vão reparar nisso e entrar em contato.

Tipos de guias

Há muita coisa a aprender e descobrir a respeito dos nossos guias. Para mim, esse é um processo que não acaba nunca. Você pode invocar diferentes tipos de guias quando mais precisar deles, e cada um de nós tem diferentes formas de guias espirituais. Algumas pessoas podem sentir mais afinidade com guias animais, e outras podem se sentir mais conectadas com anjos ou o espírito de parentes que já tenham falecido. Como sempre, a melhor maneira de descobrir quais os guias com que você mais se identifica é perguntar a eles. Fique aberta à possibilidade de fazer contato e você fará.

Os anjos

ESCALA DE ESQUISITICE: ▲▲▲▲▲▲▲▲▲▲
ESCALA EXPLORE ISTO: ▲▲▲▲▲▲▲▲▲▲

A tabela que se segue delineia alguns elementos terrenos com os quais os anjos estão conectados.[3] Isso pode ajudá-la a invocar o anjo que você sentir que é mais adequado às suas necessidades.

Arcanjo Miguel	Arcanjo Gabriel	Arcanjo Rafael	Arcanjo Uriel
Anjo de proteção	Anjo do nascimento, da criação dos filhos e da comunicação	Anjo da cura e protetor dos viajantes	Arcanjo dos pecadores e da música
Representa: Amor **Elemento:** Fogo **Direção:** Sul **Estação:** Outono **Cor:** Vermelho (embora muitas pessoas também associem este anjo ao azul) **Signos do Zodíaco:** Áries, Leão e Sagitário	**Representa:** Superação das dúvidas e temores **Elemento:** Água **Direção:** Oeste **Estação:** Inverno **Cor:** Esmeralda **Signos do Zodíaco:** Câncer, Escorpião e Peixes	**Representa:** Cura **Elemento:** Ar **Direção:** Leste **Estação:** Primavera **Cor:** Azul (muitas pessoas também associam o verde à cura do anjo Rafael) **Signos do Zodíaco:** Gêmeos, Libra e Aquário	**Representa:** Pensamento claro **Elemento:** Terra **Direção:** Norte **Estação:** Verão **Cor:** Branco **Signos do Zodíaco:** Touro, Virgem e Capricórnio

> "Os anjos iluminam o caminho. Os anjos não relutam em conceder nada a ninguém, os anjos não criticam ninguém, os anjos não competem entre si, os anjos não constringem seu coração, os anjos não sentem medo. É por isso que eles cantam e é assim que eles voam. Nós, é claro, somos apenas anjos disfarçados."
> ➤Marianne Williamson

Os animais de poder

ESCALA DE ESQUISITICE: ▲▲▲▲▲▲▲▲▲△
ESCALA EXPLORE ISTO: ▲▲▲▲▲▲△△△△

Os animais de poder são outra forma de guia com a qual algumas buscadoras espirituais se identificam. Não é raro uma buscadora espiritual sentir afinidade por um animal – uma conexão, algo que o atrai. Ele pode ter sido seu animal favorito na infância, um animal de estimação predileto ou talvez um animal do qual você tenha tido repetidas visões ou com o qual sonhou. Nossos guias se apresentam para nós da maneira como estamos dispostas a vê-los, e é natural, para muitas buscadoras espirituais, se conectar com seus guias por intermédio da forma de um animal. Preste atenção aos animais na sua vida, porque essa pode muito bem ser a maneira pela qual seus guias estão tentando entrar em contato com você, protegê-la e conduzi-la através das dificuldades. Segue-se uma lista com alguns animais que são guias espirituais e o que eles simbolizam.[4]

Urso

O urso é um dos animais mais poderosos na esfera dos guias espirituais. Esse guia está em sintonia com a cura emocional e física e costuma se conectar com buscadoras espirituais que sentem uma profunda ligação com a terra e a vida ao ar livre.

Borboleta

A borboleta é um símbolo de transformação. O guia borboleta aparecerá nas ocasiões de mudança e desenvolvimento da vida, e, com a orientação da borboleta, a transição através dessas mudanças ocorrerá com mais facilidade e elegância.

Gato

Este animal de poder é o símbolo da curiosidade, da aventura e da independência. O gato também pode representar a arte da paciência e da totalidade.

Veado

Este guia espiritual é geralmente visto pelas buscadoras espirituais sensíveis, altamente intuitivas e que são extremamente espiritualizadas. As pessoas conectadas a esse animal são confiantes e bem-sucedidas, ao mesmo tempo que delicadas e graciosas.

Pombo

O pombo representa a paz e, como guia espiritual, simboliza bênçãos e reinícios para ajudar as pessoas preocupadas ou estressadas a encontrar paz.

Golfinho

O guia espiritual golfinho representa sabedoria com descontração. Com frequência os golfinhos são mestres espirituais ou servem de mensageiros na comunicação com outros guias.

Elefante

O elefante (meu animal de poder) simboliza a sabedoria, a delicadeza e o entendimento espiritual. Com muita frequência, as buscadoras espirituais que se propõem a trabalhar numa função humanitária se conectam com o guia espiritual elefante.

Rã

A rã é o guia espiritual da cura, representando o processo de curar feridas tanto emocionais quanto físicas. A rã geralmente se conecta com buscadoras espirituais que estão na jornada do sofrimento em direção à paz.

Raposa

A raposa é o guia da camuflagem e simboliza a arte do desapego e de viver com nossos instintos mais profundos para nos adaptarmos e crescermos com nosso ambiente.

Cavalo

O cavalo é o guia da paixão, do impulso e do desejo de liberdade e expressão. O significado do cavalo pode variar dependendo da maneira como você vê seu cavalo, domado ou selvagem, um cavalo que ajuda no trabalho ou um cavalo de corrida.

Falcão

O guia espiritual falcão representa perspectiva e a capacidade de ver as coisas a partir de todos os ângulos – a perfeita visão para o desenvolvimento espiritual.

Leão

O guia espiritual leão representa ânimo e coragem, e se conecta com buscadoras espirituais que têm um profundo sentimento de autoridade e são líderes natas.

Camundongo

O camundongo representa a arte do detalhe e simboliza o escrutínio. O guia camundongo nos faz lembrar que não devemos negligenciar os pequenos detalhes da vida.

Coruja

A coruja é o guia espiritual que tem a capacidade de enxergar o que os outros não percebem. As corujas ajudam as buscadoras espirituais a ver o significado mais profundo das coisas e descobrir os tesouros ocultos da vida.

Pavão

O pavão representa a ressurreição e se conecta com as buscadoras espirituais que estão no processo de se transformar ou se reinventar.

Tartaruga

A tartaruga é um guia de grande elevação espiritual, que representa a jornada em direção à sabedoria, à verdade, ao entendimento e à paz. A tartaruga também simboliza a necessidade de fazer uma pausa, uma autorreflexão, e checar nossos alicerces e conexão com nosso caminho espiritual. Os guias espirituais tartarugas frequentemente se conectam com os professores.

Tigre

O guia tigre representa emoções e sentimentos brutos. Os guias tigres se conectam com buscadoras espirituais que são intuitivas e competentes em seguir seus instintos.

Lobo

O lobo está conectado com a inteligência, o instinto e a liberdade. O lobo pode aparecer quando você desconfia de situações sociais e pode ser um lembrete para que você siga seus instintos primordiais.

Maneiras como os guias se comunicam

Seus guias se comunicarão por meio de algo que chame sua atenção ou faça sentido para você. Você pode vivenciar vários dos métodos de comunicação descritos a seguir, ou algo que seja inteiramente exclusivo e só ocorra entre você e seus guias pessoais. Meu palpite é que pelo menos alguns desses métodos corresponderão a uma experiência ou memória que você tenha, e servirão como um ponto de partida para que você investigue mais.

Os mensageiros

ESCALA DE ESQUISITICE: ▲▲▲▲▲▲▲▲▲▲
ESCALA EXPLORE ISTO: ▲▲▲▲▲▲▲▲▲▲

Alguém já se aproximou de você do nada e disse alguma coisa muito intensa e profunda? Os mensageiros podem ser amigos ou desconhecidos, com mensagens que não raro são exatamente o que você precisa ouvir, na hora em que precisa ouvir. Esses comentários profundos podem servir para fortalecer sua confiança ou podem ser pistas dos seus guias. Assim sendo, se seu tio, que está geralmente bebericando uísque, fumando um cigarro e nunca diz coisa com coisa, de repente se manifesta num sensacional momento de lucidez com o qual você se identifica profundamente, eu digo o seguinte: dedique um momento à contemplação da sabedoria dele até agora desconhecida porque, quem sabe? Talvez *não* seja seu tio falando... Só uma dica.

> **EXPLORE ISTO!**
>
> O principal benefício de se conectar com um animal de poder é aplicar a sabedoria e a natureza desse animal à sua vida. Procure honrar esse animal por meio dos seus comportamentos e ações. Eu sei que o que vou dizer é óbvio, mas tente se concentrar o mais que puder nos atributos positivos do animal. Por exemplo, se seu animal de poder for um gato, canalize a obstinada energia de caçador e a independência do gato... e não o hábito que ele tem de dormir em cima dos teclados!

Os números

ESCALA DE ESQUISITICE: ▲▲▲▲▲▲▲▲▲▲
ESCALA EXPLORE ISTO: ▲▲▲▲▲▲▲▲▲▲

Você já olhou para seu relógio numa hora exata dois ou três dias seguidos? Ou viu muitos números iguais repetidos aparentemente em toda parte? Isso é porque cada número encerra um significado diferente – uma mensagem dos seus guias. Comece a prestar mais atenção sempre que vir uma série de números. Alguém pode estar tentando lhe dizer alguma coisa. Alguns números recorrentes comuns e suas mensagens são os seguintes.[5]

1:11, 11:11

Conhecida como a hora dos desejos, essa é a hora em que seus guias querem que você se concentre no que você quer e não no que está obstruindo o seu caminho. A repetição do número um significa que você está manifestando o que quer rapidamente, e procura avisar que tenha cuidado com o que deseja.

2:22

Você está se preocupando com o leite derramado. Precisa ver que as coisas com que está se preocupando estão em perfeita ordem, portanto deixe de lado todo seu estresse e dúvidas e confie no processo.

3:33

Um grupo de números três simboliza que todos os seus guias estão à sua volta. Eles querem tranquilizá-la, mostrando que você não está sozinha e que eles estão ao seu lado, protegendo-a e caminhando perto de você.

4:44

As pessoas com perfil de anjos estão propensas a avistar números quatro, já que esse é o número dos anjos que lhe informa que estão caminhando com você – ou fazendo com que você se lembre de que você mesma é um anjo!

5:55

O cinco simboliza a mudança ou uma alteração na sua energia que pode trazer novas oportunidades e crescimento. Permaneça aberta e consciente dessas alterações para não perder nenhuma das oportunidades que estão se revelando.

6:66

Esses números são um reflexo de que você está desequilibrada e possivelmente não está seguindo o propósito da sua alma. Quando tudo o que você vê são números seis, está na hora de voltar ao foco, às suas metas e prioridades, e verificar se está atuando a partir de uma postura de amor, e não de ganância, ciúme, inveja ou medo.

7:77

Este é um sinal de aprovação dos seus guias! Eles estão lhe informando que você está no caminho certo e que deve começar a ver recompensas por estar seguindo o propósito da sua alma.

8:88

Seus guias lhe mostram números oito para dizer a você que o pior já passou e que você está entrando num novo capítulo da sua vida. A fim de ingressar nessa nova fase e de progredir, você talvez tenha que abandonar algumas coisas a que vem se agarrando.

9:99

O nove é um número mestre e reflete que você tem uma grande habilidade, talento ou dom para compartilhar com o mundo. Mostrar números nove para você é o jeito de os seus guias lhe informarem que está na hora de compartilhar suas coisas boas com aqueles que a cercam.

Assim como estudamos os números no capítulo sobre numerologia, diferentes combinações de números também têm significados diversos. Se você tende a ver muitas combinações de números e sente que este é um dos canais escolhidos pelos guias para falar com você, recomendo que examine diferentes livros sobre numerologia e sobre os números dos anjos. Procure-os na biblioteca da sua cidade ou compre-os na livraria!

Cartas dos anjos

ESCALA DE ESQUISITICE: ▲▲▲▲▲▲▲▲
ESCALA EXPLORE ISTO: ▲▲▲▲▲▲▲▲

Estas cartas são uma excelente introdução à conexão com os guias, porque são objetivas, fáceis de interpretar (a maioria vem com instruções) e podem ser compradas pela internet, por meio de uma rápida busca no Google. Escolha o baralho de anjos que mais atraí-la. Pode ser o nome do baralho, as imagens, a cor – seja o que for, não analise demais. Deixe que o baralho escolha você!*

Tarô

ESCALA DE ESQUISITICE: ▲▲▲▲▲▲△△△△
ESCALA EXPLORE ISTO: ▲▲▲▲▲▲▲△△△

A maioria de nós pelo menos já ouviu falar no tarô, certo? Remontando ao século XV, o tarô é a prática de interpretar um baralho (geralmente com 78 cartas) em busca de mensagens a respeito da nossa vida e do futuro. As cartas são geralmente divididas em duas categorias: os Arcanos Menores (os quatro naipes) e os Arcanos Maiores (personagens e identidades como O Louco, Os Amantes e O Enforcado – essas cartas também são chamadas "trunfos"). Existem muitos tipos e estilos diferentes de cartas do tarô, tradicionais e modernas, sofisticadas e simples. Comece com um baralho simples e aprenda sozinha os conceitos básicos. Se você estiver se sentindo confiante ou já tiver algum conhecimento do tarô, baralhos mais tradicionais, em geral, despertam a curiosidade de almas antigas que têm um entendimento mais profundo da própria espiritualidade ou uma conexão mais estreita com ela. Essas cartas tendem a exigir muito mais estudo, uma capacidade maior de compreender e interpretá-las e intuição para compreender suas mensagens ocultas. Se você se sente atraída pelo tarô tradicional, então recomendo que aprenda mais a respeito dele, porque, com o tempo, poderá achar as Cartas dos Anjos simplistas demais para suas comunicações com a esfera espiritual.

> **EXPLORE ISTO!**
> Coloque sempre um cristal de quartzo transparente na caixa junto com as cartas para purificá-las de quaisquer energias, especialmente se outras pessoas tiverem tocado nelas.

Pêndulos de cristal

ESCALA DE ESQUISITICE: ▲▲▲▲▲▲▲▲△△
ESCALA EXPLORE ISTO: ▲▲▲▲▲▲△△△△

Sim, mais cristais. Um cristal pendurado num longo cordão pode ser usado para estabelecer uma conexão com os guias espirituais. Praticamente qualquer cristal serve, desde que seja um cristal que se harmonize com você. Para começar, você precisa "programar" o cristal para que ele conheça sua intenção e seus guias saibam como se comunicar – para

---

* Consulte também as obras *Meditando com os Anjos* e *Meditando com os Anjos II*, publicadas pela Editora Pensamento, que servem muito bem a esse mesmo propósito. (N.E.)

que lado oscilar para dizer sim, para que lado oscilar para dizer não e assim por diante. Muitas buscadoras espirituais ficam surpresas com os pêndulos de cristal, por achar que serão de pouca serventia na comunicação com os seus guias, mas, depois, com paciência e clareza, constatam que os cristais são capazes de responder às suas perguntas.

Meditações orientadas

ESCALA DE ESQUISITICE: ▲▲▲▲▲▲▲▲▲▲
ESCALA EXPLORE ISTO: ▲▲▲▲▲▲▲▲▲▲

> **Explore isto!**
>
> Volte ao Capítulo 2 e leia a respeito de cristais e pedras. Certifique-se de que escolheu aqueles com os quais você mais se identifica; em seguida acesse a internet ou vá até uma loja de produtos esotéricos e compre alguns.

Elas me surpreenderam. Levei quase um ano para realmente me conectar com minhas meditações orientadas, em parte por falta de tempo, em parte por ter uma mente que está constantemente divagando, mas valeu a pena o esforço quando finalmente consegui me aquietar por tempo suficiente para tentar de fato. É melhor fazer as meditações orientadas com fones de ouvido para bloquear completamente qualquer interferência externa e ajudar a aquietar e acalmar a mente. Além disso, procure evitar quaisquer possíveis distrações, procurando manter o gato, o cachorro ou crianças pequenas fora do quarto. Acredite em mim, é extremamente frustrante estar no meio de uma meditação orientada e seu gato pular no seu colo e começar a miar. (E, não, isso não significa que seu gato seja seu guia espiritual... embora a maioria dos gatos certamente quisesse que você pensasse assim.)

Na maioria das meditações orientadas (em CD, DVD ou on-line), uma voz serena a leva a relaxar o corpo e acalmar a respiração, e depois a conduz numa aventura pelo seu mundo interior. O que quer que você veja, sinta, ouça, cheire ou saboreie (sim, até mesmo esses dois últimos) são pistas dos seus guias. Sinto calafrios e, com frequência, algumas palavras simples com as quais meus guias me presenteiam, por exemplo. Certa vez, até escutei duas crianças dando risadinhas e dizendo para mim: "Oi, mamãe"! Se você for paciente e relaxar a ponto de sair da meditação sem saber se a experiência foi real ou não, e se você convidar seus guias para falar com você enquanto estiver nesse estado – às vezes com

> **Explore isto!**
>
> Há um vasto leque de meditações orientadas gratuitas na internet, e você as encontrará se procurar um pouco. O segredo é encontrar uma voz que faça com que você se sinta conectada – que não seja uma voz que a deixe irritada –, o que pode ser mais difícil do que parece. Vale a pena o esforço de procurar uma voz que funcione para você. Se precisar de um ponto de partida, verifique o capítulo de Extras no final deste livro, no qual encontrará algumas sugestões de meditação.

algo simples como um "olá" –, garanto que sentirá uma profunda satisfação espiritual depois das suas meditações orientadas.

Aparelhos eletrônicos

ESCALA DE ESQUISITICE: ▲▲▲▲△△△△△△
ESCALA EXPLORE ISTO: ▲▲▲▲▲▲△△△△

Sim, seus guias podem utilizar fontes de energia; afinal de contas, eles são compostos de energia. Você já notou uma luz cintilante na sua casa ou enquanto dirige por uma rua tranquila, uma música que toca no rádio ou uma coisa que você vê por acaso na televisão e que parece uma imensa coincidência? São seus guias personalizando sua programação a partir da esfera espiritual.

> "Aumentamos nossa energia e nos concentramos nas nossas situações, nas nossas questões, e depois recebemos alguma forma de orientação intuitiva, uma ideia de aonde ir ou do que fazer, e então ocorrem coincidências que possibilitam que avancemos nessa direção."
> ➤James Redfield[6]

A maneira mais simples e eficaz que posso recomendar para você pensar a respeito dos seus guias angélicos ou espirituais é simplesmente a seguinte: substitua sua sombra pelo seu espírito. Sua sombra já a segue aonde quer que você vá – ela a acompanha em todos os momentos; mesmo quando você esquece que ela existe ou dá as costas para ela, aconteça o que acontecer, ela sempre estará com você, na sua jornada de busca espiritual, quer você escolha reconhecê-la ou não. Portanto, pare e diga olá de vez em quando. Inicie uma conversa. Veja o que fala com você. Assim como muitas coisas na vida, um simples olá é sempre um bom começo.

> "Temos a capacidade de manifestar as coisas, mas nosso propósito, nossa finalidade, nosso legado também são controlados pelo nosso destino. Portanto, concentre-se no que vem com facilidade – essa é a vida que lhe foi destinada."

Explore isto!

Dê uma olhada na loja de aplicativos do seu smartphone e procure alguns aplicativos de anjos ou tarôs – eles estão lá em algum lugar! Lembre-se de que nós, buscadoras espirituais modernas, podemos fazer com que a tecnologia, que distrai nossa atenção, trabalhe a favor da nossa mente, corpo e espírito. Enquanto estiver fazendo sua busca, procure também alguns aplicativos de meditação, para que possa incluir uma sessão de meditação orientada no horário de almoço ou logo antes de ir para a cama. Seus guias estão esperando que você se sintonize.

SEUS REGISTROS AKÁSHICOS E VIDAS PASSADAS

Você já teve um momento "matrix"? Um momento em que sentiu que quebrou o código da vida, neutralizou o tempo ou entrou num portal para o passado? Isso parece intenso demais para você? E o *déjà-vu*? Isso, querida alma, é outro sinal do seu despertar espiritual.

Os Registros Akáshicos e as vidas passadas

ESCALA DE ESQUISITICE: ▲▲▲▲▲▲▲▲▲▲
ESCALA EXPLORE ISTO: ▲▲▲▲▲▲▲▲▲▲

Encontrei por acaso os Registros Akáshicos, também conhecidos como "O Livro da Vida",[1] quando estava viajando — ou como gostamos de dizer, empreendendo uma busca espiritual. Eu estava morando na Espanha e ouvi duas mulheres inglesas conversando a respeito dos registros das nossas almas. Eu apurei os ouvidos. Estava com saudades de casa e o fato de estar ouvindo pessoas falando inglês foi o que atraiu inicialmente a minha atenção. Eu me inclinei para escutar disfarçadamente, apesar de não achar isso muito elegante. Quanto mais eu ouvia, mais curiosa ficava, o que me deixou desejosa de obter outras informações para entender melhor esses supostos "registros". Corri para casa, pelas ruas pavimentadas de pedras de Maiorca — uma pequena ilha no Mediterrâneo que, ali pela metade da minha busca espiritual, eu estava chamando de lar — e quase atropelei uma pequena freira espanhola, de tão ansiosa que estava para descobrir mais coisas a respeito do que ouvira.

> "Algo profundamente escondido tinha que estar por trás das coisas."
> ➤Albert Einstein

De volta à minha casa, consultei a fonte, o oráculo, aquele que conhece todas as coisas, o único guia que coletivamente todos temos em comum — o Google, nosso guru digital onipresente. (Nota:

o Google *não* guarda seus Registros Akáshicos, mas estou certa de que isso está na lista deles, porque, afinal de contas, estamos falando do Google.) O que descobri quando comecei a pesquisar foi que esses registros não eram a teoria de autoajuda ou religiosa que eu imaginara originalmente, mas sim uma antiga crença espiritual baseada na nossa energia ou *prana* (a palavra em sânscrito para "energia vital").

O termo *Akáshico*[2] está associado à palavra do sânscrito que significa – dependendo da pessoa a quem você perguntar – céu, éter ou essência, e para o contexto deste capítulo, remonta ao século XIX e às investigações teosóficas da filósofa e ocultista Helena Blavatsky.[3] No entanto, o conceito mais amplo propriamente dito, recua milhares de anos. Referências no Antigo Testamento e além a uma espécie de registro celestial de toda a vida deu origem à teoria de que existe um eixo de conhecimento coletivo – pontos de referência para as nossas jornadas da alma através do Universo. Os Registros Akáshicos são livros contábeis de cada ação, reação, pensamento e crença que nós temos – não apenas nesta vida, mas em todas as vidas.[4] Pense nesses registros como uma coisa que floresce, seca, volta a crescer, desabrocha e espalha sementes novamente de uma maneira diferente em cada vida, à medida que aprendemos com diferentes culturas, experiências, jornadas, amores e amigos. Isso reflete a energia que compõe tudo no universo.

Os Registros Akáshicos são um registro cósmico da existência que está num plano completamente diferente do nosso, com frequência chamado de plano astral, mas isso não significa que não podemos ter acesso a eles aqui na nossa pequena e velha Terra.[5] Vamos abordar isso um pouco mais adiante neste capítulo.

Outra coisa que achei interessante quando pesquisei os Registros Akáshicos é o conceito de juramentos anímicos, ou contratos.[6] Dizem que, em cada encarnação, fazemos certos acordos com o Universo a fim experimentar diferentes coisas aqui na Terra. Por exemplo, numa determinada vida, você pode ser uma boêmia inveterada, a fim de realmente compreender o significado da alegria e dos excessos. Em outra existência, você pode viver um estilo de vida oposto, como o de um monge, ou simplesmente uma pessoa introvertida, a fim de aprender a natureza do sacrifício ou da simplicidade. À medida que reencarnamos, nossa alma aprende com cada experiência, e essas experiências estão anotadas nos nossos Registros Akáshicos.

De acordo com essa filosofia, também temos uma série de pontos de saída em cada vida.[7] Eles podem envolver doenças, acidentes ou vários outros cenários que resultam na nossa partida. Além de mapear os projetos e pontos de saída antes de encarnarmos, também firmamos contratos sagrados com enti-

---

Explore isto!

Para pensar a respeito das possibilidades do que você pode ter vivenciado numa vida anterior, experimente fazer um teste virtual de regressão às vidas passadas para se divertir um pouco. Os testes na internet não são completos ou precisos, mas podem ser um ponto de partida interessante. Se você quer aprender mais, eu a aconselharia a participar de uma regressão às vidas passadas com um profissional.

dades do outro lado para que zelem por nós, nos protejam, nos ajudem e nos aconselhem ao longo da jornada terrena da nossa alma. Essas entidades são nossos guias e caminham conosco o tempo todo nas nossas jornadas, ajudando, ensinando, apoiando e cuidando de nós.

Alguns podem chamar isso de destino. Entretanto, não creio que isso signifique que não temos poder sobre as escolhas que fazemos na nossa vida. Penso nos Registros Akáshicos mais como um lembrete com situações e coisas a fazer durante a vida, em vez de um conjunto rígido de regras predestinadas, estabelecidas pelo Universo e que precisamos seguir.

Certo, chega de falar a respeito do que eles são; vamos investigar como ter acesso a eles e entendê-los. Mas espere um instante, porque eis um segredo incrível: você já teve acesso a eles. Você tem e continuará a ter sempre que quiser, porque já sabe como explorar esse conhecimento de vidas passadas.

Consigo ouvir você pensando: "Isso é maravilhoso, Emma, mas como...?". Não se preocupe, minha amiga, estamos chegando lá. Esse lampejo de intuição, esse *déjà-vu* familiar, essa sensação profunda – ou como queira chamá-lo, esses pequenos pontos de luz no seu radar espiritual são indícios de que você está conectada à sua sabedoria divina, que está armazenada nos Registros Akáshicos. Pense nisso como um link direto com o seu servidor espiritual.

As pessoas tendem a ter acesso aos seus Registros Akáshicos por meio da prece, da meditação e até mesmo de lampejos aleatórios de compreensão. Muitos de nós temos esses vislumbres dos Registros Akáshicos todos os dias. Alguns de nós temos visões por meio de devaneios, coisas que vemos, sons, pensamentos, sonhos e meditação, por meio dos quais temos um vislumbre de uma experiência que não tínhamos tido pessoalmente antes, uma espiada numa vida passada ou um forte sentimento de conexão com alguma coisa, alguém ou algum lugar. Com frequência, sua personalidade contém pistas que conduzem ao seu Registro Akáshico. E, por exemplo, sou totalmente filha da água. Pratico surfe, mergulho e até mesmo já trabalhei em navios no mundo inteiro; basicamente, eu me sinto mais à vontade na água do que na terra. Isso me dá indícios de laços com vidas passadas entre os vikings e até na Atlântida. Adoro ler a respeito dessas culturas e períodos da história, e sinto uma profunda conexão com eles. Ao aprender mais sobre suas vidas passadas por meio dos Registros Akáshicos, você pode aprender a fazer isso mais proativamente e se tornar mais consciente de conexões inexplicáveis que você tem com pessoas, lugares e coisas na sua vida.

> **EXPLORE ISTO!**
>
> Canalize um portal para o passado – faça uma busca na internet por vídeos ou áudios de meditações orientadas para regressões às vidas passadas e descubra uma voz ou áudio com que se identifique. Deite-se confortavelmente num sofá ou na cama e escute com a mente aberta, receptiva e livre de críticas. Seu coração, mente e corpo devem estar abertos para quaisquer odores, sons ou visões que surjam e que possam conter pistas para uma vida passada.

Para começar, pense a respeito de países com os quais você tem afinidade, épocas da história que a interessam e os tipos de pessoas pelas quais se sente atraída; isso poderá ajudá-la a obter pistas a respeito das suas vidas passadas. Se sentir que não está se conectando com nada em particular, recomendo uma regressão às vidas passadas. Eu fiz uma em Miami com um mestre chamado Eli. Na época, eu estava curiosa, mas era totalmente cética. Disse a Eli que duvidava da sua capacidade de me hipnotizar, mas a experiência me chocou profundamente. Ao ouvir Eli falar, me relaxar e me guiar numa das minhas vidas passadas, pude sentir meu corpo sendo sacudido enquanto era transportada para uma vida que eu nunca vira e com a qual nunca me conectara antes. Eu conseguia ouvir pessoas falando outro idioma — parecia iugoslavo, pelo que pude reconhecer... e eu conseguia entender o que estavam falando! Eu estava num corpo, eu podia ver meus pés andando, cheirar o que as pessoas cheiravam, ouvir o que ouviam. Eu estava usando botas baratas de couro marrom, que mal mantinham meus pés aquecidos, enquanto tentava não escorregar nas pedras geladas do calçamento. As ruas estavam cobertas com o gelo sujo do granizo, e o som de cavalos e carroças na velha estrada ecoava nos meus ouvidos. Conseguia ouvir Eli sussurrando o tempo todo à distância, em segundo plano, fazendo-me lembrar de que devia prestar atenção às pessoas que eu estava vendo e olhar nos olhos delas.

A memória deu um salto à frente, e eu estava servindo o jantar numa mesa de cozinha simples e desgastada. Minhas mãos eram grandes e fortes; eu era um homem. Dois meninos estavam sentados pacientemente à mesa, em silêncio, e era visível que estavam quase com medo de falar ou se mexer. Resmunguei e apontei para a comida — uma simples tigela de purê de batata massudo. Eu me senti culpada por ser tão fria, tão desprovida de amor.

A memória saltou de novo, e dessa vez eu estava apoiada num balcão, conversando fluentemente com um amigo numa língua estrangeira que minha mente ainda não conseguia compreender. Falava da minha falecida mulher e cogitava fugir. Eu disse que odiava o que havia restado da minha vida e que não tinha nenhum amor para dar aos meus filhos ou para mim mesmo. Eu me senti culpada por ser tão fria, tão desprovida de amor.

O último salto me levou de volta à minha casa. Minhas mãos estavam mais velhas, e a casa estava sinistramente silenciosa. Olhei para fotos dos meus dois filhos, já crescidos e com suas próprias famílias. E eu me sentia sozinho, e sentia que eu *merecia* estar sozinho. Eu me senti culpada por ser tão fria, tão desprovida de amor...

Quando acordei, fiquei desapontada por ter sido, naquela vida, um grande paspalhão, um tipo rabugento que desprezo nesta vida. Disse isso a Eli, que explicou e me fez lembrar que eu era uma alma jovem, que todos temos vidas passadas boas e más com as quais aprendemos coisas diferentes, e que aquelas lembranças me estavam sendo mostradas para favorecer meu propósito nesta vida. "Mais tarde na vida, surgirão outras memórias que serão úteis na ocasião", disse ele. "Não fique desapontada. Apenas procure as lições." Depois de um longo silêncio, revelei a lição que achava que tinha aprendido: mesmo quando não temos mais nada para dar, sempre podemos compartilhar amor. A partir de então passei a sorrir, tentei compreender e amei cada velho rabugento que se queixou ou resmungou para mim, lembrando que: *ame-os de qualquer jeito, porque você nunca esteve no lugar deles.*

Então, mais uma vez: o que *você* pode aprender com as lições que já vivenciou em vidas passadas? Muita coisa. E por que você deveria se importar com isso? Bem, pense no seguinte, minha querida buscadora espiritual: se temos a capacidade de ter acesso a essas experiências, por que não o faríamos? Por que não ficaríamos atentas a mensagens que poderiam evitar que cometêssemos repetidamente os mesmos estúpidos erros, ou a sinais que poderiam elucidar certos mistérios e questões que não param de aflorar na nossa existência? Podemos ter acesso, processar e utilizar essa base de conhecimento divino de duas maneiras: por meio dos nossos instintos ou por meio da nossa intuição.

As coisas que aprendemos por intermédio das nossas experiências e com as quais chegamos aqui pré-programadas, por causa da evolução, compõem nossos instintos. É o que provoca o arrepio na nuca quando estamos andando num beco escuro. A intuição é um pouco mais vaga, porém não menos importante. Sabe quando você consegue, às vezes, simplesmente *sentir* se alguém é ou não uma boa pessoa apenas com um aperto de mão? Isso é intuição. Ambos são influenciados pelas nossas vidas passadas.

O instinto é nosso conhecimento ancestral transmitido por meio da evolução. É nossa capacidade natural de saber o que é bom e o que é ruim – sentimos instintivamente o perigo quando ocorre uma mudança no nosso ambiente, por mais sutil que seja. Conseguimos sentir quando as coisas estão erradas. Nosso corpo está programado para entrar em modo de lutar ou fugir num piscar de olhos. Pense na época do homem das cavernas – comida, abrigo e segurança não eram realidades garantidas, e com frequência, tínhamos que lutar para sobreviver. Algumas pessoas ainda vivem o tempo todo no modo de lutar ou fugir, mesmo que isso não seja necessário. Essa é a marca de uma alma jovem. Não se preocupe. Isso não é ruim! Sig-

> **EXPLORE ISTO!**
>
> Faça um mapa da vida. Comece com as coisas que você adorava quando criança – de trens a princesas –, países que você sempre desejou conhecer e idiomas que sempre lhe interessaram. Leve também em consideração os tipos de pessoa de quem você talvez não goste por nenhuma razão aparente, e as coisas que essas pessoas podem ter em comum umas com as outras. Relacione seus medos, seu animal favorito, seus pratos prediletos de diferentes culturas, o que você adora fazer no seu tempo livre – quaisquer que sejam os interesses, memórias e inclinações que pareçam interessá-la mais. Anote tudo e depois veja se consegue estabelecer alguma ligação com vidas passadas.

nifica apenas que os instintos da sua alma não deixaram que seu corpo e sua mente descessem do trem expresso, por tempo suficiente para lidar com as mudanças e se desenvolver desde os tempos de homem das cavernas. Como você pode ajudar sua alma a deixar de depender apenas do instinto? Aprendendo com suas vidas passadas e com os hábitos de almas mais antigas.

E como você pode reconhecer uma alma mais antiga? A alma mais antiga já enfrentou muitas provocações e perturbações, e viveu para contar repetidas vezes a história. Passou por muita dor e adversidade e enfrentou vários desafios, usando todos eles para crescer e se tornar mais sábia em vez de amaldiçoá-los, em vez de permitir que eles a deixem deprimida e repita um sem-número de vezes os mesmos padrões. A alma antiga aceita com serenidade os desafios do mundo e aprende a contorná-los ou enfrentá-los, enquanto a alma jovem luta com eles.

Pense a respeito dos desafios na sua vida. Isso mesmo, estou me referindo àquele ex-namorado que ainda mexe com você, aqueles cinco quilos que você não consegue perder ou aquele irritante colega de trabalho que não para de contar nos mínimos detalhes como foi o fim de semana dele – façanhas de guerreiro para as quais você não dá a mínima. Como você lida com essas coisas? Você deixa que elas continuem a incomodá-la, ou procura maneiras de superá-las e se dedicar a coisas que mereçam mais o seu precioso tempo? Pense a respeito de situações, pessoas e objetos especialmente estressantes. Você se deixa oprimir pela sua reação de lutar ou fugir em vez de enfrentá-los? Não quero dar a impressão de estar sendo crítica neste caso, porque, pode acreditar, eu já fui assim e ainda sou, às vezes. O segredo é não se criticar. Vá devagar com sua alma, ela ainda está aprendendo! Mas tampouco deixe que ela escape impune com mentiras. É assim que sua alma cresce.

E a intuição? Acho que a intuição está mais diretamente conectada com as vidas passadas da sua alma do que o instinto, embora o instinto decididamente também desempenhe um papel importante. A intuição consiste em saber o que não temos como saber. Como assim? Sim, eu entendo que essa frase é contraditória. A intuição é aquela sensação de certeza que você sente quando algo dentro de você lhe diz para não confiar em alguém, para ir para o trabalho por um trajeto diferente ou se aproximar e falar com uma pessoa com quem normalmente não falaria – é uma mensagem direta das vidas passadas da sua alma. Por exemplo, digamos que você tenha uma sensação profunda e avassaladora a respeito de uma ligação entre dois amigos seus que não se conhecem, embora esses dois amigos pareçam não ter nada em comum. Você não consegue explicar, mas simplesmente sabe que eles vão se dar às mil maravilhas, de modo que os apresenta um ao outro. Mais tarde, anos depois, esses dois amigos se casam. Você sentiu a conexão deles muito tempo antes, e ainda não consegue explicar isso, mas o sentimento estava presente. Sua alma tem uma linguagem própria e falará com você se prestar atenção.

> "Confie na sua intuição e deixe que seus instintos guiem seu caminho."
> ❯ **Gabrielle Bernstein**

Então, como determinar a diferença entre instinto e intuição? Se você se vir numa situação de conflito interior, dê um passo para trás e tente ver a situação de outra perspectiva. Simplesmente faça uma pausa para respirar em silêncio e depois pergunte a si mesma: o que minha alma está tentando me dizer? Estou reagindo fisicamente (instinto) ou espiritualmente (intuição)? Por quê? Lembre-se de que nenhuma dessas coisas é boa ou má; simplesmente existem. Tanto o instinto quanto a intuição são canais pelos quais sua alma fala. Escute a verdade da sua alma. Ao permitir que ela fale, você descobrirá que se sente mais amparada nos momentos de conflito interior, o que a ajudará a ter clareza para investigar o que suas vidas passadas estão tentando comunicar.

> "O universo é eterno porque não vive para si mesmo; ele dá vida aos outros à medida que se transforma."
> ❯ **Lao Tzu**

No final das contas, escrevemos a história da nossa alma por meio dos nossos pensamentos, ações, reações, emoções e aventuras nesta vida e em todas as vidas antes e depois dela.

Os Registros Akáshicos nos dão a chance de mudar a maneira como percebemos nosso passado, presente e futuro. Ninguém pode mudar o passado, mas podemos aprender com ele, o que inclui aprender com nossas vidas passadas. Compreender de onde nossa alma veio e o que ela vivenciou e aprendeu faz com que pareça mais fácil lidar com nossas provas e tribulações.

Quando mudamos a maneira como olhamos a nossa vida, nossa vida muda. Nossa vida é como as sementes, que só se desenvolvem se as cultivarmos. Quanto mais nutrientes, amor e energia positiva nós absorvermos, mais cresceremos. Desse modo, eu a desafio a escutar sua intuição e seus instintos, mas não se deixar dominar completamente por um ou por outro. Preste atenção aos momentos em que simplesmente sabe que sua alma está falando com você. Entenda que todas as respostas que está buscando estão facilmente disponíveis na história da sua alma; basta que permaneça curiosa e nunca pare de fazer perguntas. Use todas as pistas disponíveis para se tornar a pessoa que você estava destinada a ser neste ponto da sua jornada. Não espere até o final para viver seu propósito.

> "As crenças têm o poder de criar e o poder de destruir. Os seres humanos têm a assombrosa capacidade de considerar qualquer experiência da sua vida e criar um significado que os enfraqueça ou um significado que pode literalmente salvar a vida deles."
> ❯ **Tony Robbins**

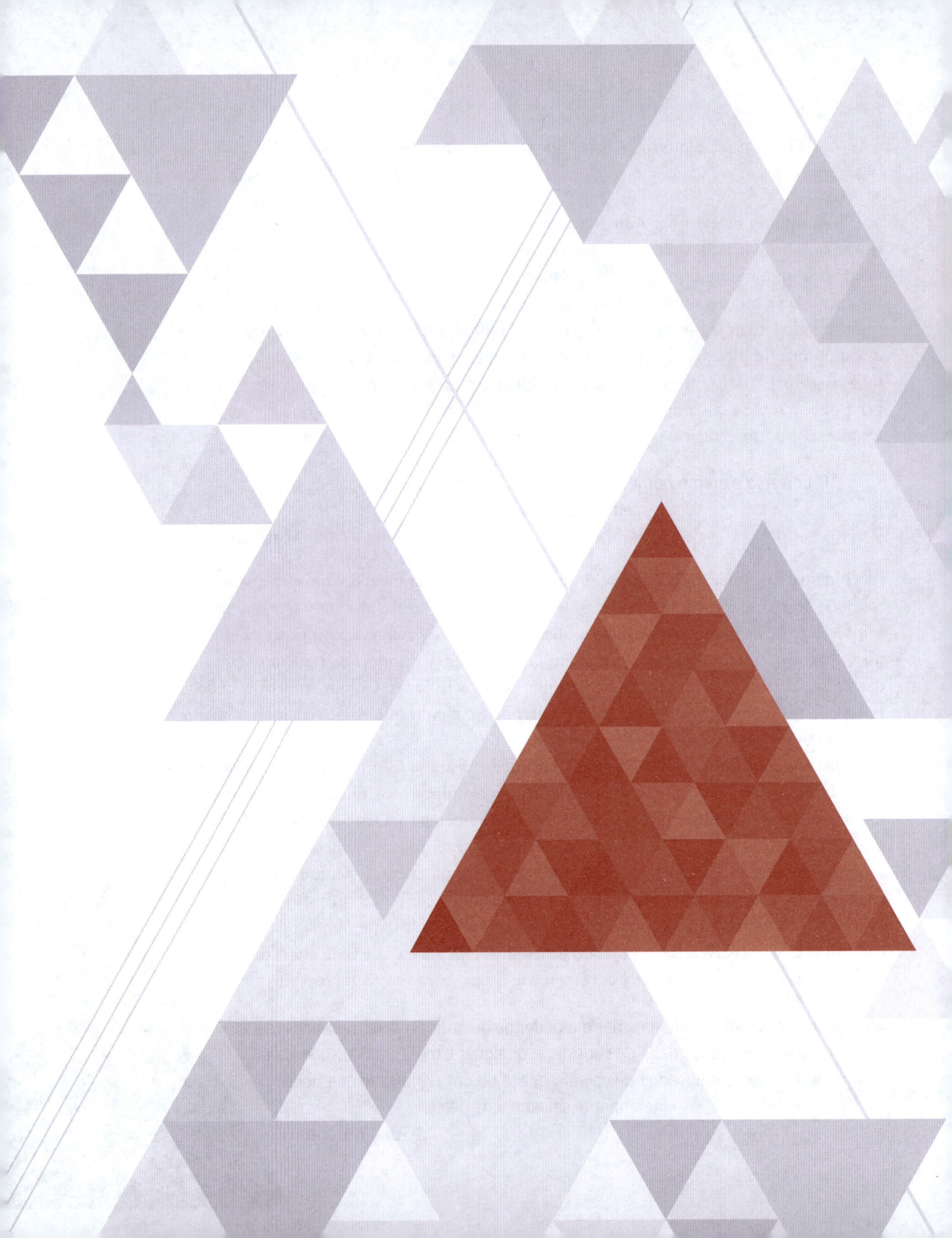

SEU CONSELHO DE LUZ E ALMAS GÊMEAS

Sempre achei engraçado o fato de que até mesmo as pessoas que não acreditam na vida após a morte, que não professam nenhuma religião ou que nem mesmo se consideram espiritualistas acreditam no conceito de almas gêmeas. Isso está *muito* arraigado na nossa consciência coletiva! A linguagem e imagens a respeito das almas gêmeas estão nas músicas, nos filmes, nos programas de televisão, na propaganda e em sei lá mais o quê. E isso sem mencionar que o conceito está na crença pessoal de muitas pessoas. Algumas acreditam que reencarnamos e nossas almas gêmeas estão destinadas a se conectar conosco em cada uma das nossas vidas. Outras simplesmente acreditam que existe "alguém especial", aquela alma gêmea que nos completa e com quem vamos topar em algum momento nesta vida. Aposto como você tem aquela amiga que se apaixona em cada primeiro encontro e sempre exclama: "*Com certeza* ele é minha alma gêmea!".

Outras pessoas ainda acreditam no conceito de muitas almas gêmeas possíveis, que não existe apenas uma única pessoa destinada a nós, mas muitas que poderiam potencialmente preencher esse lugar. A ideia do amor romântico pode incitar a nossa alma com uma curiosidade que desperta até mesmo as buscadoras espirituais mais práticas. A ideia de experimentar uma conexão no amor que seja inesperada, significativa e, acima de tudo, espiritualmente profunda, nos leva para o ponto de partida original deste livro: a busca da bondade em todas as coisas.

Na condição de buscadora espiritual, você já é CEO do negócio da sua alma há muito tempo, o que inclui sua vida amorosa. Pense no seguinte: como CEO, você indica as melhores pessoas para assessorá-la, orientá-la e executar as tarefas que precisa que sejam feitas na sua vida. Você designa o melhor amante para a posição de parceiro, a melhor assessora para a posição de melhor amiga e assim por diante. Gosto de chamar esse painel de assessores, guias, professores, amantes, amigos e partidários de conselho de luz – pessoas que você escolheu para que respaldem e inspirem sua vida e sua jornada da alma.

Você já conheceu uma pessoa e sentiu uma conexão impressionante com ela, um daqueles momentos *nós já nos vimos antes*? Não, não estou me referindo a uma cantada vulgar, e sim a você realmente ter sentido que conhecia a pessoa de algum lugar? Isso poderia acontecer porque, em algum nível e de alguma maneira, essa pessoa é uma alma gêmea. Não estou dizendo que você deva ter casos amorosos íntimos e intensos com todas essas pessoas – de jeito nenhum! O que quero dizer é que isso *seria* possível, pois o que e quem uma alma gêmea realmente é está muito além. As almas gêmeas podem ser amantes, mas também podem ser amigos e familiares da sua alma – almas que, de algum modo, compartilham conexões e experiências com você que talvez se estendam ao longo de séculos ou que podem ter uma ressonância favorável que faz com que sejam espíritos afins. E são essas pessoas com almas afins que você ama, por quem você se sente atraída, em quem você confia e, tristemente, às vezes até mesmo odeia: essas são as pessoas que compõem seu conselho de luz.

Não raro estamos destinados a repetir lições de vidas passadas que ainda não aprendemos e, em alguns casos, com as mesmas almas. Onde a lente através da qual a maioria de nós observa as almas gêmeas entra nessa equação cósmica? Pessoalmente, passei a maior parte da minha vida adulta tentando encontrar aquele "alguém especial". Depois de topar com minha espiritualidade e minha busca, fiquei encantada quando soube por intermédio de outros buscadores espirituais que podemos ter mais de uma alma gêmea na vida.

Certa noite, durante minhas viagens, um grupo de moças de todos os cantos do mundo tinha se reunido para tomar vinho e falar sobre o amor, a vida e tudo o mais. No segundo gole, o coração partido foi o tema da discussão, e uma das moças estava praticamente soluçando a respeito de como ela tinha perdido o "amor da vida dela". Foi aí que as coisas ficaram interessantes – cerca de um terço das jovens não acreditava em almas gêmeas, um terço acreditava em almas gêmeas e um terço acreditava em múltiplas almas gêmeas. Na época, eu era mais do tipo que acreditava em alguém especial. Uma das moças, uma alma antiga, estava divorciada e tinha lido todos os livros espiritualistas da biblioteca a respeito de refazer a vida depois de um rompimento amoroso. Ela explicou que uma alma gêmea é uma pessoa com quem combinamos nos conectar nesta vida para que nos ensine alguma coisa – um encontro de almas com um propósito. Podemos aprender assim com muitas almas desse tipo, homens e mulheres, tanto por meio de relacionamentos quanto de amizades. Ela encerrou dizendo: "Podemos ter várias dessas almas gêmeas, mas um amor de outras vidas é único e o mais difícil de encontrar".

Essa foi uma informação muito libertadora. Logo compreendi que isso aumentava a probabilidade de eu encontrar minhas almas gêmeas. No entanto, aprendi que, embora isso fosse verdade, o Universo também tem nosso destino nas mãos, de modo que, independentemente de como você organizar seu conselho de luz ou por mais que procure, as almas gêmeas não serão entregues na sua porta enquanto você não estiver pronta para aprender, experimentar e crescer numa ocasião particular e de maneira particular. No entanto, quando tiver aprendido tudo o que há para aprender com uma alma gêmea específica, o relacionamento chegará naturalmente ao fim, possibilitando que continue a crescer e encontre sua alma gêmea seguinte.

As histórias de almas gêmeas remontam a milhares de anos. Para muitas de nós, trata-se de uma sabedoria herdada, não explícita e não ensinada, que nos assegura que nossa outra metade, ou metades, existem. Quando crianças, desenvolvemos a conscientização do amor romântico por meio de uma combinação de intuição, instinto e influências externas, como ao assistir aos filmes da Disney e ver nossos pais se beijando. Platão escreveu no seu *Simpósio* que estamos procurando nossas almas gêmeas desde que Zeus dividiu em dois todos os seres humanos, que originalmente foram criados com quatro pernas, quatro braços e uma cabeça com duas faces. As pessoas aspiravam conquistar os deuses, e esses retaliaram dividindo os seres humanos em dois, condenando-os a vagar eternamente pelo mundo em busca da sua outra metade. Dividir o corpo e a alma das pessoas significou que os humanos ficariam mais concentrados em encontrar sua alma complementar em vez de tentar dominar os céus.[1] Pense em quanto tempo você passou procurando um parceiro ou uma alma gêmea. Grande jogada, Zeus, seu engraçadinho...

Durante toda nossa existência neste planeta, o romance tem estado entrelaçado com a espiritualidade, e ambos envolvem, e podem nos trazer, totalidade, conexão e realização. Muitas de nós ficamos divididas a vida inteira entre um grande amor e um coração partido. Os budistas acreditam que o apego seja a raiz da nossa angústia – o apego a coisas, a resultados, a pessoas. Na realidade, muitos acreditam que o amor sexual seja um obstáculo no caminho da iluminação. Mas todas as religiões enfatizam de alguma maneira o poder do amor – tanto seus aspectos positivos quanto negativos. Uma coisa é certa: não podemos viver sem amor, romântico ou de outro tipo. Na condição de buscadoras espirituais, nosso propósito é pesquisar, encontrar e apreciar os altos e baixos e as lições de amor enquanto percorremos nosso caminho.

> "Sua tarefa não é procurar o amor, mas meramente procurar e encontrar dentro de si mesmo todas as barreiras que você construiu contra ele."
>
> **>Rumi**

Os antigos egípcios acreditavam que o espírito ou alma podiam se transportar por meio da respiração, e que um beijo unia as almas.[2] A história de Zeus e a divisão da alma humana implica que a verdadeira unicidade é agora encontrada na relação sexual, uma conexão física de dois corpos. Santo Agostinho acreditava que ele estava "apaixonado pelo amor", e procurou ajudar as pessoas ensinando a diferença entre o amor e a luxúria, que ele via como uma linha tênue entre a indulgência (luxúria) e uma reciprocidade de apreciar e ser apreciado (amor). Encontrou o amor por meio do seu relacionamento com a espiritualidade.

Como é a sua jornada pessoal com o amor? Você aprendeu a partir das suas lições e relacionamentos ou está sempre fazendo a mesma coisa e repetindo os mesmos erros, atraindo o mesmo tipo de almas e relacionamentos e nunca encontrando suas almas gêmeas? Você continuará a vivenciar a mesma coisa de muitas maneiras diferentes até ter dominado a fundo as lições que seu espírito está destinado a aprender. Por exemplo, se você precisa aprender a confiança, sua confiança continuará a ser posta à prova e testada durante seus relacionamentos. O mesmo vale para a paciência, a fidelidade, o altruísmo, a compaixão — qualquer atributo que sua alma sinta que está lhe faltando. Portanto, faça a si mesma um enorme favor e fique aberta a aprender com essas experiências. Esse é o caminho que conduz à abertura do seu coração e da sua alma para seu conselho de luz e suas almas gêmeas.

> **Explore isto!**
>
> Passe alguns momentos agora refletindo sobre os temas que têm se repetido sistematicamente nos seus relacionamentos. Anote-os numa folha de papel e fique com ela à mão enquanto lê o resto do capítulo. Veja o que consegue aprender.

"Ser amado profundamente por alguém lhe confere força, ao passo que amar alguém profundamente lhe confere coragem."
> **Lao Tzu**

Uma lição pessoal

Para ajudar a abrir nossos corações, considerei importante compartilhar o "abominável" ciclo de relacionamentos que vivenciei antes de me tornar uma mulher mais sábia. Desde bem jovem, eu me vi às voltas com homens que tinham sido, por assim dizer, dissimulados, na falta de uma palavra melhor. Eles mentiam, guardavam segredos e eram gênios ardilosos quando se tratava de me provocar, tocando meus pontos fracos e me magoando. Quando não eram exatamente o que classificaríamos como *"bad boys"*, eram emotivos demais, carentes demais ou atenciosos demais, o que fazia com que eu perdesse completamente o interesse. Resumindo: não havia nenhum equilíbrio nos meus relacionamentos.

Eu convenci a mim mesma de que as dificuldades que estava enfrentando no amor e ter um relacionamento equilibrado eram coisas que faziam parte dos relacionamentos, de modo que me envolvi em vários que careciam de conexão, profundidade, compreensão e, o que é mais importante, de amor. Durante um desses relacionamentos, o Universo tentou me ajudar a compreender que meu relacionamento não era mais apropriado para mim tornando o caminho deliberadamente difícil — tínhamos constantes discussões e desafios, e nada parecia ser fácil, natural ou mesmo divertido. Eu era feliz, talvez, dez por cento do tempo. Foi o vislumbre do casamento — e o subsequente *"nãooooooooooo!"* que minha alma exclamou – que me fez cair fora, desistir do compromisso e me afastar de uma pessoa que, de certa maneira eu amava, mas que não era uma alma gêmea.

Houve uma série de sinais que indicavam que eu deveria desistir desse relacionamento, alguns mais óbvios do que outros. O primeiro foi a leitura de um astrólogo que me advertiu do meu iminente Retorno de Saturno. Ele mencionou que qualquer coisa com relação à qual eu tivesse profundas reservas iria atingir um ponto decisivo e, a não ser que eu a enfrentasse, eu estaria condenada a repeti-la. Quando ele me disse isso, minha alma gritou: "Emma, acabou!".

"O que acabou?", perguntei a mim mesma, no fundo sabendo aonde minha alma estava querendo chegar, mas eu ainda não estava pronta para enfrentar diretamente a situação. "Seu relacionamento", respondeu minha alma, "mas você já sabia disso, não sabia?" O segundo sinal foi uma leitura de cartas dos anjos que eu fiz na noite da véspera do dia em que finalmente rompi com meu parceiro. A carta foi simples, sonora e clara. Ela dizia o seguinte: "Está na hora de partir". Ela não deixava lugar para uma interpretação equivocada. O último sinal foi uma música que tocou no rádio quando eu estava no carro, ao deixar o meu parceiro. A frase "está tudo acabado" se repetia incessantemente numa melodia muito alegre e alto astral, que fazia com que eu sentisse que estava de volta ao caminho certo para encontrar minha alma gêmea, apesar da dor que estava sentindo naquele momento. Foi necessário um certo esforço, mas eu consegui romper o ciclo.

Hoje em dia, pode ser muito difícil encontrar nossa alma gêmea. Sem dúvida, o namoro pela internet, o Tinder, os clubes de solteiros e coisas do gênero podem ser úteis, mas com todo o ruído, pressão e ansiedade que circunda a procura de um parceiro, o processo pode se tornar exaustivo! Na minha opinião, o truque é se concentrar menos em coisas como as restrições de tempo e as expectativas da sociedade ou da sua família, e mais em procurar almas que combinem com a sua. Matricule-se em alguns cursos, ingresse numa equipe esportiva ou num clube do livro, faça um curso de mergulho, aprenda um idioma, faça um retiro ou uma caminhada – trilhe o caminho de almas afins e veja o que acontece. Uma coisa é certa: se você não tentar, nunca saberá.

> **Explore isto!**
>
> Escreva uma lista de atributos que você está procurando numa alma gêmea. Seja específica e clara a respeito do que você quer e do que você não quer, defina o que você suportará e o que não suportará, pense no que precisa e quais são os fatores impeditivos. Antes de sair para beber com os amigos ou dar uma volta no parque no domingo de manhã, releia sua lista para tê-la bem clara na cabeça. Conseguiu detectar alguém que esteja dentro de algumas dessas características? Puxe uma conversa e veja aonde ela leva. Lembre-se: você só recebe aquilo que acredita merecer, portanto não se subestime. Você acredita que merece algo incrível? Pode apostar que merece! E o Universo ouvirá e entregará, desde que você não abra mão de colocar em primeiro lugar o que você sabe que merece.

No espírito de compartilhar sabedoria com minhas companheiras buscadoras espirituais (gêmeas), revelo em seguida minha lista pessoal do que coloquei no meu diário. Espero que essas palavras possam ajudá-la na sua lista do que está procurando num parceiro. Escrevi essa lista apenas quatro dias antes de ela se manifestar num parceiro. Quando ele entrou na minha vida, fiquei simplesmente boquiaberta – não apenas porque ele era tudo que eu tinha escrito na lista, mas também porque senti que o Universo também tinha exagerado no tamanho do meu pedido e adicionado chantili, cobertura de chocolate com castanhas e uma cereja em cima, como recompensa por ter colocado minhas prioridades em primeiro plano. Anote tudo, minha amiga, e depois que a lista estiver pronta, esteja preparada para receber do Universo.

Minha alma gêmea – ou melhor ainda, minha chama gêmea – tem as seguintes qualidades, e eu peço ao Universo que, por favor, me ponha em contato com essa pessoa.

▷ Respeitosa
▷ Amorosa
▷ Afetuosa
▷ Leal
▷ Sincera
▷ Encantadora
▷ Romântica
▷ Atenciosa
▷ Dinâmica
▷ Culta
▷ Quer ter filhos
▷ Solidária
▷ Compreensiva
▷ Amor pela água
▷ Amor pelo meio ambiente e pelos animais
▷ Engraçada, precisa me fazer rir
▷ Alma gêmea, ter uma conexão especial
▷ Ser bem-sucedida, precisa amar o que faz
▷ Aberta à espiritualidade
▷ Um pouco homem das cavernas, másculo, e aquela sombra de barba ou barba propriamente dita é preferível (esta última é mais um desejo do que uma necessidade, mas não custa listar)

Mas não vamos parar na elaboração da lista. Ainda temos um longo caminho a percorrer. Há também algumas coisas que você pode fazer para manter seus níveis de energia elevados, para que possa atrair pessoas nesse mesmo nível. Eis algumas dicas para colocá-la em movimento e mantê-la ativa na sua busca.

Mantra do coração

ESCALA DE ESQUISITICE: ▲▲▲▲▲▲▲▲▲▲
ESCALA EXPLORE ISTO: ▲▲▲▲▲▲▲▲▲▲

Como aprendemos na Parte I, as afirmações e os mantras são poderosos! Pense neles como fórmulas mágicas – entoações enviadas para o Universo que despertam, desempoeiram e dão a partida na sua campanha de formulação de desejos. Você pode simplesmente pensar nele ou anotá-lo e prendê-lo num espelho como um lembrete enviado para você numa determinada hora todos os dias (de preferência às 11:11, a hora dos desejos). Independentemente da maneira como você o fizer, não deixe de se concentrar na abertura, na cura e em amar a si mesma acima de tudo. Eu sei que isso soa um pouco sentimental, mas amar a si mesma é realmente o primeiro passo em direção a encontrar o amor que você está buscando em outro lugar.

Eis alguns bons exemplos para mantras do coração:
Abro o meu coração para receber amor.
Eu mereço amor.
Eu acredito no amor que desejo receber.
O amor flui fácil e naturalmente para mim e a partir de mim.
Eu sou amor.

Para abrir o coração/postura da roda

ESCALA DE ESQUISITICE: ▲▲▲▲▲▲▲▲▲▲
ESCALA EXPLORE ISTO: ▲▲▲▲▲▲▲▲▲▲

Essa postura é maravilhosa se você gosta mais de agir do que de pensar. Você pode colocar seu coração novamente em ação. Na postura do coração, também conhecida como postura da roda, do yoga, você se deita de costas e traz os calcanhares para perto das nádegas, colocando as palmas das mãos debaixo dos ombros e levantando o corpo do chão, arqueando o corpo na forma de uma ponte. Essa postura abre o chakra do Coração e ajuda a estimular o fluxo sanguíneo, relaxando e recarregando o centro de energia do coração.

O que faz o seu coração vibrar

ESCALA DE ESQUISITICE: ▲▲▲▲▲▲▲△△△
ESCALA EXPLORE ISTO: ▲▲▲▲▲▲▲▲▲△

O que faz vibrar as cordas do seu coração? Fique atenta à música que contenha mensagens a respeito do que fazer, do que não fazer, para onde ir, como ser e como ver, porque essas mensagens melódicas são seus guias lhe fornecendo pistas para ajudá-la a encontrar sua alma gêmea. Pense nisso como uma caçada ao tesouro musical. Muitos guias têm um excelente senso de humor e saberão o que irá se harmonizar, ou "vibrar" em você, de modo que faça um favor a si mesma e ouça as melodias com sua intuição, esqueça os ouvidos. Certa vez, quando estava me arrumando para sair, fiquei muito nervosa antes de um encontro; já tinha examinado tudo no meu guarda-roupa em busca de algo para causar forte impacto no primeiro encontro, então ouvi uma música tocando no rádio cuja letra falava de um anjo de calça jeans. Vesti jeans. O encontro foi maravilhoso e me senti deslumbrante.

Feng Shui do coração

ESCALA DE ESQUISITICE: ▲▲▲▲▲▲▲△△△
ESCALA EXPLORE ISTO: ▲▲▲▲▲▲▲△△△

No capítulo sobre Feng Shui, você se lembra de que colocamos na parte de trás de um cômodo, no canto direito, o que queremos atrair nos nossos relacionamentos e na vida amorosa? Isso nunca foi mais verdadeiro do que no contexto da busca pela sua alma gêmea.

Explore isto!

Fique na porta do seu quarto e preste atenção ao que está no canto direito mais distante. Pense agora no que você deseja num relacionamento. Amor, paixão, ternura, apoio, aventura? Você pode colocar qualquer coisa lá, como livros de viagem se você quiser um parceiro que goste de fazer explorações, sua prancha de surfe ou equipamento esportivo se desejar um relacionamento repleto de ação, um livro de cartas de amor famosas, a lista que você fez com as qualidades que deseja que sua alma gêmea tenha e outras coisas. Dica pessoal: coloque lá um cristal de quartzo transparente para ajudar a remover qualquer energia negativa dos seus antigos relacionamentos e purifique o caminho em direção ao novo. Isto é que é maravilhoso a respeito de muitas das práticas espirituais que estamos examinando; você pode misturar e combinar tudo o que quiser!

Amar sem precisar receber nada em troca

ESCALA DE ESQUISITICE: ▲▲▲▲▲▲▲▲▲▲
ESCALA EXPLORE ISTO: ▲▲▲▲▲▲▲▲▲▲

Ficamos solitárias quando carecemos de amor, de modo que, naturalmente, procuramos maneiras de satisfazer nossas necessidades. Sofremos porque sentimos que está faltando alguma coisa na nossa vida, e isso faz com que nos voltemos para dentro de nós em vez de tentar nos comunicar com os outros. Embora essa seja uma maneira natural de reagir, no final das contas, ela nunca vai nos levar a um lugar positivo.

Se você estiver solitária, nostálgica, sofrendo, com o coração partido ou simplesmente na fossa por falta de amor, tenho um conselho a lhe dar: torne-se uma "assanhada" no amor. Hã, o que você disse? Certo, não foi exatamente isso o que eu quis dizer... mas o sentimento permanece. Ofereça seu amor, elogios, sorrisos e positividade para o maior número possível de pessoas, com a maior frequência possível. Você recebe de volta o que irradia para o mundo, de modo que, com o tempo, sua energia positiva atrairá coisas positivas de volta para sua vida como um bumerangue cósmico. O segredo aqui é também se desligar do que espera receber de volta. Sabe quando você encontra a coisa que está procurando depois que para de procurar por ela, ou quando uma coisa que há muito tempo você precisa cai no seu colo no momento que você menos espera? É assim que isso funciona também. Abra seu coração e boas coisas e pessoas gravitarão em direção à sua vida.

Então, já desistiu do amor? Ah, sua preguiçosa. O papel mais importante de uma buscadora espiritual é nunca parar de procurar e jamais deixar de acreditar, de modo que, se você desistiu de encontrar sua alma ou chama gêmea, muitas vaias para você! Certo, não consigo ficar zangada com você, mas vamos ser sinceras. Se eu estivesse diante de você agora, agarraria seus ombros e lhe daria uma sacudida – amigável, nada para fazê-la bater os dentes. Por quê? Para verificar se você está *desperta*. Não apenas para ver se seus olhos estão abertos, mas para verificar se está realmente, verdadeiramente desperta – no seu corpo, mente e espírito. É assim que precisamos estar a fim de acolher positivamente nossas almas gêmeas na nossa vida. Então, fique com os olhos, a mente e o coração abertos; irradie, pense a respeito, deseje e faça acontecer. Uma última confissão de uma colega buscadora gêmea antes de prosseguirmos – você se lembra de que eu lhe contei que fiz aquela lista e logo depois encontrei minha alma gêmea? Bem, adivinhe onde eu o encontrei? Isso fica só entre nós... promete? No Tinder. Portanto, siga em frente, coloque-se no mercado de almas gêmeas e coloque a placa "vagas abertas" no seu coração. E prometa-me uma coisa: que você nunca vai parar de procurar.

> "Somos amados porque somos amados. Não é preciso uma razão para amar."
> ❯Paulo Coelho

13

SEUS RITUAIS DE PROTEÇÃO

Na condição de buscadora espiritual, você estará operando numa vibração mais elevada na sua vida do que muitas pessoas à sua volta, e tudo bem. Algumas perceberão sua vibração mais elevada e se sentirão atraídas e curiosas a respeito das suas vibrações, enquanto você as atrai para sua felicidade. Algumas, no entanto, não se sentirão assim. Algumas zombarão de você, revirarão os olhos e seguirão em frente. Nem todo mundo tem um destino que inclui a iluminação espiritual por meio da prática diária como você, e essas são as pessoas que você precisa deixar que sigam o caminho delas, sem que qualquer mal seja feito a qualquer uma das duas partes.

Às vezes, no entanto, por mais que você tente, essa energia negativa – seja ela proveniente de pessoas, de situações ou, às vezes, até mesmo do mundo como um todo – pode fazer com que você fique aborrecida consigo mesma e se desvie da sua busca espiritual. Assim como todas as coisas na vida, tudo precisa ficar em equilíbrio, de modo que este capítulo procura ajudá-la a se controlar e se proteger de qualquer energia negativa ou sombria que possa entrar na sua vida.

> "As pessoas seguem caminhos diferentes na busca da realização e da felicidade. O fato de elas não estarem seguindo o mesmo caminho que você não significa que tenham se perdido."
> **>Sua Santidade o Dalai Lama**

Uma das coisas que tive que enfrentar enquanto escrevia este livro foi a opinião, muitas vezes crítica e intolerante, das outras pessoas – geralmente daquelas de quem eu menos esperava essa atitude. A maneira mais precisa que me ocorre para descrever o sentimento que isso produziu em mim é fazer uma analogia com o modo como nos sentíamos, na infância, quando um adulto olhava para nós dando a entender que tínhamos feito uma coisa que não aprovavam – não necessariamente uma coisa ruim, apenas uma coisa que eles não achavam que merecesse nosso tempo e energia. É bem verdade que isso pode não doer como uma agressão física, mesmo assim pode ferir a sua alma. Pude sentir o golpe, como um tsunami de negatividade passando sobre mim e me afogando.

Saiba que, enquanto você explora e descobre essa nova acepção de espiritualidade e começa a ver o mundo de uma maneira mais leve, mais luminosa e mais ampla, algumas pessoas – até mesmo pessoas espiritualistas – podem se sentir ameaçadas pela sua luz e procurar desafiar suas opiniões e práticas. Deixe que façam isso. A principal coisa de que você tem que se lembrar – e recomendo que torne isso seu mantra para quando se vir diante desse tipo de negatividade – é que, embora possamos percorrer juntos alguns caminhos, nossa jornada espiritual pertence unicamente a nós. Na realidade, eu argumentaria que alguém que lhe diga que sua abordagem da espiritualidade está errada não é de modo nenhuma uma pessoa espiritualizada. As opiniões e pontos de vista das pessoas sobre você ou sua espiritualidade não têm nada a ver com você, portanto simplesmente não dê bola para elas – por mais difícil que isso possa ser às vezes! Como disse Paulo Coelho, "Esta é a razão pela qual as críticas não me ofendem, porque sou eu. Se não fosse eu, se eu estivesse fingindo ser outra pessoa, então elas poderiam desequilibrar meu mundo, mas eu sei quem sou".[1]

Uma das coisas mais inovadoras que aprendi enquanto explorava minha espiritualidade foram as técnicas de proteção. Fiquei imensamente surpresa quando soube que podíamos entrar em contato com um superpoder cósmico que nos tornava invisíveis, impenetráveis e invencíveis para todas as pessoas "do contra", mal-humoradas e distribuidoras de energia negativa que existem por aí. Meus amigos e eu chamamos esse poder cósmico de "luz branca". Essas técnicas transformarão sua maneira de enfrentar os vampiros energéticos e, na minha experiência, foram muito convenientes para a harmonia no local de trabalho, para as reuniões de família, como na época das festas, e para lidar com conflitos de qualquer tipo.

Proteção angélica

ESCALA DE ESQUISITICE: ▲▲▲▲▲▲▲▲△△
ESCALA EXPLORE ISTO: ▲▲▲▲▲▲▲▲△△

Esta técnica é tão simples quanto dar um alô para seus guias para que a protejam. Chame o Arcanjo Miguel quando se trata de proteção, de modo que, se você realmente estiver sentindo que precisa de um reforço, peça a ele que fique colado em você. Você pode pedir que ele a envolva com as asas para ajudá-la a se proteger de quaisquer ataques e negatividade, ou até mesmo para zelar por você enquanto viaja ou simplesmente cumpre suas atividades diárias. Outra excelente maneira de buscar proteção desse tipo é recorrer às cartas dos anjos. Use-as para se firmar numa posição estável e se reconectar com seus guias angélicos.

Proteção de luz

ESCALA DE ESQUISITICE: ▲▲▲▲▲▲▲▲▲▲
ESCALA EXPLORE ISTO: ▲▲▲▲▲▲▲▲▲

Existem as mais diferentes tonalidades e cores de proteção, semelhantes às diversas cores de aura e chakras. Cada cor ajuda a nos proteger de diferentes maneiras. Gosto de ir sorrateiramente para um lugar tranquilo e privado e erguer as mãos bem alto acima da cabeça, com as palmas se tocando, e visualizar um raio de luz se irradiando das pontas dos meus dedos para o céu; em seguida, quando consigo ver a cor que estou precisando nesse momento particular, abro lentamente as mãos, criando um grande círculo de luz à minha volta. Às vezes as pontas dos meus dedos até mesmo formigam enquanto faço isso!

Eis algumas cores que você pode visualizar para atrair uma energia positiva e protetora:

- **Luz Branca** – A mais pura, a luz branca é a luz da suprema proteção, já que nada a penetra. Você pode usá-la para envolver a si mesma, seu carro, sua casa ou outros bens materiais, e ela manterá você e eles a salvo de danos e roubos.

- **Luz Rosa** – Imagine-se numa bolha de amor; a luz rosa é a blindagem de proteção do amor, de modo que somente o amor pode tocá-la. A luz rosa é uma excelente blindagem quando estamos cercadas por pessoas negativas, de uma agressividade passiva ou até mesmo intimidantes.

- **Luz Verde** – O verde representa a cura e é usado como um elemento de primeiros socorros para as pessoas que estão doentes, desgastadas ou necessitadas de energia e apoio adicionais. O verde também é a cor do Arcanjo Rafael – um anjo da cura –, de modo que, quando você vê ou pensa no verde, esse anjo geralmente também aparece.

> **EXPLORE ISTO!**
>
> Se você se identifica com a proteção da luz, recomendo que leia mais a respeito das diferentes cores, blindagens, orbes e pirâmides que pode usar para se proteger. Os exemplos que dou aqui são de três simples blindagens que todo mundo deveria conhecer, mas existem várias disponíveis, de modo que recomendo que você procure outros métodos e técnicas de proteção que poderão ajudá-la, porque as cores e as técnicas são praticamente ilimitadas.[2]

Proteção dos cristais e das pedras

ESCALA DE ESQUISITICE: ▲▲▲▲▲▲▲△△△
ESCALA EXPLORE ISTO: ▲▲▲▲▲▲▲▲△△

Repita comigo: quanto mais cristais, melhor! Assim como a proteção da luz, a lista de opções de proteção com cristais e pedras é longa, de modo que também recomendo que mergulhe mais fundo no mundo da proteção com cristais caso se identifique com ela. A proteção com cristais pode realmente ser uma excelente prática de proteção com a qual trabalhar no dia a dia, porque quase não requer esforço – você pode deixar um cristal no bolso, na bolsa, na mesinha de cabeceira ou até mesmo usar um como joia, para ajudá-la a ficar protegida de quaisquer situações negativas ou prejudiciais. Eis vários exemplos que a ajudarão a começar. Você também pode voltar ao Capítulo 2, sobre cristais e pedras, para começar a trilhar o caminho certo.

Âmbar – Usado pelos antigos romanos para produzir resultados positivos em combate, o âmbar é uma pedra que atrai sorte e dissipa a energia negativa, de modo que é uma excelente pedra para a proteção diária.

Ágata – É boa na prática do Feng Shui em casa ou no local de trabalho e também para equilibrar as energias e desbloquear a percepção, ao mesmo tempo que protege contra energias negativas. A ágata também é uma pedra propícia para a proteção de crianças.

Olho de Tigre – Minha favorita, o olho de tigre é uma pedra energizante, que irradia uma energia capaz de desobstruir, equilibrar e proteger, como um olhar sempre atento e capaz de fazer você se sentir segura e estável, não importa o que o dia possa lhe reservar.

Cristal de Quartzo Transparente – Se o seu quarto de dormir não tem um cristal de quartzo transparente, quero que você largue este livro agora e saia imediatamente para comprar um. Pendure-o na janela, para que o sol possa carregá-lo diariamente, ajudando a purificar seu quarto de qualquer energia negativa, de modo que ele seja sempre um refúgio purificado, seguro e harmonioso, no qual você possa descansar.

Explore isto!

Escolha um cristal que a atraia de uma maneira específica (amor, coragem, paz – o que quer que sua alma almeje no momento), e depois compre duas pedras dele. Dê um dos cristais para uma amiga, namorado ou membro da família. Arrisque-se e seja sincera a respeito do que esse cristal significa para você e o que significa uma pessoa importante na sua vida possuir a pedra gêmea. Certa amiga presenteou a mãe com um pequeno quartzo rosa, para que ela o carregasse na bolsa depois que a mãe sofreu um ataque do coração (e do qual, felizmente, se recuperou inteiramente). Minha amiga leva um idêntico na bolsa, de modo que os corações delas estão sempre conectados!

Quartzo Rosa – Carregue um quartzo rosa com você ou coloque-o debaixo do travesseiro para acolher positivamente o amor em todos os aspectos da sua vida. O quartzo rosa está associado ao chakra do Coração e respalda e expande todos os tipos de amor – sexual, romântico, familiar e o centrado na comunidade.

Cortando o cordão da negatividade

ESCALA DE ESQUISITICE: ▲▲▲▲▲▲▲▲▲▲
ESCALA EXPLORE ISTO: ▲▲▲▲▲▲▲▲▲▲

A necessidade de nos protegermos é motivada pela nossa reação instintiva de lutar ou fugir, quando nossa mente, corpo e alma nos dizem que uma pessoa ou situação é potencialmente nociva. O medo drena nossa energia, e é importante desfazer quaisquer associações que possamos ter com o medo, a fim de garantir que nossa energia não esteja sendo constante, e desnecessariamente, exaurida.

Um cordão energético é como um cordão umbilical emocional que liga você às pessoas da sua vida. Isso é natural e pode ser muito positivo e encorajador; no entanto, de vez em quando é importante cortar algum cordão para garantir que pessoas que não nos servem mais não estejam mais energeticamente ligadas a nós. A fim de cortar um cordão energético, precisamos simplesmente... deixar de pensar nele! Libere-o, jogue-o longe, elimine-o e descarte-o. Transforme-o em pó: PUF! Você pode invocar seus guias para ajudá-la a fazer essa mudança, ou simplesmente fazer uma pequena prece ou mantra, enquanto queima um pouco de sálvia, simbolizando a liberação da negatividade na sua vida. Você precisa pensar na pessoa com a qual você não deseja mais estar conectada, enquanto executa qualquer cerimonial de desligamento que opte por fazer e pede para que o cordão seja rompido. Faça isso de preferência em voz alta, para que seus guias possam ouvi-la e lhe dar uma mãozinha.

> "Precisamos partir do princípio de que cada acontecimento tem sua importância e contém uma mensagem relacionada às nossas perguntas... Isso se aplica especialmente ao que costumávamos chamar de coisas ruins... O desafio é encontrar o lado bom de cada acontecimento, por mais negativo que ele seja."
> ➤**James Redfield**

Embora a negatividade seja obviamente uma coisa desagradável, precisamos lembrar que, no nosso caminho rumo à bondade, precisamos sempre buscar também o equilíbrio – a felicidade necessita da tristeza, a energia boa precisa da energia ruim, até

> **EXPLORE ISTO!**
>
> Dizer que você está eliminando da sua vida uma pessoa negativa é ótimo – e um passo muito importante –, mas como efetivamente fazer isso? Meu amor, é mais fácil falar do que fazer. Meu conselho é que seja sincera, mesmo que isso seja difícil e possa magoar alguém. Concentre o foco em você e não na pessoa tóxica. Por exemplo, se você está rompendo a comunicação com uma velha amiga que se tornou mais uma inimiga, ou com um membro da família que sempre a magoou, mas que você nunca teve coragem de enfrentar, procure abordar a situação dizendo o seguinte: "Não quero magoá-lo ou ofendê-lo, mas o que eu preciso neste momento da minha vida é me afastar de você para me concentrar na minha paz e no meu crescimento. Quero que você seja feliz e saiba que não lhe desejo nenhum mal".

mesmo o amor precisa do ódio. À medida que você for tomando providências para remover as influências negativas da sua vida, ficará chocada ao notar como se sentirá diferente em muito pouco tempo. Você também ficará surpresa com a forma como a negatividade era obviamente intensa, o que é mais fácil enxergar agora que disse adeus a ela e a removeu da sua existência. Eu a encorajo também a se desafiar a aprender com essas experiências, para não repeti-las mais tarde. Existe alguma coisa que você possa aprender com aquela sua colega de trabalho que costumava encontrar na hora do cafezinho e que estava sempre criticando os outros colegas? E com a sua tia rabugenta, que nunca tinha algo agradável a dizer a respeito de qualquer pessoa que não fosse exatamente como ela? Quando você encara todas as situações, boas ou más, como uma lição, elas se tornam oportunidades de aprendizado em vez de desafios a ser superados.

Você e eu? Nós não temos tempo para as más vibrações de ninguém. Nossa busca é pela bondade, totalidade e felicidade espiritual. Qualquer pessoa que gaste energia desafiando ou atacando seu amor e sua luz não os merece. Romper os grilhões da negatividade é uma experiência libertadora e gratificante, assim como a capacidade de amar, compreender e oferecer perdão a uma pessoa que não sabe amar. Sua energia positiva é seu poder. Use-a com sabedoria.

Explore isto!

Torne-se uma praticante de bênçãos diárias. Você não precisa ser religiosa ou uma agente de cura para incluir poderosas bênçãos à sua vida. Quais são seus bens mais preciosos? Sua prancha de surfe? Ofereça uma pequena prece de proteção para ela antes de mergulhar nas ondas. Seu laptop? Quem pode dizer que ele não precise que você dirija a ele um pouco de energia positiva? E a coleção de flores prensadas da sua avó? Peça a ela que zele por elas e as abençoe com você, e agradeça quando ela fizer isso. Suas bênçãos diárias podem incorporar a aromaterapia, seus cristais e pedras, seus guias – o que quer e quem quer que você sinta que trará mais proteção positiva para você e para as coisas com que se importa. Experimente, divirta-se e sinta-se abençoada!

14

SUA CELEBRAÇÃO

Enquanto caminhamos pela frequentemente acidentada estrada da vida, é importante dedicar algum tempo à celebração e ao desapego, para combinar as energias da sua mente, corpo e alma num todo jubiloso. Você tem meditado e se conectado consigo mesma para receber sabedoria, orientação e energia; agora está na hora de botar para fora um pouco dessa incrível vibração! Pense nisso como um walkie-talkie bidirecional: a mensagem foi recebida e agora você responde ao Universo. "Mas como eu faço isso?", você poderá perguntar a si mesma. Uma das melhores maneiras e, o que é o melhor de tudo, uma das mais fáceis, é mergulhar de cabeça e se envolver com outras pessoas, para comungar sua alegria.

Eu compartilho minha alegria comparecendo a festivais, concertos e outros grandes eventos que reúnam energia positiva e pessoas. No meu caso, essa é a maneira mais fácil e agradável de incorporar a celebração à minha vida. Também procuro abrir espaço para pequenas celebrações cotidianas – algo quase insignificante como comprar um lindo cristal novo para mim ou observar as nuvens passarem nos intervalos das minhas obrigações diárias é suficiente para me fazer lembrar do meu lugar no universo e em como tenho sorte por desfrutar dele.

Além disso, sinceramente, não há nada como sentir a vibração coletiva de tanta energia positiva num único lugar quando estamos no meio de uma celebração. Foi importante eu assumir uma perspectiva global com relação a isso – há incríveis oportunidades no mundo inteiro para nos conectarmos com essa qualidade particular de celebração coletiva – e eu a incentivo a sair da sua região e investigar... mas não fique aborrecida consigo mesma se não conseguir assistir aos desfiles de Carnaval no Sambódromo ou percorrer o caminho de Santiago de Compostela. Se for mais fácil para você comparecer a um festival, um show ou um encontro em algum lugar próximo, concentre-se nisso. A energia será tão boa quanto a que você encontraria se viajasse meio mundo. Além disso, sinta-se livre para incorporar elementos de celebrações e tradições globais à sua vida. Recorra a temas e ideologias do mundo inteiro que a inspirem e fomentem suas celebrações diárias.

Muitas pessoas associam as viagens à autodescoberta e à busca espiritual, de modo que você talvez possa pensar numa viagem ou aventura como um componente da sua jornada espiritual. Mas, se uma peregrinação espiritual não for uma opção no seu futuro imediato, ainda há grandes lições a ser aprendidas sem que você precise se levantar da cadeira agora. Apenas examine a lista que se segue, na qual você encontrará uma variedade de festivais, tradições e celebrações do mundo inteiro com os quais poderá deleitar seu espírito.

Dê uma olhada, quem sabe qual poderá ser sua próxima aventura? Se alguma coisa saltar aos seus olhos, pense nisso como um convite da sua alma para uma festa que merece um RSVP.

Uma celebração global da alma: alegria do mundo inteiro

ESCALA DE ESQUISITICE: ▲▲▲▲▲▲▲▲▲▲
ESCALA EXPLORE ISTO: ▲▲▲▲▲▲▲▲▲▲

Una seu corpo, mente e espírito: o Festival Wanderlust (*EUA, Canadá, Austrália e Nova Zelândia*)

O Festival Wanderlust reúne buscadores espirituais com ideias afins por meio do yoga, da arte, da cura holística, da comida e da sabedoria com meditações em grupo, vários estilos de yoga, instrutores internacionais, professores e bandas que tendem a resultar numa programação que agrada a todas as almas. O festival consiste no convívio com uma comunidade espiritual, o encontro com almas afins e a experimentação de coisas novas. Eles o chamam de "encontrar seu verdadeiro norte" e, depois de eu ter participado muitas vezes desse festival, ele recebeu meu selo de aprovação como buscadora espiritual. Embora Wanderlust possa deixá-la maravilhada, se você não puder ir a um festival, sempre poderá ter aulas de yoga, participar de grupos de meditação ou visitar feiras esotéricas para se conectar com outras almas e aprender, crescer e compartilhar suas experiências e sabedoria.

Faça seus pedidos num templo xintoísta (*Japão*)

No Japão, você encontra templos xintoístas que, por uma pequena taxa, permitem que as pessoas desenhem e escrevam seus desejos em plaquetas de madeira chamadas *ema* e as ofertem aos deuses, chamados *kami*. Como qualquer sonho ou meta, quando o desenhamos ou escrevemos, ele se torna algo mais tangível, como se o estivéssemos trazendo fisicamente para nossa realidade.

> **EXPLORE ISTO!**
>
> Quer você vá ou não efetivamente a um templo no Japão, dedique-se alguns minutos a anotar suas metas espirituais e pessoais numa folha de papel. Uma vez que tenha compilado sua lista, vá para um lugar que seja sagrado para você e converse com seus guias, pedindo que intercedam para que seus desejos sejam atendidos.

Liberte-se das suas preocupações: Yi Peng
(Norte da Tailândia)

O festival Yi Peng na Tailândia celebra a arte de liberar nossos receios, dúvidas e tristezas para os céus, acendendo uma lanterna e soltando-a, deixando que vá embora pelos ares. Yi Peng acontece no dia de lua cheia no segundo mês de acordo com o calendário lunar Lanna (do norte da Tailândia) – no inicio de novembro.

> **EXPLORE ISTO!**
>
> Anote seus medos e preocupações numa folha de papel. À noite, queime o papel e observe as cinzas flutuarem em direção ao céu, desaparecendo da sua vida para que você possa se concentrar na contínua busca espiritual que se estende à sua frente. Faça isso numa noite úmida ou durante o outono ou o inverno, para que nada além do papel se incendeie!

Busque o perdão: Paryushan
(realizado em toda a Índia nos templos jainistas)

O Paryushan é um festival jainista com oito a dez dias de duração, que acontece na Índia. Durante o festival, as pessoas meditam e rezam numa cerimônia para pedir perdão e perdoar. No Paryushan, os monges jainistas em geral jejuam, meditam e pedem perdão uns aos outros por quaisquer ofensas praticadas durante o ano anterior. Acredita-se que essa seja a maneira suprema de liberar a hostilidade e a raiva, bem como de purificar a alma da negatividade.

> **Explore isto!**
>
> Anote todas as coisas negativas que estão enterradas dentro de você, relacione quem você sente que é responsável por cada uma delas e depois escreva um bilhete para essas pessoas, perdoando-as. Você não precisa fazer nada com a carta se não quiser, mas assim mesmo perdoe mentalmente todas elas – essa é a parte importante. Você sentirá que um peso foi retirado dos seus ombros, e sua energia começará imediatamente a oscilar de novo para o lado positivo do pêndulo cósmico.

Canalize sua *hippie* interior: Coachella (*Coachella Valley, Califórnia, EUA*)

A música e a arte são duas maneiras meditativas e criativas de expressarmos a nossa alma. O festival de Coachella abrange tudo o que é fluido e divertido a respeito da vida: a música comunitária, a comunidade, a arte, a dança e a cultura vibrante universal. Se sua alma anseia por liberdade e expressão, Coachella é para você.

Conceda a si mesma um espaço para crescer: o Festival BiShvat (*Israel*)

Este festival israelense começa no início do ano e significa "ano-novo das árvores" em hebraico. A festa se concentra em reunir a comunidade para o plantio das árvores, simbolizando novos inícios e crescimento.

> ### Explore isto!
>
> O ato de plantar um jardim pode ser muito terapêutico e é uma excelente maneira de lembrar a si mesma de que o crescimento leva tempo. Portanto, vá plantar alguma coisa! Seja no seu quintal, num jardim comunitário ou numa iniciativa pública de plantio de árvores, à medida que você for desenvolvendo sua espiritualidade, o mesmo acontecerá com as sementes, árvores e outras coisas verdes que você semear. Lembre a si mesma de que a espiritualidade é uma jornada em eterna evolução, uma experiência pessoal de crescimento que é única para todas as pessoas.

Diminua o ritmo: tai chi chuan (*China*)

Pense em *meditação em movimento* enquanto pratica alongamentos lentos e fluidos para ajudar a desacelerar a mente e equilibrar o corpo enquanto desperta a alma. O tai chi é um exemplo de uma tradição que ajuda a diminuir o estresse e a pressão do dia a dia e lhe proporciona espaço para se recompor e se recarregar.

> ### Explore isto!
>
> Não pode se matricular num curso de tai chi? Comece fazendo alguns movimentos iniciais assistindo a vídeos no YouTube e prossiga a partir daí. Uma vez que esteja pronta, e se tiver a oportunidade, procure uma aula em grupo e obtenha os benefícios adicionais da energia e da meditação em grupo.

Seja grato: Dia de Ação de Graças
(*EUA, quarta quinta-feira de novembro*)

Para os norte-americanos, o Dia de Ação de Graças representa uma ocasião para reconhecer a família, os amigos e outras coisas que são valiosas na vida, o que geralmente fazem durante uma refeição elaborada que compartilham. Ao dedicar um dia à reflexão e à apreciação da abundância e dos sucessos da sua vida, em vez de se concentrar nas coisas que estão faltando, as pessoas reconhecem a importância de valorizar e celebrar o que elas têm.

> **EXPLORE ISTO!**
>
> Quando você valoriza o que já tem, tende a receber mais coisas boas – não me pergunte por quê. Assim sendo, pare de desperdiçar tanto tempo e energia desejando coisas e passe algum tempo refletindo sobre o que você já tem e valoriza na sua vida.

Purifique-se: Festival Songkran (Tailândia)

Songkran – "passagem astrológica" em sânscrito – é uma maneira divertida e revigorante de iniciar o ano-novo, que cai em abril no calendário tailandês. A tradição inclui jogar água – de copos, baldes e até mesmo com pistolas de água! – para simbolizar a purificação e um recomeço.

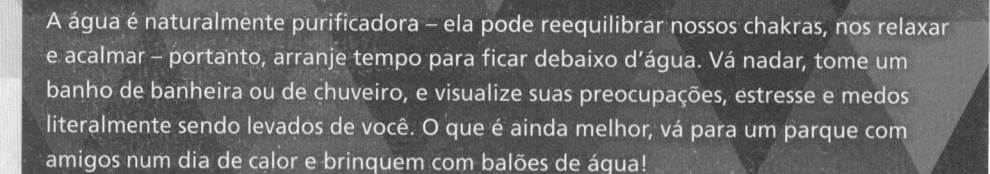

> **EXPLORE ISTO!**
>
> A água é naturalmente purificadora – ela pode reequilibrar nossos chakras, nos relaxar e acalmar – portanto, arranje tempo para ficar debaixo d'água. Vá nadar, tome um banho de banheira ou de chuveiro, e visualize suas preocupações, estresse e medos literalmente sendo levados de você. O que é ainda melhor, vá para um parque com amigos num dia de calor e brinquem com balões de água!

Conecte-se com a natureza: celebre o Solstício do Verão (*Irlanda, Suécia, Finlândia, Noruega e Reino Unido*)

O Solstício do Verão – também chamado de Midsummer ou Dia de São João – é um festival que marca o fluxo natural e a transição das estações, especificamente da primavera para o verão, por volta do solstício de verão no Hemisfério Norte. Ele é celebrado em todo o planeta, especialmente em muitas nações do norte da Europa. Por exemplo, nessa época, muitas pessoas em toda a Irlanda organizam carnavais, feiras, concertos, fogueiras ao ar livre e fogos de artifício nos dias que antecedem o Solstício do Verão ou exatamente no dia dele.

> **EXPLORE ISTO!**
>
> Na noite da véspera do Solstício de Verão – em torno de 20 ou 21 de junho –, organize com os amigos uma festa com fogueira ao ar livre para celebrar.

Celebre a vida honrando os mortos: *Día de los Muertos* (*México*)

O festival mexicano do *Día de los Muertos* celebra a vida de entes queridos que já se foram. A celebração se concentra na positividade, vitalidade e alegria em vez do luto. O evento é um excelente lembrete para que todos nós vivamos nossa vida o mais plenamente possível e deixemos um legado do qual nos orgulhemos. Qual será o seu legado?

Expanda sua mente: Dia de Saraswati, vulgo Dia do Conhecimento (*Bali*)

Comemorando no outono, os hindus balineses celebram a deusa Saraswati homenageando seus temas – conhecimento, sabedoria e educação – por meio de oferendas com flores e incenso em escolas, lares e escritórios. A celebração é um lembrete de que podemos ser tão competentes, sábias e espiritualmente curiosas quanto escolhermos ser, e que nosso poço de conhecimento é inesgotável. Desse modo, saia, aprenda algo novo e estimule-se a continuar a crescer e expandir sua mente!

Purifique sua vida com a primavera: *Chun Jie* (Festival da Primavera, ou Ano-Novo Chinês) (*China*)

O Festival da Primavera na China acontece do final de janeiro, mas pode se estender até o início ou meados de fevereiro. Essa é uma ocasião de renovação, mudança, transições e crescimento, e uma época para acolher a mudança e abrir espaço para ela. O festival é uma ocasião para que as pessoas purguem, desbloqueiem e livrem o ambiente de qualquer coisa desnecessária ou que não lhes seja mais útil.

> **Explore isto!**
>
> Arrume os armários da cozinha, livrando-se do que não precisa, doe as roupas que não usa mais e abra espaço para que novas coisas e experiências incríveis entrem na sua vida.

Doe e não espere nada em troca: Burning Man
(*Black Rock City, Nevada, EUA*)

As práticas no Burning Man sobre a doação altruísta é realmente algo a ser contemplado. Todos os anos, o deserto de Nevada é transformado num festival cultural de artes e música que dá as boas-vindas a todos e promove a generosidade, a criatividade e a comunidade, que são elementos essenciais para o desenvolvimento de uma buscadora espiritual. O festival acolhe a criatividade e certamente abrirá sua mente para coisas novas e estimulantes que a ajudarão a se expressar e se desenvolver.

> **Explore isto!**
>
> Leia alguma coisa sobre o Burning Man antes de ir para o festival – não é interessante que você fique no deserto durante uma semana sem estar preparada! Minha dica: leve alguma coisa para doar que não seja dinheiro, pois Burning Man é exclusivamente um evento com economia sustentável de doação e permuta. Biscoitos, bijuterias artesanais e até mesmo massagens nas costas são excelentes presentes que você pode oferecer.

Visite seu Conselho de Luz:
o Terceiro Dia de Tet (*Vietnã*)

Os mestres são reverenciados nas comunidades vietnamitas e, no terceiro dia do ano-novo vietnamita, chamado Tet, as pessoas os visitam e agradecem verbalmente pelo impacto que tiveram na sua vida e na vida dos seus filhos. Seu conselho de luz, guias e mestres pode variar, sendo composto, entre outros, por anjos, conselheiros, mentores e amigos espirituais, e você pode escolher agradecer a eles verbalmente, escrever um e-mail ou texto, ou agradecer a eles mentalmente pela sabedoria e amor que compartilharam com você ao longo da sua jornada espiritual.

Tenha menos medo: *N'gol* (mergulho na terra) (*Vanuatu*)

Durante o ritual *N'gol*, meninos e homens dão um "salto de fé" para enfrentar seus medos, como um rito de passagem e ritual de fertilidade. Videiras são amarradas nos pés da pessoa, que salta de uma torre de gravetos e galhos, construída pelos homens, e cai sobre a lama que está embaixo, com as videiras ajudando a reduzir o impacto.

> **EXPLORE ISTO!**
>
> Por favor, não se meta a construir sua própria plataforma de bungee jumping; não consigo ver um final feliz nisso para ninguém. Pense em alguma coisa que a esteja impedindo de viver plenamente e faça algumas escolhas para modificar esse bloqueio na sua vida. Em seguida, dê seu salto de fé.

Volte o rosto para o sol: Festival do Solstício de Verão (*Suécia*)

Alguém está precisando de vitamina D? As pessoas celebram o dia mais longo do ano na Suécia simplesmente curtindo um dia ao ar livre e passando algum tempo na natureza e debaixo do sol, se estiver fazendo sol nesse dia. Essa é uma das minhas ferramentas favoritas para voltar a me centrar e me estabilizar, e é muito fácil. Simplesmente tire os sapatos, vá para o lado de fora, fique em pé na grama ou na terra, volte o rosto para o sol. Você terá realmente a sensação de que suas baterias estão se recarregando!

Enfrente seus medos: Festival *La Mercè* (*Espanha*)

La Mercè, que acontece em setembro, é realizado em homenagem a Mare de Dèu de la Mercè, a santa padroeira de Barcelona. As festividades enchem as ruas da cidade com desfiles, danças folclóricas e música. Quando o dia escurece, o mesmo acontece com as celebrações, e centenas de pessoas vestidas como demônios começam a percorrer as ruas, soltando fogos de artifício, erguendo forcados e tocando tambor, com a intenção de assustar os inocentes. O festival é um grande lembrete de que devemos enfrentar nossos demônios e nossos medos.

> **EXPLORE ISTO!**
>
> Imagine seus medos explodindo como fogos de artifício e desaparecendo como vapor.

Renuncie: Ramadã (*Marrocos*)

Para os muçulmanos da África do Norte e do mundo inteiro, o Ramadã é uma prática que se reflete em bênçãos na vida da pessoa. Ao longo do mês sagrado, de meados de junho a meados de julho, período que se baseia nos ciclos lunares, a pessoa não deve comer ou beber do amanhecer ao pôr do sol, jejuando nesse intervalo para demonstrar sua gratidão. O Ramadã é semelhante à prática cristã da Quaresma.

> **EXPLORE ISTO!**
>
> Às vezes precisamos desistir de alguma coisa para verdadeiramente compreender como seria nossa vida sem ela, e ser gratos pela nossa sorte e solidários com outros que talvez não sejam tão afortunados. Você poderia desistir da internet, do álcool ou guardar uma pequena quantia por dia para doar a uma pessoa necessitada ou a uma causa digna.

Curta a vida: Carnaval (*Brasil*)

Sem dúvida os brasileiros sabem se divertir, e adivinhe? A espiritualidade também tem o propósito de ser divertida! O Carnaval, um festival celebrado no mundo inteiro, porém de forma mais memorável no Brasil, nos dias que antecedem a Quaresma, é uma eufórica celebração de diversidade e autoexpressão, possibilitando que todos amem, se divirtam e celebrem sozinhos e uns com os outros por meio da dança, da música, de eventos comunitários e de desfiles. Não deixe de fazer o mesmo. Onde quer esteja, o que quer que esteja fazendo, arranje tempo para celebrar antes que as coisas fiquem sérias demais!

Mostre orgulho: Haka (*Nova Zelândia*)

A haka maori é uma dança cerimonial usada para intimidar, dar as boas-vindas ou congratular as pessoas. Muito versátil, não é mesmo? A haka, executada tradicionalmente pelos homens, une uma equipe, um grupo ou uma tribo de pessoas por meio de um antigo canto de guerra. Dê uma olhada em alguns vídeos de haka no YouTube: a dança é intimidante e muito impressionante!

> **Explore isto!**
>
> Pense na sua tribo – sua família, uma unidade de trabalho ou um grupo de amigos – e tente oferecer maneiras de enaltecê-los, uni-los e motivá-los por meio da música. Sinta orgulho de espalhar positividade e fazer os outros se sentirem melhor depois que saírem da sua presença.

Reserve tempo para se divertir: *Holi* (*Índia*)

Holi, que é celebrado em março e também conhecido como "o festival das cores", é uma celebração hindu na qual pó colorido é alegremente espalhado para colorir a roupa, a pele e o cabelo das pessoas – ele é até mesmo polvilhado nos animais de estimação! Começando com uma fogueira na noite da véspera das festividades Holi, pessoas de todas as idades participam do festival, e as festividades são um reflexo de amor, diversão e do vigor da vida.

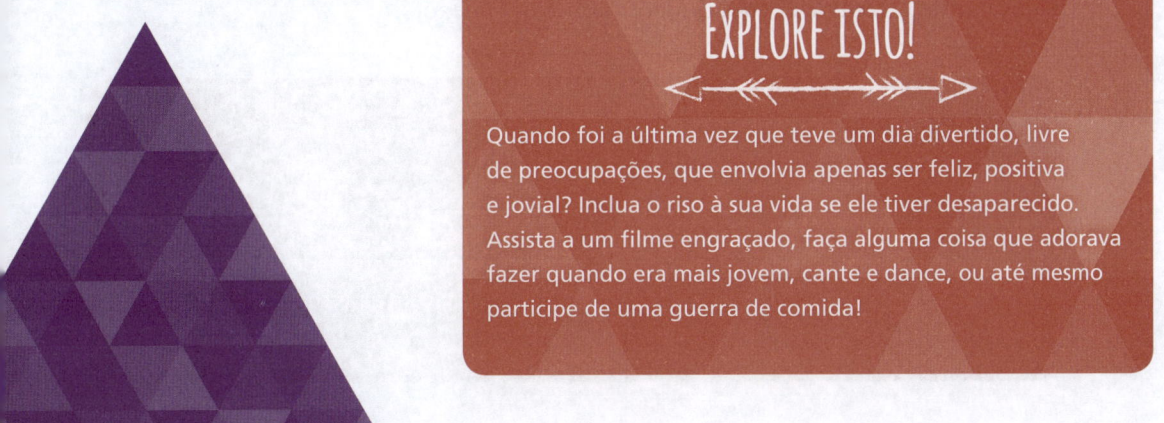

> **Explore isto!**
>
> Quando foi a última vez que teve um dia divertido, livre de preocupações, que envolvia apenas ser feliz, positiva e jovial? Inclua o riso à sua vida se ele tiver desaparecido. Assista a um filme engraçado, faça alguma coisa que adorava fazer quando era mais jovem, cante e dance, ou até mesmo participe de uma guerra de comida!

Celebrando irmãs e irmãos de alma: *Ubuntu (Sul da África)*

O povo *nguni* do sul da África acredita na filosofia do *Ubuntu* – de que só somos pessoas por meio de outras pessoas, e que nossas ações e comportamentos em relação aos outros definem a humanidade. A presença de *Ubuntu* no nosso cotidiano garante que a generosidade, o altruísmo e as responsabilidades morais sejam sempre mantidos em primeiro plano na mente.

> **EXPLORE ISTO!**
>
> O que suas ações dizem a seu respeito? Você é amável, compassiva e generosa? Procure oferecer seu tempo, apoio, serviço e amor aos outros – sem condições ou restrições.

Amor-próprio: *Hygge (Dinamarca)*

Os dinamarqueses estão sempre no topo da escala de felicidade, de modo que não é nenhuma surpresa saber que eles sabem como gratificar e revigorar a alma. *Hygge* envolve os prazeres básicos – ficar deitado ao sol, sentar ao lado de uma fogueira, se enroscar numa cama quentinha ou ficar alguns dias desconectado das fontes de energia habituais, como a eletricidade, o gás etc., para se recarregar e se reconectar com a natureza. Tudo diz respeito à conexão com seus semelhantes de maneiras pequenas, porém significativas, e ter prazer em agradecer por essas conexões.

> **EXPLORE ISTO!**
>
> O que a recarrega e faz com que você se sinta como se tivesse apertado o botão *reset*? Um banho de banheira? Uma massagem? Um aconchego com a pessoa que você ama? Dê a si mesma permissão para se amar!

Acenda sua luz: Up Helly Aa (*Escócia*)

O festival Up Helly Aa abarca na verdade vários festivais que acontecem no inverno em toda a Escócia, especialmente nas Ilhas Shetland, que consistem em desfiles pelas ruas com trajes tradicionais, tochas flamejantes e até mesmo navios vikings em chamas para lembrar e homenagear a ancestralidade, a história e a natureza revigorante do fogo, nos implacáveis meses do inverno. É um lembrete de que devemos ter orgulho das nossas raízes e das nossas experiências de vida, sejam elas boas ou más.

> **Explore isto!**
>
> Reserve um dia para se reconectar com sua ancestralidade. Pergunte a membros da família se têm alguma informação ou quaisquer memórias ou objetos especiais que tenham guardado do passado da sua família.

Celebre a quietude: Festival Internacional de Meditadores de Bali (*Bali*)

Realizado uma vez por ano em Ubud, o festival atrai yogues, meditadores, agentes de cura, poetas, músicos e artistas do mundo inteiro, quando as barreiras a diferentes credos, religiões, práticas e estilos são derrubadas para que todos possam compartilhar sabedoria, experiências e práticas uns com os outros. É a fusão suprema da espiritualidade. É perfeito para a buscadora espiritual aberta a todas as crenças e interessada em aprender diferentes estilos de yoga, meditação, mantras e preces.

Estou certa de que, a esta altura da nossa jornada, os benefícios de ser uma buscadora espiritual se tornaram muito claros. Minha esperança é que você tenha tido uma incrível aventura enquanto descobria coisas novas. Espero que a sua experiência a tenha conduzido a uma posição na qual se sinta informada e capaz de enxergar mais profundamente, amar mais profundamente e, acima de tudo, saber como celebrar tudo o que a vida proporciona, acolhendo positivamente quantidades exponenciais de alegria no seu espírito à medida que progride. Na minha busca espiritual, também vivenciei os benefícios de procurar ativamente um caminho de descoberta, receber regularmente injeções de sabedoria daqueles que encontrei ao longo do caminho e ter a glória de me descontrair completamente em muitas celebrações.

Meu desafio de despedida para este capítulo é o seguinte: peço que você inclua algumas festividades nas suas metas, nos seus sonhos e, por que não, até mesmo nos seus planos de férias. Reúna seu conselho de luz e comitiva espiritual se precisar de apoio ou aja de forma independente. Uma vez que abra sua alma para a jovialidade – tanto nas pequenas coisas quanto nas grandes iniciativas, bombásticas –, você conhecerá naturalmente pessoas interessantes e se verá rodeada por almas afins. Coloque uma música para tocar, levante os braços e celebre!

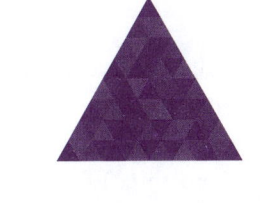

Conclusão: sua busca espiritual

"Afinal de contas, o propósito da vida é viver ao máximo a experiência e estender-nos avidamente e sem medo para uma experiência mais nova e mais rica."
➤**Eleanor Roosevelt**

Olhe só para você – bem informada e pronta para se aventurar no mundo com seu arsenal de sabedoria espiritual. Você está se formando na escola espiritualista! Daqui em diante, continuará a encontrar um *pot-pourri* de enriquecimento espiritual onde quer que olhe, porque agora tem as ferramentas para distinguir e usar o tesouro espiritual da vida tendo sua melhor amiga, sua alma, como guia.

Tenho um último "Explore Isto!" para você. Pergunte aos seus botões: o que seria útil neste momento na minha jornada espiritual?

Pode ser algo simples como se matricular em algumas aulas de yoga; pode ser comprar uma passagem só de ida para o outro lado do mundo. Pode ser uma aventura como um acampamento de surfe ou um retiro espiritual, ou pode até mesmo ser tão fácil quanto ir até uma livraria ou biblioteca e escolher o próximo livro que vai ler. O truque é prestar atenção ao seu eu mais profundo e efetivamente escutar o que sua alma está tentando lhe dizer – e depois seguir a dica! Agora você tem as ferramentas necessárias para traduzir o que ela tem sussurrado ou talvez até mesmo gritado o tempo todo para você.

Ficar a par de tudo que existe sobre crescimento espiritual e busca espiritual pode ser um pouco intimidante. Você não precisa fazer tudo ao mesmo tempo. Pode fazer as coisas lentamente, ao longo do tempo, em pequenas partes; pode fazê-las de modo intermitente, em avanços gigantescos, ou combinar as duas coisas. O que estou querendo dizer é que, na realidade, não há um destino; só podemos dizer que encontramos o caminho para... um lugar em que nossa alma se sinta bem.

Durante minha jornada, para que eu realmente me conectasse com minha espiritualidade e comigo mesma como ser espiritual, tive que me demitir do meu emprego, juntar minhas economias, vender tudo o que eu tinha no meu nome e voar para o outro lado do mundo, tudo por conta própria. Tive que seguir uma rota insólita, mas que acabou sendo boa, de modo que eu não a mudaria por nada neste mundo. Eu só gostaria que alguém tivesse me dito lá atrás que o Universo estava me apoiando durante todo o percurso, que eu tinha guias ao meu lado o tempo todo e que, com o tempo, eu seria recompensada por ser corajosa o bastante para dar aquele salto em direção ao meu futuro, em direção ao desconhecido, ao meu novo eu espiritual. Também teria sido bom receber um brado de alerta quando distendi o músculo da nádega enquanto suava fazendo aquela postura yogue.

"Aonde quer que você vá, vá com todo o seu coração."

>Confúcio

Suando ou não com o yoga, você não precisa sair da sua sala de estar para realizar sua busca. Mas, por favor, prometa à sua alma e a si mesma o seguinte: seja sincera, seja valente e seja gentil consigo mesma!

Ao olhar para trás, se eu aprendi uma coisa crucial, é que estamos continuamente crescendo, aprendendo e nos expandindo. Deixe que as coisas que você aprendeu aqui cresçam, expandam e transmitam conhecimento para sua espiritualidade, mas não faça deste livro seu único recurso para a expansão espiritual! Agora que você plantou as sementes do despertar, continue nutrindo seu estilo holístico com novas experiências e uma nova sabedoria – e ao fazer isso, seu corpo ficará mais saudável e equilibrado, seus pensamentos serão mais positivos e centrados, e seu espírito cantará.

Tenho um último desejo para compartilhar com você antes de nos despedirmos. Independentemente da sua formação, do seu destino, da sua religião ou caminho espiritual, espero que vivencie a espiritualidade em cada ser que você encontrar, que a gentileza seja dada e recebida em todas as partes da sua vida, e que o respeito e a bondade sejam abundantes dentro de você e à sua volta. Que esta última página seja a primeira da sua nova vida espiritualmente revigorada. Boa sorte na sua jornada, minha amiga, e que você sempre viva bem.

"Esta é minha simples religião. Não há necessidade de templos; não há necessidade de uma filosofia complicada. Nosso cérebro, nosso coração é nosso templo; a filosofia é a bondade."

>Dalai Lama

AGRADECIMENTOS

Por razões de privacidade, os sobrenomes foram omitidos. Vocês sabem quem são...

Anna, obrigada por acreditar em mim, e neste livro. Sem você, ele nunca teria chegado às mãos de tantas buscadoras espirituais ansiosas; obrigada por mudar a vida delas e a minha. Não poderia ter feito isso sem você e a equipe da Beyond Words. Sou eternamente grata a vocês. Agradeço também especialmente à equipe editorial, inclusive a Sylvia, Lindsay e Gretchen.

Agradeço a James, pela sua paciência inabalável, apoio e por me conceder tempo e espaço para escrever este livro, que essencialmente se tornou a terceira pessoa no nosso relacionamento.

Marg e Merv, por me concederem a liberdade de explorar minha espiritualidade e cultivar minha esquisitice ao mesmo tempo que encorajavam minha excentricidade. Escolhi os melhores pais, obrigada.

Tash, que vim a chamar de CEO de Emma Mildon.com. Obrigada pelo seu feedback franco e direto com relação ao que é incrível e ao que é horrível.

Agradeço à tia Jane, por acolher positivamente conversas espirituais. Você é como uma mãe, e sou grata por isso.

À vovó Mildon, por todas as pérolas de sabedoria ao longo dos anos, obrigada.

Sou grata a Louise, Doreen e Gabby por compartilharem comigo, e com os leitores, suas palavras de sabedoria e inspiração.

Celine, obrigada por permitir que eu exibisse seus designs incrivelmente elegantes. Sarah, obrigada por ter me tornado mais requintada e transformado esta velha "malvestida e alternativa" numa deusa. Kenrick, obrigada por ter me captado com sua lente talentosa.

Agradeço às irmãs O'Hara pelas sessões de *brainstorming* espiritual e comercial, bem como pelo apoio e amizade. À Barbara, por compartilhar comigo sua sabedoria, o que me deu a coragem de iniciar um novo capítulo na minha vida. Obrigada por me ajudar a ser coerente com meu próprio discurso.

Sharad, obrigada por ser um mentor tão humilde e inspirador. Tim por me apresentar às alegrias do SUP yoga, Acroyoga e das amizades do yoga. Diane e Halo Smith, agradeço a parceria, capacidade de previsão e compreensão do empreendedorismo espiritual. Ish, obrigada por compartilhar sua indescritível influência e requinte de oratória para ajudar a transformar a maneira como me comunico com o público, pessoalmente ou no papel. Sacha, obrigada por me fornecer as informações relevantes para que eu fosse autêntica e por ser a inspiração para a última linha do livro. Seja feliz...

Dione, obrigada por apoiar meu trabalho e me ajudar a entrar em contato com minha sabedoria e companheiras buscadoras espirituais. Guy, Vanessa, Katherine, Leigh e Lauren, obrigada por suportar minhas curiosidade e brincadeiras diárias. Ayla, por começar o movimento. Obrigada por ter sido uma das primeiras a me apoiar e me seguir. Abbylee, agradeço por ter sido uma luz radiante e batalhadora espiritual que pensa como eu. Twyla, obrigada por ser uma influência sábia e estimulante.

Agradeço à equipe de Lululemon Ponsonby pelo seu incansável apoio, visão coletiva e por me acolherem na sua família espiritual. Uma menção especial a Mo, Bex, Prism, Emily e Poppy.

Tiffany, por me ensinar que o yoga é realmente um remédio.

Jade e Charlotte, por me oferecerem inspiração diretamente do meu público-alvo.

Jacque e Jonnie, obrigada por terem me dado minha primeira oportunidade de falar em público no Wanderlust da Nova Zelândia. Festival Wanderlust, obrigada pela parceria e por permitir que eu ajudasse o público presente a encontrar seu verdadeiro norte.

BookYogaRetreats, pela parceria e por compartilhar uma perspectiva e atitude tão holística com relação aos negócios.

Emm, por ter me colocado em contato com Wayne Dyer e me ajudado a fazer uma mudança! Rowan, pela sua paciência e treinos. Imogen, obrigada por ser minha irmã e minha família enquanto procurava refúgio. E Persephone, por me mostrar coragem e amor.

Philip, agradeço pela leitura astrológica que mudou o rumo da minha vida e causou um forte impacto neste livro. Narelle, pelo seu apoio e, o que é mais importante, por ter me ensinado a dançar! Michelle, pela leitura numerológica que desencadeou o início de toda minha carreira espiritual e literária que se fundiu neste livro.

Richard, obrigada por me mostrar que o domínio do espiritual pode acontecer a partir de uma pequena centelha de curiosidade num pequeno país como a Nova Zelândia. Jasmine, obrigada por me colocar debaixo das suas asas como *coach* de vida e mestre espiritual. Peter, por me ensinar os fundamentos da numerologia. Não consigo mais parar de calcular datas e letras.

Eli, agradeço por você ter me mostrado outro mundo e me conectado a uma vida passada por meio da regressão.

Suzanne, obrigada pelos papos abertos e diretos, e por ter me mostrado uma estratégia e provocado um forte senso de direção. Kay, obrigada por me ajudar a ser sensatamente egoísta e por ter me convidado para a comunidade espiritual de Maiorca. Melissa, por ter me conectado com meus anjos e guias. Barbara, agradeço por ter me dado explicações sobre minhas folhas do chá e vidas passadas. Carmel, pelas curas, leituras, sprays para auras e desintoxicações dos pés. Obrigada pela sua energia.

Eoin, obrigada por transmitir uma sabedoria natural que ao mesmo tempo me estabilizou e transformou. Cathy, por compartilhar seu dicionário dos sonhos e compreensão espiritual. Karen, por compartilhar sua sabedoria sobre guias espirituais e por ser tão acolhedora. Martin e Kaye, obrigada por me ensinarem a Meditação Transcendental.

Marilyn, obrigada por ser uma esplêndida agente, a semente das minhas oportunidades.

Reid e Cheryl, por terem me ajudado a me transformar na pessoa empreendedora que sou. Seu seminário mudou minha vida.

Por último, mas certamente não menos importante, agradeço a vocês Gabrielle, Malcolm e meus anjos e guias espirituais que canalizaram este livro e esta experiência através de mim. Sinto-me eternamente privilegiada por ter vocês comigo. É uma honra ser sua mensageira.

NOTAS

Introdução

1. "Padmasambhava", Rigpa Wiki, última modificação em 6 de fevereiro de 2014, http://www.rigpawiki.org/index.php?title=Padma sambhava.
2. Karen Armstrong, *Buddha* (Londres: Orion Books, Ltd., 2000), 7–8.
3. Jalal al-Din Rumi, *The Essential Rumi: New Expanded Edition* (São Francisco: HarperOne, 2004), 196.

Parte I

Capítulo 1

1. Melissa Eisler, "The History of Meditation", The Chopra Center, acesso em 29 de novembro de 2014, http://www.chopra.com/ccl/the-history-of-meditation.
2. Jeff Wilson, *Mindful America: The Mutual Transformation of Buddhist Meditation and American Culture* (Oxford: Oxford University Press, 2014), 35.
3. Gertrud Hirschi, *Mudras: Yoga in Your Hands* (Newburyport, MA: Red Wheel/Weiser, LLC, 2002), 14, 60–62, 64–65, 70–75, 82–85, 96–103, 108–109, 112–117, 120–122, 136–140. Reproduzido com permissão da editora.
4. Kundalini Mudra. Usado com permissão do The Kundalini Research Institute. Para mais informações, entre em contato através de www.kriteachings.org.
5. Buddha Mudra. Usado com permissão do The Kundalini Research Institute. Para mais informações, entre em contato através de www.kriteachings.org.
6. Louise L. Hay, *You Can Heal Your Life* (Carlsbad, CA: Hay House, Inc., 1984), 122–141. Reproduzido com permissão da editora.

Capítulo 2

1. Richard Webster, *Color Magic for Beginners* (Woodbury, MN: Llewellyn Worldwide, Ltd., 2006), 59–62. Reproduzido com permissão da editora.
2. Ibid.
3. Tasmania Hobart, "Divine Feminine—Kundalini, Transpersonal and the Inner Feminine", Transpersonal Lifestreams, última modificação em 21 de março de 2011, http://www.transpersonal.com.au/kundalini /divine-feminine.htm.
4. Ibid.
5. Webster, *Color of Magic for Beginners*, 59–62.

Capítulo 3

1. Lise Manniche, *Sacred Luxuries: Fragrance, Aromatherapy, and Cosmetics in Ancient Egypt* (Trowbridge, Reino Unido: Opus Publishing, Ltd., 1999), 36.
2. Scott Cunningham, *The Complete Book of Incense, Oils, and Brews* (Woodbury, MN: Llewellyn Worldwide, Ltd., 2002), 27–44. Reproduzido com permissão da editora.
3. Ibid.
4. Debbie Allen, "Biblical Scripture References for Use of Essential Oils", Young Living Essential Oils, acesso em 15 de novembro de 2015, http://www.yleo-oils.com/bible.htm.
5. Scott Cunningham, *The Complete Book of Incense, Oils, and Brews* (Woodbury, MN: Llewellyn Worldwide, Ltd., 2002), 45, 58, 62, 65. Reproduzido com permissão da editora.
6. Ibid.
7. Ibid.

Capítulo 4

1. Richard Webster, *Living In Your Soul's Light: Understanding Your Eternal Self* (Woodbury, MN: Llewellyn Worldwide, Ltd., 2012), 47, 51, 52, 53, 54. Reproduzido com permissão da editora.
2. Richard Webster, *Living In Your Soul's Light: Understanding Your Eternal Self* (Woodbury, MN: Llewellyn Worldwide, Ltd., 2012), 54–55. Reproduzido com permissão da editora.
3. Ibid.
4. "What Is TRE®", Bercelli Foundation, acesso em 15 de fevereiro de 2015, http://traumaprevention.com.
5. "Napping: Do's And Don'ts for Healthy Adults", Mayo Clinic, última modificação em 21 de novembro de 2012, http://www.mayoclinic.org/healthy-living/adult-health/in-depth/napping/art-20048319.
6. Jane Maati Smith, *Chakra Healing Solfeggio Frequencies: Sound Medicine For Chakra Balancing of the Body, Mind, and Soul*, ChakraHealingSounds.com, 2013, MP3.
7. Mark e Elizabeth Clare Prophet, "Aquarian Path: the Seven Chakras", http://www.aquarianpath.com/chakraschart.php, acesso em 17 de maio de 2015.

8. Richard Webster, *Aura Reading for Beginners: Develop Your Psychic Awareness for Health & Success* (Woodbury, MN: Llewellyn Worldwide, Ltd., 2002), 3. Reproduzido com permissão da editora.
9. Richard Webster, *Living In Your Soul's Light: Understanding Your Eternal Self* (Woodbury, MN: Llewellyn Worldwide, Ltd., 2012), 69, 71, 72, 73, 74. Reproduzido com permissão da editora.
10. "Clairvoyant Band Aid", *Quase Famosos* dirigido por Cameron Crowe (2000; Universal City, CA: Dreamworks, 2000), DVD.
11. Richard Webster, *Aura Reading for Beginners: Develop Your Psychic Awareness for Health & Success* (Woodbury, MN: Llewellyn Worldwide, Ltd., 2002), 83–94. Reproduzido com permissão da editora.

Capítulo 5

1. Richard Webster, *Feng Shui for Beginners: Successful Living by Design* (Woodbury, MN: Llewellyn Worldwide, Ltd., 2002), 1–3. Reproduzido com permissão da editora.
2. Ibid.
3. Deepak Chopra, *The Book of Secrets: Unlock the Hidden Dimensions of Your Life* (Nova York: Harmony Books, 2005). Reproduzido com permissão da editora.
4. Richard Webster, *Color Magic for Beginners* (Woodbury, MN: Llewellyn Worldwide, Ltd., 2006), 217–228. Reproduzido com permissão da editora.
5. Webster, *Feng Shui for Beginners*, 132.
6. Ibid., 112.

Parte II

1. Louie E. Ross, Ingrid J. Hall, Temeika L. Fairley, Yhenneko J. Taylor e Daniel L. Howard, "Prayer and Self-Reported Health Among Cancer Survivors in the United States, National Health Interview Survey, 2002", *Journal of Alternative and Complementary Medicine*, última modificação em 16 de maio de 2015, http://www.ncbi.nlm.nih.gov/pmc/articles/PMC3152800/.

Capítulo 6

1. John Lennon, "Imagine", em *Imagine*, Apple Records, 1971, MP3.
2. Ian Parker, "The Big Sleep," *The New Yorker*, 9 de dezembro de 2013, http://www.newyorker.com/magazine/2013/12/09/the-big-sleep-2.
3. J. F. Pagel, MD, "Nightmares and Disorders of Dreaming", *American Family Physician* 61, 1º de abril de 2000, http://www.aafp.org/afp/2000/0401/.
4. Paulo Coelho, *The Pilgrimage* (*O Diário de um Mago*), tradução de Alan R. Clarke (Rio de Janeiro: Editora Rocco, Ltd., 2006), 61–62.
5. Cathy Hunsberger, *Dreams: Unlocking the Mystery* (Bloomington, IN: Balboa Press, 2013), 163–178. Reproduzido com permissão da editora.
6. Ibid.

7. Cathy Hunsberger, *Dreams: Unlocking the Mystery* (Bloomington, IN: Balboa Press, 2013), 163–178. Reproduzido com permissão da editora.
8. Jane Maati Smith, *Chakra Healing Solfeggio Frequencies: Sound Medicine for Chakra Balancing of the Body, Mind, and Soul*, ChakraHealingSounds.com, 2013, MP3.
9. "Insufficient Sleep Is a Public Health Epidemic", Centers For Disease Control and Prevention, última modificação em 13 de janeiro de 2014, http://www.cdc.gov/features/dssleep/.
10. Rudolf F. Graf, "Crystal oscillator", *Modern Dictionary of Electronics*, 7ª edição (Boston: Newnes, 1999), 162, 163.
11. Rebecca Turner, "A History of Sleep", World of Lucid Dreaming, acesso em 11 de dezembro de 2014, http://www.world-of-lucid-dreaming.com/history-of-sleep.html.

Capítulo 7

1. "Origin and Meaning of Emma", eBabyNames.com, acesso em 18 de fevereiro de 2015, http://www.ebabynames.com/#!meaning-of-Emma.
2. "Chinese Vs. Western Numerology", Numerology.com, acesso em 14 de fevereiro de 2015, http://www.numerology.com/numerology-news/chinese-vs-western-numerology.
3. Harish Johari, *Numerology with Tantra, Ayurveda, and Astrology* (Rochester, NY: Inner Traditions International, Ltd., 1990), 6–7.
4. Michelle Buchanan, *The Numerology Guidebook: Uncover Your Destiny and the Blueprint of Your Life* (Carlsbad, CA: Hay House, Inc., 2013), 3–16. Reproduzido com permissão da editora.
5. Ibid.
6. Ibid.
7. Ibid.
8. Ibid.

Capítulo 8

1. Ulla Koch-Westenholz, *Mesopotamian Astrology: An Introduction to Babylonian and Assyrian Celestial Divination* (Copenhague: Museum Tusculanum Press, 1995), 11.
2. Nicholas Campion, *History of Western Astrology, Volume II: The Medieval and Modern Worlds* (Londres: Continuum International Publishing Group, 2009).
3. Robert Armour, *Gods and Myths of Ancient Egypt* (Cairo: American University in Cairo Press, 1986), 6–8.
4. Siegfried Morenz, *Egyptian Religion* (Ithaca, NY: Cornell University Press, 1973), 88–89.
5. April Holloway, "How Ancient People Marked the Equinox Around the World", Ancient Origins, 20 de março de 2014, http://www.ancient-origins.net/ancient-places/how-ancient-people-marked--equinox-around-world-001464.
6. Ibid.
7. Philip F. Young, *Astrology Unlocked* (Bloomington, IN: Balboa Press, 2013), 75–80. Reproduzido com permissão da Editora.

8. Carl Sagan, *Pale Blue Dot: A Vision of the Human Future in Space* (Nova York: Random House, 1994), 7.
9. Philip F. Young, *Astrology Unlocked* (Bloomington, IN: Balboa Press, 2013), 75–80. Reproduzido com permissão da editora.
10. Ibid.

Capítulo 9

1. G. E. M. Anscombe, "Modern Moral Philosophy", *Philosophy* v. 33, nº 124 (1958), 12, www.jstor.org/stable/3749051.
2. Immanuel Kant, *The Metaphysical Elements of Ethics*, tradução de Thomas Kingsmill Abbott (Hazleton, PA: Pennsylvania State University, 2005), 5.
3. Mario Livio, *The Golden Ratio: The Story of PHI, the World's Most Astonishing Number* (Nova York: Broadway Books, 2002), 124–125.
4. Rhonda Byrne, *The Secret* (Nova York: Simon & Schuster, 2006).
5. Esther Hicks e Jerry Hicks, *The Law of Attraction: The Basics of the Teachings of Abraham* (Carlsbad, CA: Hay House, 2006).

Parte III

Capítulo 10

1. Associated Press, "Poll: Nearly 8 in 10 Americans Believe in Angels", CBS News, 23 de dezembro de 2011, http://www.cbsnews.com/news/poll-nearly-8-in-10-americans-believe-in-angels/.
2. Max Martin, Savan Kotecha e Shellback, "I Wanna Go", intepretada por Britney Spears, Jive Records, 1999, MP3.
3. Richard Webster, *Spirit Guides and Angel Guardians: Contact Your Invisible Helpers* (Woodbury, MN: Llewellyn Worldwide, Ltd., 2002), 18, 20–21. Reproduzido com permissão da editora.
4. Brigit Goldworthy, *Totem Animal Messages: Channelled Messages from the Animal Kingdom* (Bloomington, IN: Balboa Press, 2013). Reproduzido com permissão da editora.
5. Doreen Virtue, *Angel Numbers 101: An Introduction to Connecting, Working, and Healing with the Angels* (Carlsbad, CA: Hay House, 2006), 9–37. Reproduzido com permissão da editora.
6. James Redfield, *The Celestine Prophecy: A Pocket Guide to the Nine Insights* (Nova York: Grand Central Publishing, 1993), 112. Copyright © 1993 por James Redfield. Reproduzido com permissão da Grand Central Publishing. Todos os direitos reservados.

Capítulo 11

1. "Akashic Records—The Book of Life", Edgar Cayce's Association for Research and Enlightenment, acesso em 18 de fevereiro de 2015, http://www.edgarcayce.org/are/spiritualGrowth.aspx?id=2078.

2. A. Pablo Iannone, *Dictionary of World Philosophy* (Abingdon, Reino Unido: Taylor and Francis, 2001), 30.
3. Katharina Brandt, "Rudolf Steiner and Theosophy", *Handbook of the Theosophical Current*, Olav Hammer e Mikael Rothstein, editores (Boston: Brill, 2013), 122–3.
4. Richard Webster, *Practical Guide to Past-Life Memories: Twelve Proven Methods* (Woodbury, MN: Llewellyn Worldwide, Ltd., 2001), 13, 185. Reproduzido com permissão da editora.
5. Richard Webster, *Living in Your Soul's Light: Understanding Your Eternal Self* (Woodbury, MN: Llewellyn Worldwide, Ltd., 2012), 14–16. Reproduzido com permissão da editora.
6. Jennifer Longmore, "Akashic Records: A Sacred Tool to Facilitate the Deepest Level of Healing for Your Soul", Vital Spark: Canada's New Consciousness Network, acesso em 12 de novembro de 2014, http://www.mcs.ca/vitalspark/2040_therapies/501akas.html.
7. Sylvia Browne, *Insight: Case Files from the Psychic World* (Nova York: Dutton, 2006).

Capítulo 12

1. Richard Webster, *Living in Your Soul's Light: Understanding Your Eternal Self* (Woodbury, MN: Llewellyn Worldwide, Ltd., 2012), 178. Reproduzido com permissão da editora.
2. Ibid.

Capítulo 13

1. Elizabeth Day, "A Mystery Even to Himself", *The Telegraph*, 13 de junho de 2005, http://www.telegraph.co.uk/culture/donotmigrate/3643720/A-mystery-even-to-himself.html.
2. Doreen Virtue, *Goddesses and Angels* (Carlsbad, CA: Hay House, 2005). Reproduzido com permissão da editora.

GLOSSÁRIO

A

Afirmação: mantra ou declaração repetida para o Universo e que reforça mentalmente os sentimentos e metas positivos, desencadeando uma ordem do Universo que nos ajuda a manifestar a meta. As afirmações podem ajudá-la a obter uma cura; a ter mais felicidade, amor e sucesso na vida; e a focar a sua energia.

Agente de cura: o agente de cura é uma pessoa capaz de canalizar energias de cura e direcioná-las para alguém que esteja necessitado de uma cura – física, mental ou espiritual.

Alma: de acordo com muitas tradições religiosas e filosóficas, essência autoconsciente exclusiva de um ser vivo particular. Essas religiões acreditam que a alma incorpore a essência interior de cada ser vivo e que seja a verdadeira base da consciência.

Animal de poder: um animal de poder (ou totem) é o espírito ou energia animal com características e atributos particulares que representam traços ou qualidades com os quais você se identifica.

Anjos: os anjos, ou guias espirituais, aparecem em muitas religiões, em particular no cristianismo. Dizem que os anjos nos guiam, protegem e curam a partir do outro lado.

Anjos da guarda/Espírito: a função do anjo da guarda/espírito é nos exortar, encorajar, avisar, apoiar, aconselhar, proteger e guiar no nosso caminho na vida.

Aquário: o décimo primeiro signo astrológico do zodíaco, frequentemente representado por duas ondas sobrepostas.

Arcanjos: o segundo coro de anjos com posição elevada em muitas ramificações do cristianismo e do judaísmo, entre eles se encontram os arcanjos Miguel, Gabriel e Rafael.

Áries: o primeiro signo astrológico do zodíaco, frequentemente representado pelo carneiro.

Aromaterapia: não raro associada à medicina complementar e alternativa, a aromaterapia consiste na utilização de substâncias liquidas das plantas, conhecidas como óleos essenciais, e outros compostos perfumados das plantas com a finalidade de alterar o estado de espírito ou a saúde de uma pessoa.

Astrologia: a astrologia é a ciência de mapear os ciclos da Terra, dos planetas e do universo para conectá-los com nossa jornada da alma. O zodíaco é usado na astrologia e consiste de doze signos, cada um com seu planeta regente e um segmento específico do calendário. Cada signo tem suas próprias características e prós e contras que estão associados à personalidade, aos desafios e ao propósito.

Aum: a mais sagrada sílaba no hinduísmo, considerada a semente de todos os mantras, e comumente proferida como *Om*.

Aura: a aura contém todas as cores do espectro, e representa o estado do nosso corpo e da nossa mente com uma cor específica, ajudando a representar nosso *status* atual de bem-estar, nossos níveis de energia e nosso humor. Quando uma pessoa fala das "vibrações" ou "energia" de outra, na verdade ela está frequentemente se referindo à aura dessa pessoa.

Ayurveda/Princípios ayurvédicos: antiga ciência hindu da saúde e da medicina. Na medicina ayurvédica, manter nossa constituição em equilíbrio é considerado importante para a conservação da boa saúde e o prolongamento da vida. Os princípios ayurvédicos se baseiam principalmente na naturopatia e na homeopatia.

GLOSSÁRIO

B

Buda: Gautama Buddha (*Buda* significa "ser desperto" ou "ser iluminado"), também conhecido como Siddhartha Gautama, foi um sábio que viveu entre os séculos VI e IV a.C. O Budismo foi fundado em conformidade com os ensinamentos dele.

Budismo: religião *dármica*, ateística, e também uma filosofia. O budismo também é conhecido como *Buddha Dharma* ou *Dhamma*, que significa os "ensinamentos do Ser Desperto" em sânscrito e em páli, linguagens dos antigos textos budistas.

C

Canal/Canalizar: um canal, também conhecido como *médium*, é alguém capaz de se comunicar com um espírito do outro lado. Esse processo é conhecido como canalização.

Câncer: o quarto signo astrológico do zodíaco, frequentemente representado pelo caranguejo.

Cântico/Entoação: palavras repetitivas, curtas e simples; uma afirmação; ou outros sons produzidos para ajudar o entoador a alcançar um estado espiritual ou meditativo mais profundo.

Capricórnio: o décimo signo astrológico do zodíaco, frequentemente representado pelo bode.

Céu: o céu é um plano de existência em muitas religiões e filosofias espirituais, tipicamente descrito como o lugar acessível mais sagrado possível de acordo com vários padrões de divindade (bondade, devoção etc.). Os cristãos geralmente defendem que ele é o destino da vida após a morte daqueles que aceitaram Jesus Cristo como seu salvador.

Chakras: a palavra *chakra* é "vórtice" ou "roda" em sânscrito. Trata-se de centros de energia do corpo físico. Existem sete chakras principais, localizados desde o topo da cabeça até a base da espinha, entre muitos outros chakras secundários.

Chi: energia que flui através dos órgãos vitais do corpo e circula por todo do corpo. O *Chi* é uma energia positiva também usada nos antigos métodos de Feng Shui.

Cristais: os cristais e outras pedras naturais se formaram na Terra ao longo de incontáveis milênios. A energia que eles absorveram durante sua formação é antiga, rica e poderosa, e muitas pessoas os utilizam para vários propósitos, entre eles a cura e o bem-estar espiritual geral.

D

Deus: a palavra *Deus*, quando escrita com inicial maiúscula, geralmente se refere à divindade que os monoteístas defendem como sendo a suprema realidade. Deus é geralmente considerado o único criador do universo. Os teólogos imputaram certos atributos a Deus, entre eles a onisciência, a onipotência, a onipresença, a perfeita bondade, a divina simplicidade, e a existência eterna e necessária. Quando escrita em letras minúsculas, a palavra pode se referir a qualquer número de divindades monoteístas ou politeístas em todas as culturas e tradições religiosas.

Deusa: a deusa é uma divindade feminina. Assim como *deus*, o nome pode se referir a qualquer número de divindades monoteístas ou politeístas em todas as culturas e tradições religiosas.

Dharma: a palavra *dharma* tem origem na antiga linguagem sanscrítica, e seu significado básico é "dever" ou "uma ordem/lei universal".

Dogma: ensinamento que está no âmago de uma tradição ou religião.

E

Encarnação: a encarnação, que significa literalmente "corporificação", diz respeito à concepção e nascimento vivo de uma criatura senciente (geralmente um ser humano) que é a manifestação material de uma entidade ou força cuja natureza original é imaterial.

Escorpião: o oitavo signo astrológico do zodíaco, frequentemente representado pelo escorpião.

Espírito: a verdadeira essência de quem nós somos; a parte real e eterna de nós mesmos que, segundo algumas crenças, continua a viver depois da morte física.

Espiritualidade: a espiritualidade, num sentido restrito, diz respeito às questões do espírito. O aspecto espiritual, que envolve verdades eternas percebidas relacionadas com a natureza suprema da humanidade, em muitos casos contrasta com as realidades, ou realidades percebidas, da existência material. A espiritualidade no contexto do movimento da Nova Era com frequência foca a experiência pessoal. Muitas tradições espirituais compartilham um tema espiritual comum: o "caminho", "trabalho", prática ou tradição de perceber, interiorizar e alcançar uma harmonia mais próxima com a nossa própria natureza e o relacionamento com o restante da existência (Deus, a criação, o Universo e a vida).

Eu: o Eu é um tema complexo e básico em muitas formas de espiritualidade. Dois tipos de Eu são comumente considerados – o Eu que é o ego, também chamado de Eu culto e superficial da mente e do corpo, uma criação egocêntrica; e o Eu que é às vezes chamado de "Verdadeiro Eu", o "Eu" (ou "EU SOU"), o "Atman", o "Eu Observador" ou a "Testemunha".

Experiência fora do corpo: experiência que acontece quando a consciência de uma pessoa é capaz de ver o mundo a partir de uma perspectiva que transcende o corpo físico e contorna os sentidos físicos.

F

Feng Shui: antiga técnica chinesa que cria harmonia no ambiente desbloqueando e expulsando as energias negativas. É a prática de equilibrar as energias em qualquer espaço físico que a pessoa ocupe.

Fenômeno: essa palavra é definida como: "um evento observável, particularmente que seja notável ou, de alguma maneira, extraordinário", mas ela pode significar várias coisas num contexto espiritual e é muitas vezes associada aos conceitos de milagres e eventos e acontecimentos místicos/mágicos.

Força vital: energia dentro de nós e de toda a criação que nos torna vivos.

G

Gêmeos: é o terceiro signo astrológico do zodíaco, frequentemente representado por um par de gêmeos.

Guias espirituais: termo usado pelos médiuns e pessoas que seguem o espiritismo para descrever uma entidade que permanece um espírito desencarnado a fim de atuar como um conselheiro espiritual ou protetor de um ser humano vivo encarnado.

Guru: "professor" ou "mestre" em sânscrito, reconhecido no hinduísmo, no budismo e no siquismo, bem como em muitos novos movimentos religiosos. Com base numa longa linha tradicional de entendimento filosófico quanto à importância do conhecimento, essas religiões consideram o guru um conduto sagrado para a autorrealização.

H

Hatha Yoga: sistema de yoga amplamente utilizado hoje em dia. Consta que o próprio Shiva teria inventado o Hatha Yoga, mas sua mais antiga aparição é no *Hatha Yoga Pradipika*, uma compilação de fontes anteriores feita pelo Yogue Swatmarama, um sábio indiano do século XV. Nesse tratado, Swatmarana introduz o Hatha Yoga como "uma escadaria para as alturas do Raja Yoga", sendo então o Hatha Yoga um estágio preparatório de purificação física que torna o corpo apto para a prática da meditação superior. O Hatha Yoga é o sistema que a maioria das pessoas no Ocidente associa à palavra *yoga*.

Hinduísmo: religião que se originou no subcontinente indiano. Não tem um fundador conhecido, sendo um conglomerado de diversas crenças e tradições, e contém um vasto corpo de escrituras. Desenvolvidas ao longo dos milênios, essas escrituras explicam um vasto leque de teologia, filosofia e mitologia, oferecendo perspectivas espirituais e orientações sobre a prática do *dharma* (vida religiosa). Entre esses textos, os hindus consideram que os *Vedas* e os *Upanishads* estão entre os que têm mais confiabilidade, importância e ancestralidade.

Holismo (Holístico): ideia de que todas as propriedades de um sistema considerado não podem ser determinadas exclusivamente pela soma das suas partes componentes. Em vez disso, o sistema como um todo determina de uma maneira importante como as partes se comportam. Por exemplo, *saúde/cura holística* significa prestar atenção abrangente à saúde do corpo, da mente e do espírito, bem como às influências do ambiente e da sociedade sobre a saúde de uma pessoa.

Horóscopo: o estudo do mapa astral é uma antiga arte que mapeia os ciclos do universo e a posição dos planetas na hora do nascimento para prognosticar, predizer e inferir uma impressão definida da personalidade e caminho da vida de uma personalidade. O horóscopo (também chamado de mapa astrológico ou mapa zodiacal) é composto por doze signos solares ou de nascimento, cada um com seu planeta regente e um segmento específico do calendário, chamados *casas*.

I

Iluminação: num contexto religioso, a iluminação está mais estreitamente associada às experiências do sul e leste asiáticos para alcançar um estado de completo conhecimento, liberdade e despertar.

Inferno: de acordo com muitas crenças religiosas, o inferno é um lugar de sofrimento na vida após a morte, no qual as pessoas perversas ou injustas são punidas. Os infernos são quase sempre retratados como subterrâneos. O cristianismo e o islamismo tradicionalmente descrevem o inferno como flamejante; no entanto, os infernos de outras tradições são às vezes frios e sombrios. Alternativamente, o inferno algumas vezes não é um lugar ou localidade e sim um estado de existência, no qual a pessoa está separada de Deus e considerada como sendo retida pelo pecado sem arrependimento e pela corrupção do espírito.

Intuição: sua intuição é seu sistema inicial de alarme pessoal. Ela o alerta de perigos, a transformação de energias, conhecimento e informações relevantes. Nosso papel é prestar atenção ao que ela está nos dizendo e dar importância às mensagens.

Invocação: uma saudação formal ou prece para invocar a presença de espíritos.

K

Karma: conceito de "ação" ou "feito" nas religiões dhármicas, compreendido como denotando o ciclo completo de causa e efeito descrito nas filosofias hindu, jainista, siquista e budista. Acredita-se que o karma seja a somatória de tudo o que uma pessoa fez, o que ela está fazendo atualmente e o que ela fará. Os efeitos de todas as ações criam as experiências passadas, presentes e futuras, tornando assim a pessoa responsável pela sua própria vida e pela dor ou alegria que ela causa aos outros.

Kundalini: de acordo com vários ensinamentos, Kundalini é considerada um tipo de "energia corpórea". Ela é visualizada como uma serpente enroscada na base da coluna vertebral. Segundo a tradição hindu, por meio de exercícios de meditação específicos, a Kundalini ascende do chakra da Raiz pelo canal espinhal, chamado *sushumna*, onde se acredita que ative cada chakra que ela atravessa.

Kundalini Yoga: sistema de técnicas de meditação e movimentos dentro da tradição yogue que focaliza o crescimento psicoespiritual e o potencial do corpo para o amadurecimento.

L

Leão: o quinto signo astrológico do zodíaco, frequentemente representado pelo leão.

Lei da atração: a lei da atração é comumente associada à Nova Era e às teorias do Novo Pensamento. Ela afirma que as pessoas vivem as manifestações correspondentes dos seus pensamentos, sentimentos, palavras e ações predominantes, e que, portanto, as pessoas têm controle direto sobre a realidade e sua vida apenas por meio do pensamento.

Libra: o sétimo signo astrológico do zodíaco, frequentemente representado pela balança.

M

Magia: a magia e a bruxaria envolvem influenciar eventos, objetos, pessoas e fenômenos físicos por métodos místicos, paranormais ou sobrenaturais. Os termos também podem se referir às práticas empregadas por uma pessoa para exercer essa influência, e a crenças que explicam dessa maneira vários eventos e fenômenos.

Mandala: a mandala é de origem hindu, mas também é usada em outras religiões dhármicas, como o budismo. Na prática, *mandala* se tornou um termo genérico para qualquer plano, diagrama ou padrão geométrico que represente o cosmos de uma maneira metafísica ou simbólica, um microcosmo do universo a partir da perspectiva humana. Uma mandala, especialmente seu centro, pode ser usada durante a meditação como um objeto de concentração.

Manifestação: a manifestação é um termo frequentemente usado nos círculos do Novo Pensamento e da Nova Era para fazer referência à crença de que podemos, por meio da força de vontade, do desejo e da energia concentrada, fazer com que alguma coisa aconteça no nível físico. O termo é, com frequência, associado à lei da atração.

Mantra: é uma sílaba ou poema religioso ou místico, tipicamente da linguagem sanscrítica. São usados basicamente como condutos, palavras ou vibrações espirituais que inculcam a concentração unifocal nos devotos. *Aum*, por exemplo, é um mantra comum.

Meditação: um estado no qual o corpo fica conscientemente relaxado e a mente é capaz de se tornar calma, concentrada e livre de distrações.

Meditação orientada: a meditação orientada envolve uma orientação verbal, seja ela gravada ou ao vivo, que nos conduz a um estado de consciência meditativa e depois nos retira dele.

Metafísica: a metafísica é a ramificação da filosofia relacionada com explicar a natureza suprema da realidade, da existência e do mundo. Mais recentemente, o termo *metafísica* também tem sido usado mais livremente para se referir a assuntos que estão além do mundo físico.

Milagres: interrupções sensivelmente perceptíveis das leis da natureza, que só podem ser explicadas pela intervenção divina, e são às vezes associadas a um fazedor de milagres.

Mito/Mitologia: a mitologia consiste numa coleção de histórias ou lendas usadas pelas culturas para explicar o desconhecido e o inexplicável. *Grosso modo,* a palavra *mito* pode se referir a qualquer história tradicional.

Mudra: os mudras significam "marca", "selo" ou "gesto" em sânscrito e são símbolos e gestos simbólicos com as mãos aos quais se atribui o poder de promover a cura e o bem-estar.

N

Nirvana: palavra sanscrítica que significa "extinção das paixões". É um modo de existência que é livre dos contaminantes mentais como a luxúria, a raiva e o anseio; um estado de consciência pura e bem-aventurança não obstruído por paixões e emoções, livre do sofrimento humano. No *Dhammapada*, o Buda diz que o nirvana é "a mais elevada felicidade". Ele não está se referindo à felicidade baseada nos sentidos da vida cotidiana, mas sim a uma felicidade permanente e transcendental, integrante da calma alcançada por meio da iluminação.

Nova Era: *Nova Era* é o termo comumente usado para designar o amplo movimento do final do século XX e da cultura ocidental contemporânea caracterizado por uma abordagem eclética e individual da investigação espiritual.

Numerologia: a numerologia é a "ciência dos números", ou o estudo dos números e o efeito deles na nossa vida. Praticada num sem-número de culturas e ao longo de toda história documentada, a numerologia fala do nosso destino potencial e talentos naturais, e nos ajuda a obter um melhor entendimento de nós mesmos e dos outros.

O

O Livro Tibetano dos Mortos (Bardo Thodol): texto funerário que descreve as experiências da consciência depois da morte durante o intervalo conhecido como *bardo* entre a morte e o renascimento. O *Bardo Thodol* é recitado pelos lamas sobre uma pessoa agonizante ou recentemente falecida, ou, às vezes, sobre uma efígie do falecido.

Outro lado, O: algumas pessoas consideram o outro lado o lugar de onde vêm nossos espíritos quando entramos no útero. Também é para onde vai nosso espírito quando o corpo físico morre. É a esfera do espírito.

P

Paganismo: termo que, a partir de uma perspectiva predominantemente ocidental, veio a conotar um amplo conjunto de práticas cultuais ou crenças de qualquer religião folclórica, e de religiões politeístas históricas e contemporâneas em particular.

Paranormal: pessoa que possui habilidades extrassensoriais, entre elas a clarividência, a psicometria e premonição, e que pode se comunicar com espíritos, fantasmas ou outras entidades extracorpóreas.

Peixes: o décimo segundo signo astrológico do zodíaco, frequentemente representado por um peixe.

Prana: palavra em sânscrito que significa "respiração" e se refere a uma força vital que sustenta a vida dos seres vivos e a uma energia vital nos processos naturais do Universo.

Prece: um empenho ativo de comunicação com uma divindade ou espírito para oferecer louvor, fazer um pedido, buscar orientação, confessar pecados ou simplesmente expressar nossos pensamentos e emoções.

Predestinação: conceito religioso que envolve os relacionamentos entre o início de uma coisa e seu destino. A predestinação diz respeito à decisão de Deus de determinar de antemão qual será o destino de grupos ou indivíduos, incluindo também toda a criação.

Profecia/Profético: conhecimento ou informação que aparece na forma de uma visão ou sonho antes de acontecer.

Psicanálise: abordagem metódica usada para examinar a mente inconsciente como uma forma de cura mental e emocional.

R

Reencarnação: a crença de que o espírito humano sobrevive à morte do corpo físico e retorna para vidas recorrentes em várias circunstâncias e corpos escolhidos com o propósito do crescimento e do aprendizado da alma na tentativa de finalmente ascender ao céu.

Reflexologia: método de cura prático que usa a massagem para ativar pontos nos pés e nas mãos que estão diretamente relacionados com órgãos do corpo físico por meio de canais de energia. Os agentes de cura usam esses canais ou pontos de energia para curar as pessoas física, emocional e mentalmente. A reflexologia é frequentemente usada em conjunto com o Reiki, a aromaterapia, a massagem e outras terapias alternativas.

Registros Akáshicos: os Registros Akáshicos, também conhecidos como o "Livro da Vida", são as memórias e histórias coletivas de todos os pensamentos, vibrações físicas e emocionais, sons, interações, eventos e jornadas de todas as almas ao longo de todas as vidas.

Regressão a vidas passadas (Terapia): a regressão a vidas passadas é uma técnica usada por alguns hipnoterapeutas para tentar levar os clientes a se lembrar das suas vidas passadas. Implícita nesse procedimento está a crença espiritual de que as almas existem e voltam muitas vezes, vivendo em diferentes épocas e lugares, experimentando diferentes gêneros, raças, classes sociais e assim por diante, na tentativa de aprender com essas experiências passadas.

Reiki: Mikao Usui desenvolveu o Reiki no Japão no início do século XX, e ele afirmou ter recebido a capacidade de "curar sem depleção de energia" depois de passar três semanas jejuando e meditando no Monte Kurama. Os praticantes utilizam uma técnica semelhante à da imposição das mãos bem como gestos no ar e o uso de cristais, pedras preciosas e semipreciosas, com as quais eles estimulam as energias de cura dos canais (*chi*).

Religião: conjunto de crenças e práticas geralmente aceitas por uma comunidade, envolvendo o respeito a crenças e rituais codificados, e o estudo de tradições, textos, história e mitologia ancestrais ou culturais, bem como a fé pessoal e a experiência mística.

Ritual: prática incorporada a uma cerimônia na qual um conjunto de ações é praticado principalmente pelo seu valor simbólico, essa prática é preceituada por uma religião ou pelas tradições de uma comunidade.

S

Sagitário: o nono signo astrológico do zodíaco, frequentemente representado pelo arqueiro.

Sagrado (Santidade): santidade, ou sacralidade, é o estado de ser santo ou sagrado, ou seja, reservado para o culto ou serviço de Deus ou deuses. Ela é geralmente atribuída a pessoas, mas pode ser, e frequentemente é, atribuída a objetos, épocas ou lugares.

Sânscrito: língua indo-ariana histórica, uma das línguas litúrgicas do hinduísmo e do budismo, e uma das vinte e duas línguas oficiais da Índia.

Signo de nascimento: seu signo de nascimento também é conhecido como seu signo do zodíaco na astrologia. É o signo astrológico que representa onde o sol e a lua estavam no momento exato do seu nascimento.

Sobrenatural: termo que se refere a forças e fenômenos que não são observados na natureza e que estão, portanto, além de uma medição verificável.

Sonhos espirituais: a capacidade de experimentar e, às vezes, transcender o devaneio ou o sonho durante o sono para conectar-nos com mensagens dos entes queridos que fizeram a travessia ou mensagens dos nossos guias espirituais e anjos.

Sonhos proféticos: os sonhos proféticos são sonhos nos quais um evento ou eventos futuros são detalhados. Pessoas de todos os credos e culturas ao longo das eras passaram a acreditar que os sonhos podem vaticinar o futuro ou revelar imagens do passado há muito esquecidas.

T

Tai chi chuan: arte marcial chinesa não raro praticada com o objetivo de promover a saúde e a longevidade. O tai chi é considerado uma arte marcial de estilo suave – uma arte aplicada com poder interior – para distinguir sua teoria e aplicação dos estilos duros das artes marciais.

Tao Te Ching: traduzido como "O Livro do Caminho e Sua Virtude", o *Tao Te Ching* é um texto chinês clássico. Segundo a tradição, ele foi escrito por volta de 600 a.C. pelo sábio taoista Laozi (ou Lao Tzu, Lao Tsé, "Velho Mestre"), um arquivista da corte durante a dinastia Zhou.

Taoismo: taoismo (daoismo) é o nome em português que se refere a várias tradições e conceitos filosóficos e religiosos chineses que estão relacionados. Essas tradições influenciaram o Leste Asiático durante mais de dois mil anos e algumas se espalharam internacionalmente. A retidão e a ética taoistas enfatizam as Três Joias do Tao: o amor, a moderação e a humildade. O pensamento taoista focaliza o *wu wei* (não ação), a espontaneidade, o humanismo e o vazio. O *Tao Te Ching* é largamente considerado o mais influente texto taoista.

Tarô: uma teoria etimológica para a origem da palavra *tarô* é que ela foi criada a partir de duas palavras egípcias: *tar* que significa estrada e *ro* que significa real. Desse modo, temos a "estrada real" para a sabedoria. Ao longo dos séculos, os baralhos de tarô têm sido usados como simples cartas de jogar e como uma forma de orientação espiritual. Hoje, o tarô é utilizado como uma ferramenta para o autodesenvolvimento, especialmente quando aliado a uma meditação para se obter clareza, compreensão e o bem maior. As cartas do tarô refletem a jornada da vida do nascimento até a morte, espelhando o caminho da ingenuidade à experiência e autoconhecimento. Muitos aspectos da experiência humana são encontrados no tarô.

Touro: o segundo signo astrológico do zodíaco, frequentemente representado pelo touro.

U

Ungir: purgar ou curar, tradicionalmente com um óleo, com frequência no contexto de uma cerimônia religiosa ou espiritual.

GLOSSÁRIO

V

Vedas: grande coleção de textos que se originam da Antiga Índia. Eles são os mais antigos textos de escrituras do hinduísmo.

Vida após a morte: a experiência da vida depois da morte terrena, associada à crença de que nossa alma continua a viver depois que a nossa existência física termina.

Y

Yin e yang: os conceitos duais de *yin* e *yang* se originaram das antigas filosofia e metafísica chinesas, que descrevem dois princípios ou forças cósmicas primordiais e opostos, porém complementares, que dizem ser encontrados em todos os objetos não estáticos e processos no universo. O conceito é a pedra angular da medicina chinesa tradicional.

Yoga: família de antigas práticas espirituais originárias da Índia. Entre os textos hindus que discutem diferentes aspectos do yoga estão os *Upanishads*, o *Bhagavad Gītā*, os *Yoga Sutras de Patanjali*, o *Hatha Yoga Pradipika* e muitos outros. Entre as importantes ramificações do yoga estão as seguintes: Hatha Yoga, Karma Yoga, Jñana Yoga, Bhakti Yoga e Raja Yoga.

Yogue: termo que designa quem pratica yoga. Essas designações são na maioria das vezes reservadas para os praticantes avançados. A palavra *yogue* também evoluiu e se tornou um termo geral para a pessoa espiritualmente bem-informada e esclarecida.

Z

Zen: escola do budismo Mahayana notável pela sua ênfase na prática e sabedoria experiencial, particularmente na forma da meditação conhecida como zazen, para a obtenção do despertar. Desse modo, ela reduz a ênfase tanto no conhecimento teórico quanto no estudo de textos religiosos em prol da experiência individual da nossa verdadeira natureza. A palavra *Zen* também é usada hoje em dia para indicar um estado geral desejável de paz, clareza e saúde espiritual.

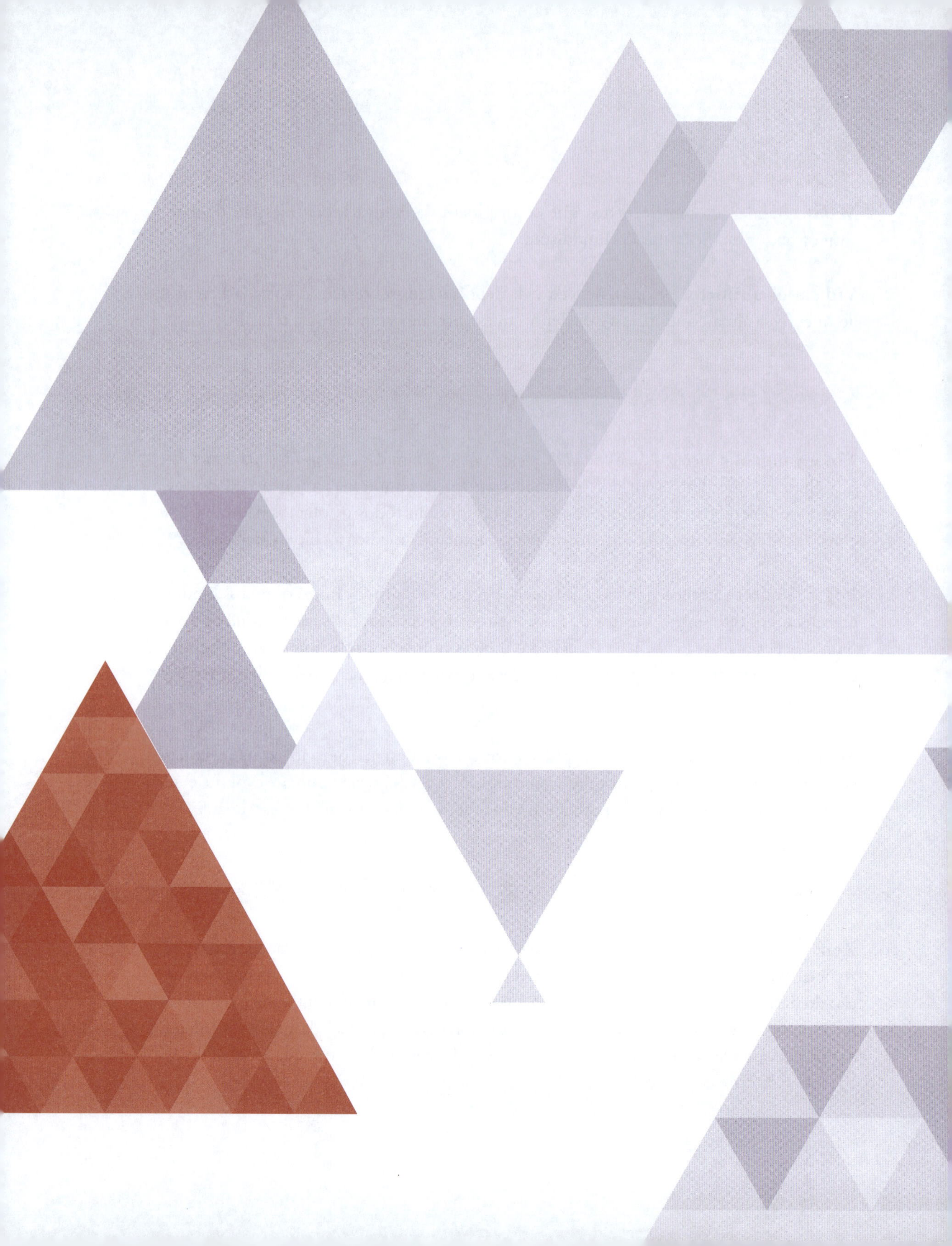

CONTEÚDO EXTRA

Sua biblioteca espiritual on-line está esperando por você. Você pode encontrar informações complementares neste guia espiritual fácil de navegar e interativo. Visite www.emmamildon.com e conheça a seção *Spirituality, Explore it!** Ali você descobrirá muitos recursos, entre eles livros e vídeos recomendados, e até mesmo produtos que você pode comprar para continuar sua busca espiritual e aplicar o novo conhecimento que adquiriu neste livro!

BookYogaRetreats.com

Esta é uma loja virtual em inglês para fazer reservas para viagens de yoga e surfe. Com milhares de retiros ao redor do mundo, o site contém retiros específicos para todos os níveis de buscadora espiritual.

Quer saber mais sobre meditação?

Visite a seção sobre meditação no menu suspenso do meu site. Escolha uma meditação orientada gratuita (faixas que a guiam ou ajudam a relaxar para que você consiga meditar) e uma lista de livros sobre meditação recomendados. A seção se destina a ajudá-la a meditar e a conduzi-la ao zen.

Melodias da alma

Visite a seção *Books and Beats* do meu site e ouça algumas das minhas músicas favoritas relacionadas à busca espiritual. Você pode até mesmo assistir a vídeos que me inspiram, e examinar minha seleção de livros para adicionar à sua estante.

---

* Todo o conteúdo do site da autora está em inglês. (N.T.)

Impresso por :

gráfica e editora

Tel.:11 2769-9056